中国社会科学院
经济研究所
INSTITUTE OF ECONOMICS

经济所人文库

孙尚清集

中国社会科学院经济研究所学术委员会 组编

中国社会科学出版社

图书在版编目（CIP）数据

孙尚清集/中国社会科学院经济研究所学术委员会组编.
—北京：中国社会科学出版社，2019.1
（经济所人文库）
ISBN 978-7-5203-3554-6

Ⅰ.①孙… Ⅱ.①中… Ⅲ.①经济学—文集
Ⅳ.①F0-53

中国版本图书馆 CIP 数据核字（2018）第 254325 号

出 版 人	赵剑英
责任编辑	刘晓红
责任校对	赵雪姣
责任印制	戴 宽
出　　版	中国社会科学出版社
社　　址	北京鼓楼西大街甲 158 号
邮　　编	100720
网　　址	http://www.csspw.cn
发 行 部	010-84083685
门 市 部	010-84029450
经　　销	新华书店及其他书店
印刷装订	北京君升印刷有限公司
版　　次	2019 年 1 月第 1 版
印　　次	2019 年 1 月第 1 次印刷
开　　本	710×1000　1/16
印　　张	22.25
字　　数	300 千字
定　　价	99.00 元

凡购买中国社会科学出版社图书，如有质量问题请与本社营销中心联系调换
电话：010-84083683
版权所有　侵权必究

中国社会科学院经济研究所学术委员会

主 任 高培勇

委 员 （按姓氏笔画排序）
　　　　龙登高　朱　玲　刘树成　刘霞辉
　　　　杨春学　张　平　张晓晶　陈彦斌
　　　　赵学军　胡乐明　胡家勇　徐建生
　　　　高培勇　常　欣　裴长洪　魏　众

总　序

作为中国近代以来最早成立的国家级经济研究机构，中国社会科学院经济研究所的历史，至少可上溯至1929年于北平组建的社会调查所。1934年，社会调查所与中央研究院社会科学研究所合并，称社会科学研究所，所址分居南京、北平两地。1937年，随着抗战全面爆发，社会科学研究所辗转于广西桂林、四川李庄等地，抗战胜利后返回南京。1950年，社会科学研究所由中国科学院接收，更名为中国科学院社会研究所。1952年，所址迁往北京。1953年，更名为中国科学院经济研究所，简称"经济所"。1977年，作为中国社会科学院成立之初的14家研究单位之一，更名为中国社会科学院经济研究所，仍沿用"经济所"简称。

从1929年算起，迄今经济所已经走过了90年的风雨历程，先后跨越了中央研究院、中国科学院、中国社会科学院三个发展时期。经过90年的探索和实践，今天的经济所，已经发展成为以重大经济理论和现实问题为主攻方向、以"两学—两史"（理论经济学、应用经济学和经济史、经济思想史）为主要研究领域的综合性经济学研究机构。

90年来，我们一直最为看重并引以自豪的一点是，几代经济所人孜孜以求、薪火相传，在为国家经济建设和经济理论发展作出了杰出贡献的同时，也涌现出一大批富有重要影响力的著名学者。他们始终坚持为人民做学问的坚定立场，始终坚持求真务实、脚踏实地的优良学风，始终坚持慎独自励、言必有据的学术品格。他们是经济所人的突出代表，他们的学术成就和治学经验是经济所最宝贵的财富。

抚今怀昔，述往思来，在经济所迎来建所90周年之际，我们编选出版《经济所人文库》（以下简称《文库》），既是对历代经济所人的纪念和致敬，也是对当代经济所人的鞭策和勉励。

《文库》的编选，由中国社会科学院经济研究所学术委员会负总责，在多方征求意见、反复讨论的基础上，最终确定入选作者和编选方案。

《文库》第一辑凡40种，所选作者包括历史上的中央研究院院士，中华人民共和国成立后的中国科学院学部委员、中国社会科学院学部委员、中国社会科学院荣誉学部委员、历任经济所所长以及其他学界公认的学术泰斗和资深学者。在坚持学术标准的前提下，同时考虑他们与经济所的关联。入选作者中的绝大部分，都在经济所度过了其学术生涯最重要的阶段。

《文库》所选文章，皆为入选作者最具代表性的论著。选文以论文为主，适当兼顾个人专著中的重要篇章。选文尽量侧重作者在经济所工作期间发表的学术成果，对于少数在中华人民共和国成立之前已成名的学者，以及调离经济所后又有大量论著发表的学者，选择范围适度放宽。为好中选优，每部文集控制在30万字以内。此外，考虑到编选体例的统一和阅读的便利，所选文章皆为中文著述，未收入以外文发表的作品。

《文库》每部文集的编选者，大部分为经济所各学科领域的中青年学者，其中很多都是作者的学生或再传弟子，也有部分系作者本人。这样的安排，有助于确保所选文章更准确地体现作者的理论贡献和学术观点。对编选者而言，这既是一次重温经济所所史、领略前辈学人风范的宝贵机会，也是激励自己踵武先贤、在学术研究道路上砥砺前行的强大动力。

《文库》选文涉及多个历史时期，时间跨度较大，因而立意、观点、视野等难免具有时代烙印和历史局限性。以现在的眼光来看，某些文章的理论观点或许已经过时，研究范式和研究方法或许已经陈旧，但为尊重作者、尊重历史起见，选入《文库》时仍保持原貌而未加改动。

《文库》的编选工作还将继续。随着时间的推移，我们还会将更多经济所人的优秀成果呈现给读者。

尽管我们为《文库》的编选付出了巨大努力，但由于时间紧迫，工作量浩繁，加之编选者个人的学术旨趣、偏好各不相同，《文库》在选文取舍上难免存在不妥之处，敬祈读者见谅。

入选《文库》的作者，有不少都曾出版过个人文集、选集甚至全集，这为我们此次编选提供了重要的选文来源和参考资料。《文库》能够顺利出版，离不开中国社会科学出版社领导和编辑人员的鼎力襄助。在此一并致谢！

一部经济所史，就是一部经济所人以自己的研究成果报效祖国和人民的历史，也是一部中国经济学人和中国经济学成长与发展历史的缩影。《文库》标示着经济所90年来曾经达到的学术高度。站在巨人的肩膀上，才能看得更远，走得更稳。借此机会，希望每一位经济所人在感受经济所90年荣光的同时，将《文库》作为继续前行的新起点和铺路石，为新时代的中国经济建设和中国经济学发展作出新的更大的贡献！

是为序。

于 2019 年元月

编者说明

《经济所人文库》所选文章时间跨度较大,其间,由于我国的语言文字发展变化较大,致使不同历史时期作者发表的文章,在语言文字规范方面存在较大差异。为了尽可能地保持作者个人的语言习惯、尊重历史,因此有必要声明以下几点编辑原则:

一、除对明显的错别字加以改正外,异形字、通假字等尽量保持原貌。

二、引文与原文不完全相符者,保持作者引文原貌。

三、原文引用的参考文献版本、年份等不详者,除能够明确考证的版本、年份予以补全外,其他文献保持原貌。

四、对外文译名与今译名不同者,保持原文用法。

五、对原文中数据可能有误的,除明显的错误且能够考证或重新计算者予以改正外,一律保持原貌。

六、对个别文字因原书刊印刷原因,无法辨认者,以方围号□表示。

作者小传

孙尚清，男，1930年8月26日生于吉林洮南（今洮安），1958年进入经济所工作。

孙尚清于1947年7月参加突泉县政府举办的干部培训班，1948年进入中国人民解放军（四野），后进入中国医科大学，先后担任干事、中国医科大学附属医院团总支部书记等职务。1949年1月加入中国共产党。1952年8月考入中国人民大学马列主义研究班政治经济学分班学习。1954年9月进入中国医科大学政治教研室，先后担任助教、讲师。1956年考取中国科学院经济研究所（现中国社会科学院经济研究所）博士研究生。1958年开始在中国科学院经济研究所先后担任助理研究员、研究组副组长（副室主任）、所学术秘书等职位。1973—1978年参与筹建国家计委经济研究所。1978年回到中国社会科学院经济所，先后担任副研究员、研究员、副所长、中国社会科学院副秘书长、院务委员、全国哲学社会科学规划领导小组成员兼秘书长等职务。1985年，调入国务院发展研究中心，先后担任副总干事、中心主任等职务。

作为中华人民共和国自己培养的第一代经济学家，孙尚清先生早在20世纪50年代就在经济学界崭露头角。20世纪60年代初，他就从理论上分析了社会主义的性质问题，不仅指出社会主义社会与资本主义社会存在着质的区别，而且着重探讨了社会主义社会相对于共产主义社会的不完全性和不成熟性。他认为，"社会主义社会与共产主义社会存在着质的差别"，社会主义社会还存在商品生产，价值规律仍起着调节作用。

由孙尚清的文集组合形成的《经济与管理》一书（中国社会科学出版社 1982 年版），对清除"左"的错误发挥了积极作用。在书中，他试图总结我国社会主义建设经验，特别是总结"左"的错误教训。比如，1958 年在变革生产关系方面，急于扩大集体所有制的规模，向全民所有制过渡，否定按劳分配原则。混淆了社会主义阶段和共产主义阶段以及社会主义的全民所有制和集体所有制的区别。他提出要创建新的生产力经济学科，区别于以往只关注生产关系的传统政治经济学。1961 年，孙尚清提出要建立一门"生产力组织学"的建议，并为此进行了许多具有开创性的研究，为中国生产力经济学的创立和发展奠定了基础。生产力组织学后来发展成为生产力经济学，强调经济理论和政策的实践检验，认为社会主义经济效果应以满足社会和人民的需要为前提。

从提高生产力、转变经济增长方式的角度，20 世纪 70 年代，孙尚清对社会主义条件下的竞争问题也进行了探索。他认为，竞争随商品经济而存在，社会主义竞争既受国家宏观计划的制约，又是加强宏观计划指导的一种必要机制。社会主义竞争与社会主义竞赛的根本不同点在于：在竞争中长期安于现状而不求上进的落后企业将被淘汰。竞争使那些经营有方、经济效益高的企业得到更好的发展和更多的经济利益。应从经济上强制那些经营差、效益低的企业努力改善自己的经营管理，提高经济效益，淘汰个别长期靠国家补贴的企业。

在 20 世纪 80 年代的国企改革大讨论中，他指出，以扩权、让利为主要内容的企业改革，使得小企业的活力增强，但并没有从根本上解决国有大中型企业的活力问题。国有大中型企业的内部尚未建立起具有热烈的创新动机和积极的企业行为的经营机制。即使到当下，国有企业的动力机制问题仍是需要认真探索的问题之一。

孙尚清先生是我国经济结构研究领域的开创者和奠基人。20 世纪 80 年代，他的《中国经济结构问题研究》和《论经济结构对策》两本专著，不仅奠定了中国的经济结构理论体系，而且对后来的产业经济学研究发挥了重大影响。

在前一本书中，他对经济结构作了科学定义。指出经济结构是从质和量两个方面衡量。既包括国民经济的各种比例，也包括国民经济各领域、各部门、各产业、各地区以及各种所有制之间的相互联系和相互制约的关系。在《论经济结构对策》一书中，他提出应重点研究产业结构、技术结构、教育结构、就业结构、企业规模结构、地区经济结构、积累和消费结构，投资结构、消费结构、产品结构、进出口结构、所有制结构12种结构关系，并对每类结构问题提出了相应的对策。

1987年开始，孙尚清先生开始涉猎旅游经济学研究。他认为，应树立旅游业是产业的意识，努力发挥其促进国民经济发展的作用。他还主持了"中国旅游发展战略研究"的重大课题研究，把中国旅游经济的研究从理论推向了实践。

孙尚清先生还紧紧抓住改革开放和社会主义现代化建设中的重大问题，组织政策咨询研究。他主持并参与了一系列重大国际合作项目、国家社会科学基金项目的研究。

孙尚清先生在学术界享有盛誉，不仅在中国社会科学院研究生院、北京大学等7所著名院校任兼职教授，同时还被选举为中国生产力学会、中国市场学会、中华日本经济学会等6家全国性学术团体的会长。

孙尚清先生具有强烈的创新精神，他对中国经济学研究的建树，首先体现为在20世纪80年代创立新的学科，经济结构理论体系，这对中国市场经济体系的建立非常重要。其次他还发扬了实事求是、勇于坚持真理的精神，为建立中国社会主义市场经济理论体系作出了自己的历史贡献。我国的市场经济体制需要借鉴西方的经验，但也需要对西方经济学基本理论进行反思。以孙尚清先生为代表的老一辈经济学家在借鉴西方的同时，将其融入中国背景下，并为此做出了巨大的贡献。

1996年4月29日，孙尚清在北京病逝，享年66岁。

目　录

论研究生产力在政治经济学中的地位 …………………………… 1
社会主义经济的计划性与市场性相结合的几个理论问题 ……… 26
试评我国经济学界三十年来关于商品、价值问题的讨论………… 46
论企业管理的性质和提高企业管理的水平 ……………………… 64
谈谈经济结构问题 ………………………………………………… 77
访美经济观感 ……………………………………………………… 91
企业体制改革研究 ………………………………………………… 97
中国能源结构研究 ………………………………………………… 106
中国经济结构问题研究 …………………………………………… 139
企业体制改革探讨 ………………………………………………… 159
赴日讲学观感 ……………………………………………………… 168
试论技术改造问题 ………………………………………………… 179
加强实现战略目标的经济结构对策研究 ………………………… 193
长江综合开发利用考察报告 ……………………………………… 196
大力开展跨学科的综合研究 ……………………………………… 209
关于所有制改革的几个问题 ……………………………………… 213
建立新的经营机制是搞活国有大中型企业的关键……………… 221
改革十年与产业结构问题 ………………………………………… 226
产业结构：80年代的问题与90年代的调整 …………………… 238
论中国人口、资源、环境与经济的协调发展……………………… 258
旅游业在中国社会经济发展中的地位和作用 …………………… 268

提高市场学的研究和应用水平　促进社会主义有计划
　商品经济发展……………………………………………… 278
关于消费政策的几个问题…………………………………… 284
关于加快发展第三产业的几个问题………………………… 291
新时期制定产业政策需要研究的几个问题………………… 297
改革开放与生产力研究……………………………………… 301
关于建设长江经济带的若干基本构思……………………… 303
回顾历史，面对现实
　——评战后日本与东亚地区经济合作关系……………… 307
东北亚区域经济合作面临的问题及前景…………………… 314
市场经济与发展生产力……………………………………… 320
发展观的演进与经济社会的协调发展……………………… 331
编选者手记…………………………………………………… 337

论研究生产力在政治经济学中的地位

在我国经济学界,对于政治经济学对象问题的争论,主要有两种论点。一种是主张政治经济学要联系生产力和联系上层建筑来研究生产关系发展变化的规律,另一种是主张政治经济学要研究生产方式运动规律,生产力也应当包括在政治经济学的对象之中。最近方文同志就曾以"马克思列宁主义政治经济学的对象是社会生产方式"① 为题发表文章,说明他的论点。

关于政治经济学对象问题争论的实质,是对于政治经济学这门科学的作用和意义的不同估价。而在不同历史时期,这种争论又有特殊的意义。在 20 世纪初,对于社会主义社会以至将来共产主义社会要不要政治经济学的争论,也是政治经济学对象问题的争论,因为这个争论的中心问题是政治经济学只能研究资本主义商品关系呢,抑或是研究各个社会形态的生产关系,也就是所谓"狭义"政治经济学与"广义"政治经济学之争。这种争论,直接涉及社会主义社会中政治经济学的命运。

目前,我国经济学界争论的政治经济学对象问题,已经不是上述历史条件下的政治经济学的命运问题,而是在新的条件下探讨如何正确解决政治经济学对象的科学规定,促使政治经济学的研究工作更好地为社会主义建设服务。我以为,这就是我们当前讨论政治经济学对象问题的基本意义。在两种不同的历史时期,问题产生的基础不同,20 世纪初的争论是社会主义制度破天荒出现以后,如

---

① 《经济研究》1961 年第 7 期。

何对待政治经济学,要不要它来研究并揭示社会经济运动规律的问题;现今的争论,是在深入研究政治经济学社会主义部分的基础上发生的,不是要不要政治经济学的问题,而是如何使政治经济学的研究工作对社会主义建设作出更好的贡献。

目前争论的主要问题,可以概括为研究生产力在政治经济学中的地位问题。因为,对于政治经济学要研究生产关系,要在生产力和生产关系的相互作用中来研究生产关系,研究生产关系时要联系上层建筑对生产关系的作用,都没有不同意见;生产力是否放在政治经济学对象的地位,才是争论问题之所在。当然,这是关系到政治经济学的作用和意义的一个重要理论问题。

为了探讨这个问题,应当先拐个弯子,首先说明什么是生产力,研究生产力有哪些方面的问题,它们应由哪门科学来研究,最后才能比较清楚地看出研究生产力在政治经济学中的地位。

什么是生产力?

生产力是人类有用具体劳动的物质生产力量的总和。马克思指出,生产力当然只指有用的具体的劳动之生产力;在事实上,它只规定合目的的生产活动在一定时间内有怎样的作用程度。劳动者和生产资料(包括生产工具,其他劳动资料和劳动对象)是组成生产力的要素。生产力各要素在生产过程中互相结合起来,进行生产(包括为生产过程连续性所必要的准备和储备),构成现实的生产力;脱离开生产过程的生产力各要素,它们互相分离地存在时,不能实现物质生产,这只是潜在的生产力。潜在的生产力和生产潜力并非同等概念,在现实生产力中也经常存在着生产潜力,这是指通过对生产力各要素更合理地组织和使用,所可能发挥出来的较大的生产力。

生产力是指人们劳动的生产力。劳动生产力在社会范围内,表现为社会劳动生产力,而在各个生产单位中,则表现为个别劳动生产力。自从社会分工，从而交换关系伸展到社会经济各领域中以来，"鸡犬之声相闻，老死不相往来"的局面就不存在了，个别劳动生产力不是孤立存在的东西，而是社会劳动生产力的构成要素或组成部分。

  在任何时候，劳动生产力总不能离开一定的自然条件。在一定的条件下，自然条件还对劳动生产力具有决定作用。马克思在分析劳动的外部自然条件时写道，外部的自然条件，在经济方面，分为两大部类：生活资料的自然富源，如土地的肥沃性和富于鱼类的水等等；劳动手段的自然富源，如涌出的瀑布，可供航行的河道，树木，金属，煤炭等等。在文化初期，前一类自然富源具有决定作用；在较高的发展阶段，则是后一类自然富源具有决定作用。马克思在《资本论》中，为了阐明农业中的级差地租问题，曾把它同工业中的剩余利润类比，指出利用天然瀑布的工厂主所得到的剩余利润，是独占由自然力引起的劳动力的增进，……增进了的劳动生产力，在这里，是由于一种自然力的利用。马克思还曾以同量劳动在丰年表现为 8 蒲式耳小麦，在凶年，只表现为 4 蒲式耳。同量劳动，从丰矿比从贫矿，可以供给更多的金属等等为例，来证明自然条件对劳动生产力的决定作用。劳动所处的自然条件不同，意味着劳动资料和劳动对象的优劣不等，假定其他条件相等，同优等的劳动资料和劳动对象相结合的劳动力，比同劣等的劳动资料和劳动对象相结合的劳动力，能发挥出较大的劳动生产力。在这种情况下，劳动生产力就是由诸种自然状况决定。这里表现出的劳动生产力的差别，实际上是生产力的自然要素的差别。这种差别，是现实经济生活中级差地租和级差收入的基础。生产力的自然要素不能简单等于自然力，自然力必须被人们的劳动"捉住"，才是现实的生产力要素。自然力转化为生产力的过程，是人们征服自然能力的提高，劳动过程中利用自然力增进的过程。尚未与劳动结合起来的自然富源，只是潜在的生产力要素。

  同样，劳动生产力在任何时候也总不能离开一定的社会条件。

这里的社会条件是指：1. 劳动协作和分工；2. 科学技术在生产中的应用。这都是社会为生产力提供的条件，不是自然为生产力造成的条件。

我们知道，劳动的协作和分工，大大扩展了人们的劳动生产力，正如马克思所说，即使在简单协作的条件下，也能提高劳动生产力，协作不仅提高了个人的生产力，并且创造了一种生产力，那就其自身说，必须是集体力。自从有了分工以后，简单协作就寓于复杂协作之中，复杂协作所创造的生产力，就更为明显。劳动分工是同复杂协作相联系的，马克思写道，分工可以增加劳动的生产力。他又在同恩格斯合作的《德意志意识形态》一书中指出："受分工制约的不同个人的共同活动产生了一种社会力量，即扩大了的生产力。"① 由于劳动协作和分工而增进的生产力自身，既非自然力，也非个人力，它是一种集体力、社会力。

科学技术不是生产力的自然要素，它不是自然的存在，而是人们社会实践的一种结果。科学技术及其在生产中的应用是同生产力的发展，同劳动者的熟练程度、生产资料的范围及作用能力，等等，互相促进、互相制约的。科学技术在生产中被应用时，可以产生巨大的生产力，例如，新式机器的被应用，新的能源的被应用，等等，就使人们的劳动生产力大为提高。

生产力在不同程度的劳动协作和分工的条件下，在不同程度的应用科学技术的条件下，其他条件相同，生产力的高低就直接由上述社会条件决定。这些社会条件，就是生产力的社会要素。

我们不能把生产力的自然要素简单地视为地理环境。地理环境的自然变化是缓慢的，微不足道的，但是地理环境不变，生产力的增进也意味着对自然条件的利用更为有效。我们也不能把生产力的社会要素看成仿佛可以跟生产力的自然要素分离的某种孤立存在的东西。生产力是生产力的社会要素和自然要素的统一。

---

① 《马克思恩格斯全集》第三卷，人民出版社1960年版，第38页。

我依据马克思在《资本论》和其他著作中使用的生产力的科学概念，把生产力作了以上的简明分解。在这里，必须说明以下三点：

第一，生产力是统一的，以上分解是属于统一生产力范畴下面的具体说明。在实际经济生活中，生产力的自然要素同生产力的社会要素是紧密结合在一起的，不能分离的。尽管如此，在科学研究上，对生产力范畴加以分解是必要的，我们分析生产力问题同分析生产关系问题一样，都不宜笼而统之。

第二，这种分解，对于研究社会主义建设中的一系列经济问题，是必要的。社会主义建设的任务，归根结底，是为了发展生产力。这就需要分析生产力的各种要素及其相互关系，现实生产力同潜在生产力的区别和联系，这样也就便于找出决定和影响生产力发展变化的各种因素，找出提高生产力的潜力和现实途径。例如，现实生产力与潜在生产力的区分，生产力的自然要素与社会要素的区分，对于研究社会主义扩大再生产的内含量和外延量问题，对于研究扩大再生产投资的利用效果问题，就都有重要意义。[1]

第三，这种分解，也是探讨本文的中心论题——研究生产力在政治经济学中的地位——所必要的，因为生产力问题并不简单，它有许多需要进行科学研究的方面和问题，为了说明生产力应由哪门科学或哪几门科学来研究，就必须对生产力进行具体分析。同时，这也是在政治经济学研究中，为了较具体地说明生产力同生产关系的关系所必要的。

研究生产力有哪些方面的问题？它们应当是哪门科学的对象？

广泛地谈研究生产力，大致有以下几个方面的问题：

---

[1] 这方面的详细说明，不是本文的任务。

1. 生产力的自然要素方面的问题。这方面的问题有二：一是生产过程中对自然条件或自然力的利用，二是对自然富源的探知。这两个问题的解决程度，又都取决于人们对自然规律的认识和控制的程度。人类的劳动生产活动，永远是同在一定程度上利用自然力的作用分不开。我们在原始人的劳动中就看到了利用自然力的萌芽，原始种植业就利用了土地、水、阳光的自然力，并通过原始劳动把它们与种子结合，而获得一定的生产力。奴隶社会和封建社会，人们在生产劳动中利用水力、风力已经有了相当的发展。随着人们对自然规律的作用的认识逐步深化，利用自然力的能力逐步强化，人们获得的生产力也就不断地提高。人类社会的发展，从根本上说来，表现在人们对有利的自然力的利用更为充分，对不利的自然力的控制并因势利导地使之转而对人类造福的能力更加提高，而不是在生产劳动中取消利用自然力。

研究生产力的自然要素的核心问题，是对自然富源的利用和勘探问题，以便改进并提高"人与自然间的物质变换"。因此，在这方面所要具体研究的，无非是生产工具、其他劳动资料、劳动对象的原理、性能和人以怎样的技能来利用它们，以及经济资源、地质、水文、气象等的探测和利用问题。这些问题正是数学、物理学、化学、力学、机械学、冶金学、地质学、水利学、气象学、地理学等科学从各方面加以研究的。

2. 生产力的社会要素方面的问题。先谈其中的劳动协作和分工。劳动协作和分工本身是由生产的自然条件和技术条件决定，同时，它们又体现着人们在劳动过程中的一种社会联系，体现着一定的生产关系，生产关系的性质又决定着劳动协作和分工的社会性质。在这里，由自然技术条件决定的关系是同由生产资料所有制决定的关系结合在一起的，例如，只要是蒸汽机车的技术条件，就要有司机和司炉的分工协作关系，这种关系并不以生产关系的变革为转移。但是这种协作和分工在资本主义铁路公司条件下同在社会主义铁路企业中，就有根本不同的社会性质。劳动协作和分工的这种二重性，决定我们在研究它们的时候，要区别对待。劳动协作和分工的社会性质，即它们所体现的生产关系，以及生产关系的特殊性质对劳动协作和分工的作用问题，这是生产关系范围内的问题，是属于政治经济学研究的对象。至于劳动协作和分工本身，它们在被技术决定的限度内，应由哪门科学来研究的问题，是直接涉及研究劳动组织的问题，我把它同劳动组织问题连在一起，放到本文稍后去考察。

科学技术在生产中应用的问题，是自然科学和技术科学（包括工艺学和技术史）研究的对象。

3. 生产力的组织方面的问题。生产力组织问题，有两个方面：一方面是企业内部的生产力组织，这主要是生产力各要素的合理结合问题；另一方面是社会范围的生产力组织，这主要是全社会生产力的合理布局问题。在生产力各要素质量和数量相同的条件下，生产力组织的合理程度，直接决定生产力的高低。

企业内部的生产力组织，主要是劳动组织，机器、原材料、辅助材料等的组织，它们同企业内部的劳动协作和分工有着紧密的联系，是协作和分工的具体形式，是由生产的技术条件和自然条件决定。同时，劳动组织像劳动协作和分工一样，它的社会性质，是由生产关系的特殊性质决定。因此，劳动组织的核心问题，是如何根据现有生产中的科学技术条件，根据合理的工艺操作规程的要求，来配置掌握各种不同技术和不同熟练程度的劳动者，使生产资料和劳动者之间实现合理的结合。但是这种合理的标准，除了由自然条件和技术条件决定之外，也还由生产关系的性质决定。资本主义企业的劳动组织，是以榨取工人更多的剩余劳动为合理标准；而社会主义企业的劳动组织，不仅要符合以最少的生产资料消耗和活劳动消耗取得最多最好的满足社会需要的产品，而且还要使劳动组织适合保证劳动者健康的卫生要求。这表明，劳动组织是介于生产力与生产关系之间的中间环节，它具有技术关系和生产关系的二重性。

社会范围的生产力组织，主要是生产力在全社会空间的布局，国民经济体系的建立和合理化。社会范围的生产力组织，体现着社会劳动协作和分工。生产力在空间布局的合理标准，国民经济体系建立的合理标准，也都是受自然条件、技术条件和生产关系的性质双重决定，它既要符合社会自然条件和技术条件所要求的合理性，又要符合生产关系的特殊性质从而符合由生产关系决定的上层建筑所要求的合理性。

劳动协作和分工中和生产力组织中的生产关系问题，当然是政治经济学的研究对象；至于其中生产力本身的问题，反映人与自然条件和技术条件之间关系的问题，是哪门科学的研究对象呢？

在这里，我提出一个极不成熟的意见，提请学术界讨论、指正。我认为，应当建立一门研究劳动协作、劳动分工和生产力组织的科学，它可以称为生产力组织学。它要联系生产关系和上层建筑来研究生产力组织（包括协作和分工）的规律。

生产力组织学的任务，是根据自然条件、技术条件，根据生产关系的性质和上层建筑的要求，研究从生产企业到整个社会的生产力各要素的合理组织和妥善配置，建立使生产过程、劳动组织、协作分工、综合利用、企业规模等合理化问题的理论，使人们的劳动发挥出更大的生产力，使生产力布局和国民经济体系的结构合理化，促使整个社会的生产、资源利用、运输条件等的配置和利用，日臻完善。

生产力组织学应当是社会科学的一门。自然科学和技术科学主要是从科学技术原理、设计、制造、应用、工艺等方面来研究生产力，并不研究上述生产力组织方面的问题。生产力组织学是研究作为社会范畴的生产力所体现的社会关系，包括与生产资料结合起来的劳动者同自然界的关系和人与生产资料的技术关系。需要说明，不能把社会关系同生产关系等同起来，社会关系要比生产关系广泛得多。社会范畴是社会关系的理论表现，即其抽象；而经济范畴是生产关系的理论表现或抽象。马克思在《哲学的贫困》中指出，机器正像拖犁的牛一样，并不是一个经济范畴。机器只是一种生产力。可见，把本是社会范畴的生产力当作经济范畴是不妥当的。①顺便指出，方文同志就把社会范畴同经济范畴混淆了，他认为，既然生产力是社会范畴，即等于经济范畴，那么政治经济学难道还有不研究经济范畴之理吗？这也是他认为生产力应当包括到政治经济学对象之中的一个理由。显然，这个理由是不存在的。

以研究生产关系运动规律为对象的政治经济学，虽然联系生产力和上层建筑，但所考察的着眼点是在于生产力和上层建筑对生产关系变化的作用，以及生产关系对它们的作用，而不能把研究属于生产力范畴的生产力组织问题，研究人与自然的关系和人与生产资料的技术关系放在政治经济学对象的地位。

可见，生产力组织学的研究对象，同自然科学、技术科学对生产力的研究，以及同政治经济学对生产力的连带研究，保持着应有的界限。

我认为，生产力组织学只有在生产资料公有制的社会主义社会里，才有产生并发展的社会必要性和条件。在资本主义社会里，资本家对企业内部的生产力组织问题，当然是关心的，事实上也在不断地研究，以便资本家得到由生产力要素合于资本主义之理的组织而带来的更大利益。资本主义的生产力"合理"组织，虽然也要合于科学技术条件的要求，但其目的是由资本主义生产关系决定的，是为了压榨工人阶级更多的血汗。因此在其中存在着对抗性的矛盾。最近美国福特汽车公司十二万工人大罢工的直接原因，就是反对"赶快"制度。② 至于社会范围的生产力组织问题，那是资本家所不关心的。因为生产资料的资本主义私有制，硬性地分离着社会化生产力的密切联系。这种情形的表现之一，就是个别企业生产是有组织的，而社会生产是无政府状态。在资本主义社会不存在社会范围的生产力合理组织问题。因此，在资本主义社会里，不可能

---

① 拙著《试探社会主义社会质的规定性》一文（见《经济研究》1961年第4期），就曾经把生产力当作经济范畴，现在认为这种认识不妥。

② 见《人民日报》1961年10月5日第6版。

出现既研究企业的生产力组织，又研究社会的生产力组织的生产力组织学。而在社会主义社会，由于生产资料公有制的确立，社会生产是有计划地进行，生产的目的是直接满足需要。这就客观地决定了生产力合理组织的必要性和可能性，决定了生产力组织学这门科学将会出现并将得到很快发展的必然性。生产力组织学的发展，将大有助于更充分地发挥社会主义计划经济的优越性。恩格斯曾经指出，只有根据统一的总计划来协调地配合生产力的那种社会，才能允许工业在全国作这样的分配，使之最能适合于它自身的发展以及其他生产要素的保持和发展。在十月革命胜利后不久，1918年4月，列宁就指出，科学院已经开始对俄国自然生产力进行系统的研究和调查，最高国民经济委员会应当立即委托科学院成立一系列由专家组成的委员会，以便尽快制定改造俄国工业和发展俄国经济的计划。这个计划应当包括：合理地分布俄国工业，使工业接近原料产地，尽量减少原料加工、半成品加工一道到产出成品的各个阶段的劳动力的损耗。这都说明生产力组织学在社会主义社会中的重要性。

现有的生产力配置学科，多年的研究工作实践，已经为生产力组织学的建立打下了相当的基础。虽然生产力配置学的对象问题，直到今天还存在着种种不同意见的争论，但是它在实际上一道研究着生产力合理布局问题、经济资源的合理利用问题，和建立合理的国民经济体系问题。生产力配置学如果能够在这个基础上加以适当扩充，把企业内的生产力组织问题包括进去，那就大体上具有设想中的生产力组织学的轮廓。实际上，企业内的生产力组织同社会的生产力组织，在研究时是不宜分家的，应当结合起来加以研究。这并不妨碍生产力组织学要细分为许多方面的问题来研究，也不妨碍个别研究工作者着重研究其中的某个问题或某些问题。但是生产力组织学应当包括企业和社会的生产力组织问题。

事情很清楚，建立生产力组织学的意见，决不是想用它来代替政治经济学。雅罗申科同志曾经建议以生产力的合理组织代替社主义政治经济学,这种荒谬的主张,已经被斯大林在《苏联社会主义经济问题》一书中,彻底驳倒了。

当然,建立新的科学,不是一个粗糙的建议所能解决的,它除了要有社会实际的客观需要,还要有理论的依据和实际研究工作经验的积累。一门新科学即或能够成立,也还要经过长期的摸索才能逐渐完备起来,这是科学史所充分证明了的。一般来说,一门科学的建立,必须有三个条件:第一,确定这门科学所研究的对象和研究的领域;第二,划清它的研究对象与相邻近科学研究对象的界限;第三,在研究它的特定对象的过程中,形成理论的体系。简明地说,就是明确研究的客体,发现这一客体的运动规律,并创立系统的理论来阐述它们。因此,生产力组织学不可能一下子就完满地建立起来,它也将经历像其他科学在新建立前后那样的过程。我希望,不要以这门科学不能迅速而完满地建立起来为理由,来反对建立它。

如果生产力组织学得以建立,也就将在实际上解决生产力是否包括到政治经济学对象之中的问题。据我看,政治经济学对象要不要把生产力包括进来的争论,虽然一些文章的有关措辞不够严谨,但都不是指从自然科学和技术科学的角度对生产力的研究,而是指从社会科学的角度对生产力进行研究,是指研究社会范畴的生产力应归哪门科学承担的问题。实际上,在生产力问题中,又确实存在着像生产力组织问题这类既不能委之于自然科学和技术科学,也不能由政治经济学包下来的问题。由于劳动协作和分工、生产力组织等问题是社会关系问题,不能要求自然科学或技术科学来研究它们,研究它们应当是社会科学的任务。所以有些人就在鉴于研究这些问题的重要和必要的心情之下,建议把它们纳入政治经济学的对象之中。而政治经济学研究生产关系运动规律的客观任务,又规定它不能把研究生产力问题,也作为自己的对象,于是争论也就热烈起来。

可能有人会提出这样的问题:政治经济学为什么不能把生产力

组织问题包括到自己的研究对象之中呢？我对这个问题的看法是：一门科学的研究对象，总是相对单纯的客体，把矛盾性质不同、运动规律不同的东西作为一门科学的研究对象，使科学研究工作在实际上难以进行，结果必定是使这门科学不成其为科学。新科学的出现总是表示人们认识和研究自然或社会的加深，研究未知的领域的扩大。不能把应当建立一门科学来研究的问题，都往原有科学的对象中塞。政治经济学研究生产关系的运动规律虽然也相对单纯，即都是生产关系问题，但又非常复杂，它承担对于整个社会生产的两个方面中最复杂一方面的研究。政治经济学不能以生产方式作为研究对象，那是历史唯物主义研究对象的基本部分。历史唯物主义科学在揭示社会发展的规律时，首先就要揭示生产方式运动规律，因为生产力和生产关系的规律是社会发展最一般的规律。还要注意到，在实际科学研究活动中，出现了生产力配置学。一门科学的出现，决定于客观的必要性和条件，而不决定于主观愿望。生产力配置学的出现，也证明在科学实践中，生产力组织问题不能包括到政治经济学的对象里来。关于政治经济学对象的直接商榷，将在本文的下一部分中进行，这里不详述。

4. 生产力管理方面的问题。社会主义制度下，社会对生产力的管理，也有两个方面：一是对企业生产力的管理，它包括计划管理、技术管理和劳动管理等；一是对全社会生产力的管理，它包括对工、农、运输等生产部门的管理，对物资的管理，对劳动的管理，对经济资源的管理，等等。整个说来，社会主义社会对生产力的管理是有计划的。无论对企业生产力的管理，也无论对社会生产力的管理，管理的对象，都是生产力和潜在的生产力各要素。这里的管理，不是道德规范，而是法律规范，它具体表现为一系列的计划和规章制度。因此，这种管理制度本身是上层建筑范畴。至于社会主义国家对财政、金融、贸易等的其他财经管理体制，也与此相同，所不同的，是它们管理的直接对象不是生产力。在这种意义上的生产力管理制度和财经管理体制，是国家政策的研究对象。但是对生产力管理制度的制定，它们的变化，不仅要依据生产力的自然和技术状况，而且还要使之正确反映生产关系的性质。因此，生产力管理制度和财经管理体制本身，必然把许多生产关系方面的问题，即生产资料、产品和劳动力的所有权、经营管理权、支配权、使用权，产品的流通，产品分配，等等，以政策、计划和规章制度等形式加以规定，并且把它们变成明确的具有法令性的条文。可见，生产力管理制度和财经管理体制中也有政治经济学所必须研究的一般的和具体的生产关系问题。研究这方面的生产关系问题是政治经济学研究工作者的一项繁重而迫切的任务。

5. 生产力的水平和性质方面的问题。研究这方面的问题是对社会生产力的一种总体的考察，研究的目的，是为了科学地对生产力的状况进行最一般的概括。

生产力是表示人们征服或改造自然界使之适合人的需要的程度。对于这种改造自然的程度的计量，是以一定时间，一定数量的劳动者，生产出来的使用价值数量、质量、品种为标准的。

生产力的水平是由劳动生产率的水平决定的。劳动生产率反映产品同活劳动消耗的对比关系。应当把生产力水平同产品产量加以区分，我们考察一个社会、一个国家的生产力水平，是根据劳动生产率水平，根据表现劳动生产率水平的按人口平均计算产品的产量为基础，而不能根据产品总产量。因为，其他条件一定，劳动者人数多少是决定产品产量的因素，在生产水平相对低下，劳动生产率水平相对低下，而人口较多的国家，产品总产量可以高于生产水平较高，劳动生产率较高，而人口较少的国家。研究生产力水平问题，是统计学对象的一个部分。

生产力的性质是指生产力的社会性，即生产社会化程度，它决定于生产力水平。恩格斯在《反杜林论》中，论到资本主义生产关系怎样随着生产力水平的提高，生产力的社会性就迫使社会承认，并必然导致资本主义生产关系的革命变革问题时，写道，纺纱机、织布机、蒸汽锤代替了手纺车、手织机及手用锤；需要数百数千工人共同劳动的工厂，代替了小的作坊。和生产资料一样，生产本身也从一系列的分散的行动变成一系列的社会的行动，而生产品也从个人的生产品变为社会的生产品。现在工厂所出产的纱、布、金属品，都是许多工人共同劳动的产品，这些产品在完成之前，先要按一定的顺序经过他们许多人的手。没有一个人单独地能够说："这是我做的，这是我的生产品"。但是资本主义生产关系却不能适应在资本主义社会中发展起来的生产力的上述社会性质，用恩格斯的话来说，经济危机就是生产力要求在事实上承认它们的作为社会生产力的那种性质。

生产力的社会性，虽然是属于历史唯物主义的对象，但是政治经济学也要研究它。因为生产关系的变化最终是由生产力性质决定的，政治经济学研究生产力性质问题，是为研究自己的对象所必须联系研究的问题之一。

6. 生产力与生产关系的关系、生产力与上层建筑的关系方面的问题。政治经济学为了揭示生产关系运动规律，必须研究生产力对生产关系的决定作用；同时，研究生产关系的作用时，首先就接触到生产关系对生产力的作用。因此，生产力与生产关系的关系问题，是政治经济学研究范围内的问题。政治经济学研究这种关系，是为了阐明生产关系发展变化的规律性。当然，历史唯物主义也要涉及对生产力与生产关系的关系的研究，但它是为了揭示社会发展的一般规律。

谁都承认，生产力决定生产关系，生产关系对生产力也不是消极被动的，它可以对生产力的发展起推动作用或阻碍作用。但是有些同志在论述生产力与生产关系的关系时，把生产力对生产关系的决定作用跟生产关系对生产力的反决定作用并提，这显然是不妥当的。

毛泽东同志在《矛盾论》这篇著名的文章中明确指出，诚然，生产力、实践、经济基础，一般地表现为主要的决定的作用，谁不承认这一点，谁就不是唯物论者。然而，生产关系、理论、上层建筑这些方面，在一定条件之下，又转过来表现其为主要的决定的作用，这也是必须承认的。当不变更生产关系，生产力就不能发展的时候，生产关系的变更就起了主要的决定的作用。毛泽东同志的这段精辟的论述，在理论上彻底地克服了长期以来那种对生产力与生产关系、理论与实践、经济基础与上层建筑之间关系的机械唯物主义的了解。毛泽东同志在这里十分清楚地指明了，生产力、实践、经济基础是一般地、经常地对生产关系、理论、上层建筑起主要的决定的作用；而生产关系对生产力、理论对实践、上层建筑对经济基础则是在一定条件下，在某些特殊的场合，才发生主要的决定的作用。当生产关系适合生产力发展的要求时，生产关系是生产力发展的强大推动力；当生产关系过分落后于生产力，或者过分超越了生产力的时候，生产关系又会对生产力发生一定的破坏作用。到最后还是要由生产力决定生产关系发生变化，以同生产力的性质相适应，这样就使生产力获得了发展的地盘。社会主义生产关系的优越性，表现在它是作为对已经成为生产力发展桎梏的资本主义生产关系的根本否定而建立起来的适合生产力性质的生产关系，从而能够推动并容纳生产力的广泛发展。生产力的发展，又会使社会主义生产关系的某些方面显得不适合，有脱节，在这种情况下，为了保证生产力的发展就要调整生产关系的某些方面。我们在这方面的优越性在于，党洞察生产力与生产关系之间的辩证关系，及时发现矛盾，领导我们采取正确措施，加以及时调整和适当解决。生产资料的公有制，保证了社会主义社会的生产力和生产关系，不会发生象在资本主义制度下那样的冲突，以至必须经过社会革命来解决。这是由于以公有制为基础的社会主义生产关系，和以私有制为基础的生产关系不同，它不会跟生产力的发展发生全面的不适合，而只会发生社会主义生产关系某些不完善的方面或环节，不适合生产力发展的要求。所以社会主义生产关系的变革，是调整不完善的环节的问题，而不会是根本改变公有制为基础的生产关系问题。关于这一点，毛泽东同志在《关于正确处理人民内部矛盾的问题》中曾明白地告诉过我们,他说,所谓社会主义生产关系比较旧时代生产关系更能够适合生产力发展的性质,就是指能够容许生产力以旧社会所没有的速度迅速发展,因而生产不断扩大,因而使人民不断增长的需要能够逐步得到满足的这样一种情况。又说,社会主义生产关系已经建立起来,它是和生产力的发展相适应的;但是,它又还很不完善,这些不完善的方面和生产力的发展又是相矛盾的。

对于生产力和生产关系之间的关系问题的深入细致的研究,是政治经济学责无旁贷的。

关于生产力与上层建筑的关系问题,是属于历史唯物主义的研究对象。

7. 生产力的发展规律方面的问题。生产力作为统一存在的一种基本的社会现象,肯定有它的内在矛盾的特殊规定,肯定有其运动的内部根据,肯定有其运动的特殊性,从而也肯定存在着生产力的发展规律。

但是,究竟生产力的发展规律是什么?学术界有许多不同的说法。一种说法是,生产力规律就是生产关系规律,认为"生产关系既然是生产力的发展形式,那么生产关系的规律同时就是生产力运动的规律"[1]。我认为,这种论据本身就成为问题,不能令人信服。另一种说法是,生产力的社会属性和物质技术属性的矛盾运动规律,生产关系和上层建筑对生产力施以制约,但不能完全控制生产力的自己运动。[2] 与此类似的,也有些同志(包括方文同志在内)只是认为存在着生产力发展规律并举了几个规律作为例证,而未概括地回答什么是生产力发展规律。

我认为,生产力发展规律是在生产力各种要素相结合的基础上产生的。它的实质,反映生产力内部的人跟自然界的物质变换的规律性。我们从社会经济生活的无数规律性中,也可以看到下面这种

---

[1] 谢昌余:《有关生产力的几个理论问题》,《学术月刊》1960年第2期。

[2] 参见平心《辩证法可否应用到生产力研究上:十论生产力性质》,《新建设》1961年第8期。

规律性现象。作为生产力最积极的要素的劳动者，同一定的生产资料相结合，改变自然环境，使之更充分地适合人们的需要，在这个过程中，出现更好的劳动工具，操纵生产工具的技能和经验不断提高，使劳动对象的范围不断扩大，从而进一步加强了人对自然的控制；新的生产方式继承前一社会生产方式发展起来的生产力，在新生产关系下，使生产力发展到一个新的水平，在这个过程中，实现技术革新和技术革命，接着就使生产力在新的物质技术基础上继续向前发展。这都是不以人们意志为转移的客观社会过程，我认为这里反映着生产力发展的规律。对生产力发展规律发生影响的因素是很复杂的，一般来说，凡是影响生产力各要素的东西，都对生产力规律有一定的影响。自然条件、科学技术条件、生产关系条件、上层建筑条件以及其他社会条件等，都对生产力发展规律有程度不同、强弱不等的作用。在这些影响生产力规律的因素中，生产关系对生产力规律的影响，具有特别的重要性。因为人与自然界发生物质变换关系是以人与人发生生产关系为前提，生产关系是生产力发展变化的基本推动力。

生产力发展的一般规律，正是历史唯物主义的研究对象。历史唯物主义所要揭示的社会发展的一般规律，必须是以揭示生产力、生产关系、上层建筑、阶级、民族等发展的规律，以及它们交互作用所形成的客观趋势为基础。

这样并不是把生产力发展规律问题推到远离政治经济学的领域中去。本来政治经济学实质上就是基于唯物史观的一门科学。

通过以上的说明，可以看出，劳动协作和分工中的生产关系问题，生产力组织中的生产关系问题，生产力管理中的生产关系问题，以及制约生产力发展规律的生产关系问题，等等，都是属于政治经济学的对象，因为它们都是生产关系问题。至于生产力与生产关系的问题，生产力的水平和性质问题，劳动协作和分工问题，生产力组织和管理问题，生产力规律问题等，都与生产关系发展运动有密切的联系，政治经济学为了揭示生产关系这个作为社会生产方式中"多少带有独立性质"的领域的运动规律,就必须研究它们,甚至有时还需要研究生产力的自然条件和技术方面的问题。但是它们并不构成政治经济学这门科学的对象。因此,我认为,联系生产力,联系上层建筑,来研究生产关系的规律,是政治经济学对象的恰当的概括。

政治经济学对象是否包括生产力问题的进一步商榷

政治经济学对象是否包括生产力问题的争论,由来已久。争论至今,莫衷一是。探究原因,十分复杂。其中主要反映着这样的情况,一方面是社会主义建设实践迫切要求对生产力进行科学研究,另一方面是人们对马克思主义经典作家关于政治经济学对象的规定,持有不同的理解。同时,在争论中,原则争论较多,具体分析较少,使问题不易解决。

我们知道,任何科学都是以研究并揭明事物发展变化内在的稳定的联系,即客观规律为自己的任务。任何科学的对象,都是客观规律,无非是属于不同事物、不同领域、不同现象的规律,因此才能统一称为科学。政治经济学也不例外,它的研究对象也是客观规律。恩格斯指出,政治经济学在最广的意义上说来,是研究人类社会中支配物质生活资料的生产和交换的那些规律的一种科学。

为了揭示客观规律,必须首先明确所要研究的具有特殊矛盾性的客体,分析与之有关的现象,透过现象,找出内在矛盾的运动,找出这一事物运动的规律,相应地建立起系统说明它们的理论。

政治经济学研究的对象是生产关系发展变化的规律,它并非在静态上研究生产关系,事实上,对生产关系进行静止的研究是根本不可能的。为了研究生产关系运动规律,必须联系着研究生产力的具体状况和一般状况,研究生产力对生产关系的决定作用,研究上层建筑对生产关系的作用,为此又必须对上层建筑的性质和一般作用有明确的概念,等等。但是,不能由此得出生产力和上层建筑也是政治经济学对象的结论。因为：

第一，不能把具有不同矛盾性质的事物混在一起作为某一门科学的对象。这是不符合科学上分门别类的客观要求的，是不科学的。各门科学的划分正是根据它们研究对象的特殊矛盾性。生产关系的矛盾是人与人之间的矛盾，虽然这种矛盾不能脱离开人与物的矛盾，但它究竟不是人与物的矛盾本身。社会经济生活中的人与人的特殊矛盾性，是政治经济学成为一门科学的客观基础。生产力的矛盾是有劳动能力和装备的人跟自然界的矛盾，就其性质而言，是人与物的矛盾。

第二，不能把一门科学的对象跟同这个对象有交互作用和密切关系的事物混淆起来。任何科学在研究自己的对象时，都要联系着研究一些虽不是该科学的对象，但又非联系着研究不可的问题，因为这些问题是为研究该科学的对象所必需的，有密切关系的，不研究它们就不能充分地说明该科学的对象。政治经济学联系研究生产力就是一个明显的例子，力学要联系研究数学又是一个明显的例子。任何一门科学的研究对象同它所研究的问题的范围都不是相等的，一门科学研究的某些范围，是允许、也免不了要发生同另一门科学的研究范围有所雷同。但是一门科学的研究对象，不可以、也不可能一身二任，同时它又是另一门科学的研究对象。如果不划清一门科学的研究对象同研究范围（领域）的界限，就要像方文同志那样发生误解，即认为凡是一门科学所要研究的问题，就都是它的对象。如果真的这样，那么许多新兴的"边缘"科学一建立，就要相应地取消几门原已存在的科学了。但是，科学发展的过程证明，事情并非如此。

社会存在是统一的，生产力和生产关系在实际生活中是分不开的，它们密切相连而又交互作用着形成生产方式内在的矛盾运动根据。这种状况决定了，无论是研究生产力的科学，也无论是研究生产关系的科学，它们的研究领域必然有重复之处。但是根据生产力和生产关系各自的特殊矛盾性质所建立起来的有不同研究对象的科学，必须严格划分清楚，不能马虎。科学的主要任务，就是在抽象形态上，把一些在实际生活中结合在一起的复杂现象，按照它们性质，加以区别，概括出有条理的反映客观事物运动的规律。

某种包括在几门科学研究领域中的问题，这几门不同的科学对于它的研究也不是相同的，这是受各门科学研究对象的制约，而有各自不同的侧重方面。例如以研究生产关系运动规律为对象的政治经济学，对生产力与生产关系的关系问题的研究，是在为了探讨生产关系运动的限度内进行的；而以社会发展一般规律为研究对象的历史唯物主义，也要研究生产力与生产关系的关系问题，但这种研究是服从于说明整个社会（包括生产关系、生产力、上层建筑，等等）发展的一般规律的。

第三，更不能把政治经济学研究工作者所应具备的知识，跟这门科学的对象混同起来。政治经济学研究生产关系变动规律的任务，要求研究工作者具备较为广博的知识，不仅要求有辩证唯物主义与历史唯物主义的哲学头脑，以及各种专门的经济学、经济思想史和经济史的知识，甚至一定水平的自然科学、技术科学和外国语的知识，而且还要求精通党的方针政策。但是它们与政治经济学对象本身是两回事。

方文同志认为："事实上，政治经济学中所研究的经济规律，本来就不单是生产关系的规律。例如按比例发展的规律，劳动生产率不断增长的规律，生产资料优先增长的规律，以农业为基础的规律等等，所有这些规律，就其自身来说，都是属于生产力发展的规律。"① 并且用来证明政治经济学实际上已经把生产力作为对象了。对于这些问题，也必须加以辨明。

这些貌似生产力发展的规律，实质上并非生产力规律，而是生

---

① 《马克思列宁主义政治经济学的对象是社会生产方式》，《经济研究》1961 年第 7 期。

产关系规律。这倒不是因为它们都体现着一定的生产关系,而是因为这些规律所以成为规律的决定条件,都属于生产关系范畴。以上这些规律除了劳动生产率不断增长的规律是社会主义社会特有的经济规律以外,都是一般的经济规律,它们在不同社会中都起着作用。生产的按比例发展,扩大再生产条件下的生产资料生产的优先增长,农业是国民经济发展的基础等,所以是经济运动规律,并不能从生产力本身找出决定它们成为规律的条件,它们是由生产关系一般条件决定的,它们在实质上是反映社会劳动在各个生产部门的一般分配关系,国民经济各部门之间的劳动和产品的一般交换关系。虽然这些规律也反映生产力的发展,生产关系规律都与生产力的运动有紧密的联系,但是我们判断某种规律是属于哪种现象的规律时,必须以它们在客观本质上是由什么条件决定的为依据。在客观本质上是由生产关系条件决定的规律,就是生产关系规律。比如不同生产关系条件下的消费品分配规律,也表现为生产物的分配,分配的结果表现为物量的多或少,分配方式归根到底又取决于生产品的数量,但由于分配规律是受生产关系条件的客观决定,所以也就没有人主张分配规律是生产力规律,都一致承认它是生产关系规律。这同上面所列举的那些规律,是一个道理。

方文同志甚至把 I $(v+m)$ 同 II c 的交换关系,也视为生产力问题,他认为:"社会再生产的这些对比关系按其自身来说,是一切社会化生产的客观要求,因而是属于生产力范围内的问题。"[1]在这里,方文同志是把社会化生产的客观要求同生产力范畴之间不恰当地画上了等号。实际上,这是不同的两回事。劳动之分为具体劳动和抽象劳动,生产物之具有使用价值和"价值"(社会必要劳动消耗),劳动日之划分为"必要"劳动时间和"剩余"劳动时间,等等,都是社会化生产的客观要求,在资本主义社会和社会主

---

[1] 《马克思列宁主义政治经济学的对象是社会生产方式》,《经济研究》1961年第7期。

义社会都存在，但是谁也不赞成它们"因而"就是生产力范畴的问题。

主张生产力也是政治经济学的对象的同志（包括方文同志在内），还常引用马克思主义经典作家关于政治经济学对象的某些言论，来证明他们的主张是有根据的。例如方文同志在同一篇文章中，就引用了马克思在《资本论》初版序中所说的，本书研究的，是资本主义生产方式及与其相应的生产关系和交换关系。这句话本身是完全正确的，可是问题在于如何理解。如果这里的"生产方式"的含义是像方文同志所说的包括生产力和生产关系，那么马克思为什么要把生产关系和交换关系单提出来呢？我认为，马克思在这里使用的"生产方式""生产关系""交换关系"都是狭义的，"生产方式"是指生产力的使用方式，"生产关系"是指所有制关系，而不包括交换关系在内。

据我理解，马克思主义经典作家使用"生产方式"这一术语，并不到处都是同一含义。除了用它表达生产力的社会形式，即生产力与生产关系的统一之外，还在下列各种意义上使用过"生产方式"这一术语。第一，是指生产力的使用方式。例如，马克思在论述资本积累的历史趋势时，写道，资本独占，成了和这种独占在一起，并在这种独占下开花的生产方式的桎梏。又如恩格斯在《反杜林论》中说，大工业在其更高发展的阶段上，也就不得不与资本主义生产方式所局限着它的狭隘的范围发生冲突。新的生产力，已经大大地超越了资产阶级的使用生产力的方式。这种生产力与生产方式之间的冲突，绝不是仅仅在人们头脑中产生的冲突……第二，是指保证人们生活的方式。例如，马克思指出，随着新生产力的获得，人们改变自己的生产方式，随着生产方式即保证自己生活的方式的改变，人们也就会改变自己的一切社会关系。第三，是指生产关系，主要是指所有制关系。恩格斯在《反杜林论》中使用"生产方式"，通常是表达生产关系的概念，例如，他写道，只有采用新的同生产力的现在发展阶段相适应的生产方式，新的生产力,才能保存和往前发展……他在论述资本主义经济危机时指出,危机表明,生产方式起来反对交换方式,生产力起来反对它们所已经超越了的生产方式。

生产方式的概念,直到20世纪30年代,斯大林才在《辩证唯物主义与历史唯物主义》一文中作了统一的规定,并为理论界所接受。斯大林写道:"生产,生产方式是把社会底生产力和人们底生产关系两者都包含在内,而体现着两者在物质资料生产过程中的统一。"① 我们怎么能够以这时才统一规定的概念,来理解以前"生产方式"这个术语的含义呢!

方文同志还在他的文章中,特别着重地引述恩格斯的这个论点,按广义来说,政治经济学是这样一种科学,它研究人类各种社会中生产和交换所借以进行的那些条件和形式,以及与此相适应的生产品分配所借以进行的那些条件和形式……方文同志认为,这里恩格斯所说的政治经济学对象是包括生产力在内的生产方式。他的根据是恩格斯说的下面一段话:

人们生产和交换生产品时所处的条件,各国各有不同,在每一个国度里,一代一代各有变化,所以对于一切国度和一切历史时代,政治经济学不能都是一样的。从野蛮人的弓、箭、石刀和罕见的作为例外的交换关系,到近代的千匹马力的蒸汽机、纺织机、铁路和英格兰银行,中间不知道隔着多少距离。巴塔哥尼亚的居民,没有进到大批生产和世界贸易,也没有进到票据的投机或交易所里的破产,所以谁要是想把巴塔哥尼亚的政治经济学和近代英国的政治经济学归结为同一规律,那么,显然地除了最平凡的一般的东西以外,他是再不能给予任何的东西的。所以政治经济学在本质上说来是一种历史的科学。

恩格斯的这一段论述,十分清楚地表明,他针对杜林的反历史主义的荒谬观点,强调政治经济学的历史性。强调由于生产力发展

---

① 《苏联共产党(布)历史简明教程》,人民出版社1954年版,第158页。

水平的不同，从而为生产力所决定的生产关系条件不同，经济规律就不同，研究经济规律的政治经济学也就不会相同。因此，他告诫人们不要企求从不同生产力水平所决定的不同生产关系的社会中，寻找同一的政治经济学规律。可见，无论如何，也不能从恩格斯的论述中找出生产力是政治经济学对象的根据。

我们研究政治经济学的对象问题，必须十分注意学习列宁对这个问题的论述。列宁在对马克思主义政治经济学深刻研究的基础上，大大发展了马克思主义政治经济学的一系列原理，同时，他坚决地捍卫了马克思主义政治经济学对象的科学规定。

列宁在《评经济浪漫主义》一文中指出，政治经济学的对象决不像通常所说的那样是"物质的生产"（这是工艺学的对象），而是人们在生产中的社会关系。

列宁在《俄国资本主义的发展》一书中又指出，政治经济学决不是研究"生产"，而是研究人们在生产上的社会关系，生产的社会制度。

列宁在《评亚·波格丹诺夫〈经济学简明教程〉》中认为，政治经济学是从发展中研究社会生产关系和分配关系的科学的说法，是政治经济学的又清楚又确切的定义。

列宁在《卡尔·马克思》一文中，再一次指出，研究这个历史上一定社会的生产关系的发生、发展和衰落，就是马克思的经济学说的内容。

方文同志在他的文章的脚注中，也引述了列宁对政治经济学对象的一些论述，然而他未正视这些论述，并且以不能成立的理由，断言"不能断定列宁是把政治经济学的对象规定为生产关系的"[①]。这是非常令人惋惜的。

总之，我认为，生产力问题属于政治经济学研究的范围，但不是政治经济学的对象。这丝毫也不意味着政治经济学可以忽视

[①] 《经济研究》1961年第7期。

对生产力的研究。正相反，必须加强对生产力的连带研究，加强对具体经济问题的研究，以便加强对生产关系问题深入的、细致的研究。这样才能使政治经济学研究工作更好地为社会主义建设服务。

（原载《经济研究》1961年第12期）

社会主义经济的计划性与市场性相结合的几个理论问题

当前，我国经济学界正在热烈讨论我国经济管理体制和经营管理方法改革的一系列理论和实际问题。本文拟就社会主义经济的计划性与市场性相结合的几个理论问题，进行一些探讨。

我们认为，对经济管理体制进行改革的实质，就在于有条不紊地把我国社会主义经济的计划性和市场性结合起来，而要做到这一点，关键是承认和尊重价值规律对社会主义经济的调节作用。在我们看来，那种只看到社会主义经济是计划经济，否认计划性要与市场性相结合，否认价值规律的调节作用的看法和做法是不对的；那种离开计划性来谈社会主义经济，甚至要求取消计划性，让商品经济自由发展，片面强调市场调节的意见，也是不对的。

社会主义经济中有计划规律的调节作用和价值规律的调节作用是统一的

革命导师早就明确指出，社会主义经济只有在社会或国家有计划地调节整个社会经济活动的基础上，才能得到发展；社会主义经济是公有制基础上的全社会范围的计划经济。

中华人民共和国成立以后，为适应生产社会化而建立了社会主义公有制，随着社会主义全民所有制经济在整个国民经济中起着主导的作用，国民经济有计划发展规律就产生并且起作用，它是社会主义生产的调节者。这是毫无疑义的。

但是，有的同志否认社会主义经济中存在有计划发展规律，他们说，有计划是人为的，是主观因素，不能说成是客观经济规律。我们不同意这种观点。我们认为，只要存在社会主义公有制，有计划发展就是一种客观必然性。劳动人民成了生产资料的主人，当然是要按照自己的利益来支配和使用社会劳动，自觉地有计划地安排社会生产。在资本主义社会，随着生产愈来愈社会化，资本主义生产组织程度的提高和科学技术的发展，不但每一个资本家企业有严密的产销计划，而且代表资产阶级利益和意志的资本主义国家，也搞种种经济计划和预测，推行"计划指导"，并收到一定的效果。但是，以私有制为基础的资本主义国家，却不可能像社会主义国家那样，把各个企业的严密的计划推广到全社会，资本主义经济的特征之一，是社会生产的无政府状态。尽管社会主义经济计划要随着社会主义生产社会化和公有化程度的提高，随着社会主义生产组织程度的提高以及科学技术的发展（包括电子计算机的广泛应用于生产管理和经济管理）而不断完善，不断提高；但是重要之点在于，只要建立了社会主义公有制，就能做到整个社会经济的有计划发展，从而可以避免资本主义生产无政府状态和经济危机带来的社会劳动的巨大浪费。因此，社会主义经济发展的计划性，是社会主义制度优越性的重要表现。

社会主义经济是计划经济，有计划发展规律是社会主义经济的调节者。但只是这样说还不够完全，因为社会主义经济还是公有制基础上的商品经济，在有计划规律对它起调节作用的同时，价值规律也必然对它起调节作用。

马克思恩格斯曾设想，社会主义经济中不存在商品货币关系。但是，我国和其他社会主义国家的建设实践都证明，社会主义社会存在商品货币关系是不可避免的。这种客观必然性不能只由现阶段社会主义公有制存在两种不同形式来解释，从根本上说，它是由社会主义社会人与人之间（包括各个生产者集体之间）在根本利益一致前提下还存在经济利害关系决定的。社会主义公有制的两种形式是这种利害关系的比较明显的表现,即在生产资料所有制方面还存在严格的经济界限。在两种公有制经济之间,那种决定商品交换存在的彼此当作外人看待的关系是很明显的,人们也往往从此说明现阶段保留商品生产的原因。但是,即使把两种公有制并存的因素抽掉,在全民所有制经济内部,在承认各个人的不同能力是"天然特权"的条件下,正如马克思在《哥达纲领批判》中谈到社会主义社会分配问题时所说的那样,人与人之间,从而各个生产者集体之间的物质利害关系,还要按照等价交换或等量劳动交换的原则来调节,这就决定着社会主义社会还要保留以等价交换为基本特征的商品货币关系。

我们知道,商品生产者之间在互相交换商品的时候,谁也不愿意吃亏。这种经济利益的对立,要求相互之间实行等价交换的原则。等价交换,既不是某个天才人物的发明创造,也不是偶然的协议或契约,而是商品生产者彼此之间经济利害矛盾的产物。等价交换是商品生产者之间建立广泛社会联系的准则。在社会主义社会,仍然要以等价交换原则来调节人与人之间的经济利害关系,它依然是建立经济联系的一个准则,也就是需要保留商品关系,当然这种商品关系的社会性质与旧社会的商品关系已经根本不同了。

由于社会主义经济是公有制基础上的商品经济,这就意味着社会主义企业,不管是全民所有制企业还是集体所有制企业,它们既是公有制的一个生产单位,同时也是相对独立的商品生产者;社会主义企业生产的产品,无论是生产资料还是消费资料,仍然是商品;对这些产品的生产和流通,有计划发展规律起着调节作用,价值规律也起着调节作用。否认这一点,就不能很好地根据社会主义经济固有的特点来认识和组织社会经济活动,就必然会对社会主义经济的发展带来不利的影响。

既然社会主义经济是计划性和商品性统一的经济,而商品经济是同市场连在一起的,正如列宁所说,市场这一概念和社会分工这一概念是完全分不开的,哪里有社会分工和商品生产,哪里就有

"市场"。因此，计划调节和市场调节也是统一的。

总之，在社会主义社会，建立了生产资料的公有制，又保留着商品货币关系，因而社会主义经济中的计划性和市场性是相互渗透的，你中有我，我中有你。与共产主义计划经济不同，社会主义计划经济是计划性与市场性相结合的。与资本主义市场经济不同，社会主义经济的市场性是在公有制的基础上，与计划性相结合的。

那么，在社会主义经济中，有计划发展规律的调节作用和价值规律的调节作用能够相结合的基础是什么呢？

我们认为，这两个规律的实质都要求社会生产的按比例发展。有计划发展规律就是要求有计划地对资金、物资和劳动力进行按比例的分配。斯大林把这个规律表述为国民经济有计划按比例发展规律，并不是偶然的。而"商品的价值规律决定社会在它所支配的全部劳动时间中能够用多少时间去生产每一种特殊商品"。[1] 价值规律要求"在社会总劳动时间中"，"只把必要的比例量使用在不同类的商品上"[2]。因此，我们认为，有计划规律和价值规律共同起调节作用的基础，就在于社会主义计划经济本身就是计划性和市场性相结合的经济，计划性是主导的；这种经济的发展比例关系，在客观上就是由有计划规律和价值规律共同调节着的，计划调节是主导的。实践表明，把二者截然对立起来，是要吃亏的。

有计划规律要求社会自觉地按比例安排社会生产，价值规律则通过市场机制实现社会生产的按比例发展。在商品经济中，社会总劳动时间怎样分配才比较合理，才算按比例，单纯靠计算是算不出来的，而要有社会经济的自动机构，即靠价值规律的调节才能比较灵活地比较及时地使社会生产与社会需要密切联系起来，使社会生产在经常的自动调节中，保持必要的比例。事实表明，越是不顾客观条件人为地安排各种比例关系，比例关系越是失调，这种情况至

---

[1] 《资本论》第一卷，人民出版社 1975 年版，第 394 页。
[2] 《资本论》第三卷，人民出版社 1975 年版，第 716 页。

今还困扰着片面强调集中统一、否定市场作用、没有很好运用价值规律这个自动机构的国家。我们计划经济的优越性，恰恰在于有可能在正确认识有计划规律和价值规律共同起调节作用的基础上，使我们的计划安排同价值规律调节的自动机构相结合，保证社会主义经济高速度、按比例发展。

过去有些论著，忽视有计划发展规律同价值规律都包含按比例分配社会劳动的要求，否定两者对社会主义经济起调节作用的共同基础，把有计划发展规律同价值规律看成是互相排斥的，提出了"代替论"（即随着社会主义改造的基本完成，有计划发展规律的调节作用代替了价值规律的调节作用），"限制论"（即"随着国家扩大计划管理的范围，价值规律的作用范围将进一步受到限制"），"太极图式的此消彼长论"（即有计划发展规律作用强，价值规律的作用就弱，价值规律的作用强，有计划发展规律的作用就弱），"野性难除论"（即社会主义制度下，价值规律虽然"改土归流"，但毕竟"野性难除"，需要给它带上"笼头"）等。社会主义建设实践证明：这些理论不符合社会主义经济的实际，对社会主义建设是不利的。我们决不能一说到有计划规律的作用就排斥价值规律，也不能一说到价值规律的作用就排斥有计划规律。有计划发展规律的调节作用和价值规律的调节作用是结合着的。无论就各种交换关系看还是就各类产品的生产和流通看，都是如此。那么，我们在经济工作中应当怎样正确地体现这种结合呢？

首先，要有计划地分配社会劳动，就要了解社会对各种产品的需要量。而这种需要量，一般说不通过市场是难以确定的。在实践中，经济合同是生产与需要的具体结合点，也是需要与可能的具体结合点。因此，计划应建立在合同制的基础上。每一个企业应有权按照用户和市场的需要，编制生产和销售计划，同有关单位订立合同。在各基层生产单位合同的基础上，自下而上地制订国家计划，进行综合平衡。这就能使国家计划具有群众基础，比较符合客观实际。

其次，要有计划地影响各种产品的生产和销售数量，影响国民收入的分配和再分配，调节产供销的平衡，就要运用各种价值杠杆，如价格、税收、利润、利息、工资、奖金等。

最后，要调动各方面的积极性，加强经济核算，提高经济活动效果，使社会主义经济在计划指导下蓬勃发展，就要利用价值规律，使各企业、部门和地区的生产经营成果同各该单位的劳动者的物质利益紧密联系起来。

在当前调整国民经济，整顿企业，逐步改革管理体制的工作中，国家要有计划地加速一些部门的生产，压缩某些部门的生产，把我国经济进一步健全发展的基础搞稳，把比例关系搞协调，都要求把有计划规律的作用和价值规律的作用很好地结合起来。

我们在经济工作中，如果能够真正体现有计划规律的调节作用和价值规律的调节作用的结合，那么，我们的社会主义经济就有可能真正实现"管而不死，活而不乱"。

当然，只看到有计划发展规律的调节作用和价值规律的调节作用相结合、相统一的方面，忽视或否定二者还有矛盾的一面，也是不正确的。

在社会主义制度下，劳动人民之间，各个生产单位之间根本利益是一致的，但是也存在着一定的利益上的矛盾。企业发展生产、增加盈利，在一般情况下，是同发展社会主义经济的利益一致的。但是，由于计划价格很难随时准确地反映产品社会劳动消耗的变化，不同的企业又有其不同的生产经营条件，当企业在价值规律的作用下，多生产高利大的产品的时候，有时也会同社会和国家的计划要求发生矛盾。这在实际上是局部利益和全局利益的矛盾。在价值规律调节下，在一定时期内，在一定程度上，劳动者收入的差别也可能不适当地扩大。这就说明，有计划发展规律的调节作用和价值规律的调节作用，虽然在总的方面是一致的，但是，要把社会主义经济过渡到有计划规律和价值规律结合调节的轨道上来，仍然会带来许多新的问题。

应该怎样看待这些问题呢？

首先，要分清主次，有计划发展规律的调节作用和价值规律的调节作用的一致性是主要的，它们共同调节对社会主义经济发展的促进作用是主要的，它们之间存在矛盾的一面是次要的，因此，利多弊少。

其次，我国是经济落后的国家，中华人民共和国成立前商品经济和资本主义经济不发达，给我们今天建设社会主义带来许多困难。小生产者的狭隘思想，自给自足的自然经济观，封建家长制的管理习惯，官工、官商作风的影响等，严重阻碍着社会主义经济的发展。发展商品生产，不但是一种必要的补课，也会促进社会主义经济的发展和经营管理水平的提高。

最后，采取必要的措施，防止和克服由于价值规律的调节可能带来的消极作用。比如，可以通过国家掌握重大建设项目的投资，掌握若干种重要商品和主要交通工具，规定根本性比例关系，如农轻重比例、燃料动力工业与其他工业的比例、积累与消费比例等，并运用各种经济杠杆，来保证基本比例关系的协调，保证物价的基本稳定，保证劳动者收入的差距，真正同其劳动贡献和所在企业的经营状况相适应。

把生产资料排除在商品之外是计划性与市场性结合的重大障碍

还在 20 世纪 50 年代，我国经济学界就有同志提出，全民所有制企业之间交换的产品，包括生产资料，也是商品，价值规律对这部分产品的生产和流通，仍然起调节作用。这个思想是很宝贵的。但是，一种正确的理论，被人们普遍接受，没有经过实践的经验教训是难以办到的。50 年代以来，多数经济工作者和经济理论工作者认为，全民所有制企业之间交换的生产资料，实质上不是商品，价值规律对它的生产和流通不起调节作用。我国的经济管理体制和经营管理方法，从一定意义上说，既是按照生产资料不是商品的公式设计的，它又助长了把生产资料排除在商品之外的观点。

例如，我国长期以来对国营企业生产的生产资料的主要部分实行调拨和直接分配的办法，产品生产出来以后，由物资部门包下来，不必通过用户和市场的选择和检查监督。企业在生产中所需要的生产资料，也由物资部门直接分配，分什么要什么，分多少拿多少，没有或很少有选择余地。在这种情况下，生产资料的确不像是能够自由买卖的商品。

又如，我们过去也没有实行把企业的经营成果同企业职工的物质利益密切联系起来。这样，也就基本上不存在用等价交换来协调不同企业的经济利益的问题，生产资料在调拨时虽然也要计价算账，但是实际上对职工和企业并没有多少经济意义，人们自然也就不把它当作商品看待。

至于在理论上否认全民所有制内部流通的生产资料是商品，其主要论据是，这些生产资料经过交换，并不转移所有权，因而交换的条件包括价格的高低，对交换双方没有什么经济意义。

我们认为，不承认生产资料是商品的看法和做法，是不符合社会主义经济的本性的，是不符合社会主义经济发展的客观要求的。社会主义全民所有制的生产是要分散到各个企业进行的。社会或国家必须承认其相对独立性，必须让这些企业实行经济核算制，使企业和劳动者从物质利益上关心生产和经营的成果。社会主义经济关系既要求从政治思想上，也要求从物质利益上调动劳动者的社会主义积极性。全民所有制企业对生产资料的占有、使用和经营管理权，含有重要的经济意义，直接关联到企业职工的物质利益，使不同企业之间存在严格的经济上的界限，使企业要计较其经营成果，计算盈亏，力争多盈利。在社会主义阶段，生产资料的全民所有制具有这种特点：统一的全民性是同在利益上有界限的千万个企业占有、使用和经营管理相结合的。社会主义国营企业，实际上是作为相对独立的商品生产者存在的。它们的产品，包括生产资料，在企业间进行交换时，不能说完全不发生所有权的转移，因为所有权终究要归结为经济利益，既然企业间买卖生产资料与各自的经济利益相关联，那么，生产资料的买卖就实际上发生一定意义的所有权转移。价值规律对这些产品的生产和流通还起着调节作用（实际上是调节经济利益），否认这些，就违背了社会主义经济的本质要求，不利于社会主义经济的健全发展，使我们每一步都吃到苦头。

我国近三十年的社会主义建设实践说明，把生产资料排除在商品之外，对社会主义经济的发展，并没有什么好处，只能框住我们的手脚。对生产资料实行调拨的办法，造成一方面物资严重积压，一方面又物资严重不足，周转时间太长，资金占用量太大，经济活动效果很低。因此，无论从理论上看，还是从实践上看，硬说生产资料不是商品，对社会主义经济的发展是不利的。

社会主义社会的庞大的、复杂的、千变万化的生产和流通，根本不可能都包括到计划中去。列宁深刻地指出："现在对我们来说，完整的、无所不包的、真正的计划＝'官僚主义的空想'。不要追求这种空想。"[1] 即使在我们强调生产资料不是商品的年代，实际上也有一部分生产资料是通过商业渠道让用户（包括集体经济单位）自由选购的。这样，怎样去区分哪些是商品，哪些不是商品呢？经济发展的这种趋势越来越明显了，即生产各种消费品的原材料将更多地由重工业部门提供，消费品是商品，生产这些消费品的生产资料怎么就不是商品呢？况且，在社会主义经济运动中，硬要把某一部门产品说成不是商品，也必然在经济理论上和具体工作中造成混乱。实践总是生动的，不符合经济规律的任何理论，理所当然地要受实践的冲击。

有同志说，我们现在重要的生产资料还很短缺，供不应求，不实行调拨分配的办法不行，因此不能把生产资料当作商品。

这个理由似是而非。由于我们建设社会主义缺乏经验，过去在

---

[1] 《列宁全集》第三十五卷，人民出版社1959年版，第473页。

工作指导上不能很好地按照经济规律办事,特别是林彪、"四人帮"的长期破坏,国民经济出现了重大的比例失调,基本建设战线拉得太长,一些重要的生产资料不足。因此,在一段时期内,对一部分短缺的重要生产资料采取调拨分配的办法,是不可避免的,也是必要的。但是,要看到,这不是长久之计。因为这种做法不符合社会主义经济发展的客观要求,弊病很多。谁都知道,离开流通,无所谓社会化大生产。用直接分配来代替流通,实际上往往导致用行政办法来组织经济活动。同时,由于生产资料的生产没有经过用户和市场的选择和比较,就失去了对增加品种,提高质量,降低消耗,提高效率的一个经济上的监督和促进力量。

我们应当积极创造条件,把生产资料的分配,逐步转移到商品流通的轨道上来,用各种经济杠杆来调节并保持生产资料供需的平衡。这样,才能适应社会主义经济的计划性和市场性结合的要求,多快好省地发展生产。

可以设想,如果生产生产资料的企业,有权根据合同销售自己的产品;合同以外的产品,允许企业自行销售,也可以委托商业部门销售;企业生产的新产品,可以自行试销;同时,使企业的经营成果同职工物质利益联系起来,那么,就能借助价值规律的作用,推动企业加强经济核算,提高经济效果,从而使那些供不应求的生产资料产品能够更快地发展起来。因此,逐步地实行生产资料的商品化,使价值规律和有计划发展规律一起对生产资料的生产和流通起调节作用,可能是解决某些生产资料不足问题的根本途径,也许是摆脱越不足越搞行政式分配,而这种分配又在一定程度上造成积压和浪费,从而更感不足的这种恶性循环的根本出路。

竞争是加强和改进计划经济的一个机制

把竞争和社会主义计划经济联系在一起,乍一看,似乎是与马列主义、毛泽东思想的基本原理大相径庭的。因此,关于竞争的理论渊源问题，需要首先说几句。

马克思、恩格斯生活、战斗在资本主义时代，他们详尽地分析了资本主义竞争的性质、种类、作用和后果，并推论道："在共产主义社会里，人和人的利益并不是彼此对立的，而是一致的，因而竞争就消失了。"①

列宁、斯大林在领导苏联人民建设社会主义的过程中，为吸引最广大群众参加社会主义建设，发挥群众的创造精神，提出了组织社会主义竞赛的问题。当时，为了驳斥资产阶级的所谓社会主义压抑了群众进取心的责难，为了回答某些同志对开展社会主义竞赛的疑虑，列宁、斯大林曾多次论述了社会主义竞赛和竞争的原则区别，这就是我们所熟悉的下面这个公式：

竞争的原则是：一些人的失败和死亡，另一些人的胜利和统治。

社会主义竞赛的原则是：先进者给予落后者以同志的帮助，从而达到普遍的提高。

竞争是：打败落后者以确立自己的统治。

社会主义竞赛是：一些人工作得不好，另一些人工作得好，再有一些人工作得更好，——赶上更好的以达到普遍的提高。

根据马克思主义经典作家关于竞争在社会主义社会中将要消失的预言，特别是竞争和社会主义竞赛有原则区别的这个公式，因此，过去人们普遍认为竞争和社会主义是相互排斥的，社会主义社会中根本没有竞争容身的余地。这似乎已经是经济学界公认的了。其实，这是一种误解。

社会主义社会中将要消失的竞争，以及在上述公式中与社会主义竞赛相对立的竞争，我们体会，并不是概指一般的竞争，而是专就资本主义竞争而言的。竞争是商品经济运动的规律，有商品生

---

① 《在爱北裴特的演说》，《马克思恩格斯全集》第二卷，人民出版社1957年版，第605页。

产，就有竞争。与不同性质社会的商品生产相适应，竞争也有多种类型。不同类型的竞争都具有双重性，既有体现商品生产一般性的一面，又有体现生产关系特殊性的一面。迄今为止，历史上存在过小商品生产、资本主义商品生产和社会主义商品生产，与此相适应，也有小商品生产竞争、资本主义竞争和社会主义竞争几种类型。马克思主义经典作家虽然没有讲过社会主义竞争，但是他们对小商品生产竞争却有过不少论述。

同时，需要指出的是，马克思、恩格斯和列宁所以没有提到社会主义竞争，看来可能与他们在当时历史条件下，认为社会主义社会中将不存在商品生产有关。请看列宁的一段论述："竞争是资本主义社会所固有的一种特殊形式的竞赛，是各个生产者争夺面包、争夺市场上的势力和地位的斗争。消灭竞争不过是消灭生产者争夺市场而引起的斗争，而决不意味着消灭竞赛，相反，正是消灭了商品生产和资本主义，才可能为组织人与人之间的而不是兽与兽之间的竞赛开辟了道路。"① 在这里，列宁所说的竞争，是专门指的资本主义竞争，因而是把竞争的存在同资本主义的命运直接联系在一起的，这种资本主义竞争在社会主义社会中当然不可能存在。同时，列宁也没有在竞争和竞赛之间划上一条不可逾越的界限，似乎竞争就是坏的，竞赛就是好的，指出资本主义竞争不过是一种特殊形式的竞赛。社会主义现实生活表明，商品生产已经而且在今后一个相当长的历史时期中将继续存在。因此与商品生产相联系的竞争也不可能一下子消灭。当然，由于生产关系性质的变化，竞争的性质也相应地发生了变化。社会主义既然消灭了资本主义商品制度，因而也就消灭了兽与兽之间的竞赛这种特殊形式的资本主义竞争，为按照社会主义原则组织人与人之间的竞赛这种形式的社会主义竞争开辟了道路。

还需要说明的是，我们说社会主义竞争是一种特殊形式的竞

---

① 《列宁全集》第二十七卷，人民出版社1958年版，第189页。

赛，是就竞赛的最广泛含义讲的，并不是说社会主义竞争与过去通常讲的社会主义竞赛就是一回事。社会主义竞争和社会主义竞赛的一个根本不同点是：在竞争中，长期安于现状和不求上进的落后企业将被淘汰。

社会主义社会里，竞争之所以需要存在，从根本上说，是由社会主义经济条件决定的。对社会主义说来，竞争并不是异己的东西，我们更不是把资本主义竞争人为地引到社会主义经济中来。既然在社会主义社会中，存在商品生产和商品交换，作为商品生产基本规律的价值规律仍然发生作用，那么，竞争就是社会主义经济运动客观上不可缺少的一种机制。价值规律如下两方面的作用，都离不开竞争这个机制。价值由社会必要劳动量决定，不是人为的，而是通过部门内商品生产者之间的竞争这个社会过程形成的；同时，社会劳动在不同部门之间的分配，也不是人为的，而是通过部门间的商品生产者之间的竞争这个社会过程实现的。社会主义公有制的建立，改变了部门内竞争和部门间竞争的性质，但是，没有也不可能否定竞争这个社会主义经济运动所必需的机制。人为地取消竞争，就会给经济工作和价格工作中的唯意志论开辟道路，不是根据客观经济规律的要求，而是凭主观愿望在不同部门间分配社会劳动，不是根据社会平均必要劳动量这个客观标准，而是凭主观愿望规定商品的价格。实践表明，这是造成社会主义国民经济比例失调和商品价格畸高畸低等怪现象的重要原因之一。

同时，在存在商品生产和价值规律的条件下，社会主义企业实行独立经济核算，对企业和职工个人贯彻物质利益原则，客观上也要求进行社会主义竞争。在竞争中，那些产品符合用户需要，质量好，成本低，利润高的企业及其职工个人，将得到较多的物质利益；反之，那些产品不对路，消耗很大，质次价高，卖不出去，甚至亏本的企业及其职工个人的物质利益，也将相应地减少。因此，社会主义竞争是推动企业自动地改进管理，提高劳动生产率的一个重要机制。如果企业不实行独立经济核算，不开展竞争，企业生产任务由国家计划下达，产品由物资部门或商业部门统购包销，资金由财政部门统收统支，这样，企业的主动性，创造性当然无从发挥，社会主义经济就将会是死水一潭。

在社会主义竞争中，使那些处于优势的企业得到更好的发展，从经济上强制那些经营差的企业争分夺秒地赶先进，淘汰个别长期吃社会主义的企业，这对社会主义建设没有什么不好。过去，由于否定竞争，有的企业长期甘居落后，安于亏损，大量浪费社会十分短缺的原材料、燃料和动力，生产出不适合用户需要的东西。显然，这绝不是什么社会主义的优越性。现在需要扫除积弊，从经济机制上打破"铁饭碗"，对某些设备陈旧而又不能革新，劳动生产率极低而又不能提高，产品不为社会需要而又不能改进，长期亏损而又不能扭转，对落后状态安之若素、拖四个现代化后腿的企业，就是要通过竞争把它们淘汰掉。这对社会主义来说，是一件有利无害的事情。

社会主义竞争，不是也不可能是人为制造出来的，它是社会主义客观经济条件的产物，是社会主义经济原本存在的一个动力，现在只不过是对它如实加以承认和恢复起来罢了。

长期以来，人们之所以忌讳竞争，是因为通常都把竞争同社会生产无政府状态和经济危机等资本主义经济的苦难联系在一起，甚至把竞争和社会生产无政府状态作为一个经济规律来表述。其实，这种认识是不科学的。竞争和社会生产无政府状态、竞争和经济危机之间是既有联系又有区别的，不能画等号。在以私有制为基础的商品生产条件下，虽然竞争反映着生产和交换的自发性，但是竞争并不是社会无政府状态的原因，生产资料私有制的存在，必然导致社会生产无政府状态。在资本主义社会中，经济危机也不单纯是由竞争引起的，生产社会性和生产资料私人占有这个资本主义的基本矛盾才是产生经济危机的深刻根源。因此，把生产无政府状态、经济危机等资本主义痼疾产生的原因归之于竞争，是不妥当的。

社会主义公有制代替资本主义私有制之后，竞争的性质和机制进一步发生了深刻的变化。社会主义竞争和资本主义竞争不同，社会主义竞争不再是无条件地完全自发地进行的，竞争要纳入统一计划的指导之下。社会能够而且应当采取各种必要措施，发挥竞争对社会主义经济的促进作用，防止竞争可能产生的不良后果。

在社会主义条件下，竞争受整个社会计划的指导，反过来，它又是加强计划指导的一种经济机制。没有竞争，计划的指导作用就会缺乏一种经济上的督促，一种经济上的压力。

价格是价值规律发生作用的形式。搞竞争，价格就不能完全由国家规定，而要给予企业决定某些产品价格的权利。但这并不是说，产品价格可以完全由供求关系自发决定。在价格形成中，国家计划仍有重要指导作用，主要产品的价格，由国家规定或只能在国家规定的幅度内摆动。

社会主义竞争主要限于部门内的竞争，生产同类产品的企业比质量、比成本，促使劳动生产率不断提高。至于部门间的竞争，一般是不存在的。就我国来说，各个部门的投资是由国家计划规定的，不允许在各个部门间自由转移资金，企业改变生产方向需经主管机关批准，在这个意义上说，社会主义不存在部门间的竞争。但是，国家在各个部门有计划地分配资金，不是任意决定的，需要考虑多种因素，其中一个重要因素就是各个部门的投资效果。而各部门的投资效果，却是与竞争有联系的。

社会主义企业在竞争中，由于经营状况的好坏，企业职工的集体福利和工资水平必然会有所差别，这对于发挥企业和职工的积极性是有益的，国家应当允许和鼓励这种情况。但是，工资和集体福利水平不能相差过于悬殊，而只能保持在国家规定的范围内。企业由于提高劳动生产率而精减下来的职工和竞争中个别被淘汰企业的职工，国家要有计划地加以妥善安排，有的转入其他企业工作，有的则进行技术培训，然后再分配其他工作，无论如何不会使已就业职工失业。

可以预期，在国家计划指导下，如果开展社会主义竞争，将使社会主义经济的计划性和市场性的结合获得一个必不可少的经济机制，为社会主义经济增添一部原来就有而人为地取消了的马达，从而促进社会主义计划经济的发展。

计划性和市场性的结合是经济改革的根本指导思想

在新的历史条件下，根据实践经验，经济体制改革的根本指导思想应该是什么？经济改革应该从何处起步？我们想谈一些自己的不成熟的看法，参加讨论。

我国现行经济管理体制的主要缺陷是：企业权力过小，偏重用行政的方法进行管理，压抑了经济机制和经济手段对经济过程的"自动化"作用的发挥，从而大大地降低了经济工作的效果，丧失了经济活动的时机，造成了人力物力财力的惊人浪费。现行经济管理体制，同在全国范围内开展大规模的社会主义现代化建设是很不适应的，必须有步骤地进行改革，才能充分发挥中央、地方、企业和个人四方面的积极性，使社会主义经济的各个过程和各个环节协调配合、高效率而又灵活地运转起来，保证社会主义经济高速度地稳定地向前发展。

现行经济管理体制所以阻碍经济的发展，从根本上说，就是人为地把社会主义经济的计划性和市场性割裂开来。社会主义国家是代表全民掌握生产资料的，实行计划经济这样一个事实，在一些同志看来，似乎就可以不按经济规律办事，无视经济规律，特别是价值规律的作用，这就很容易使社会主义经济活动离开经济机制的作用，离开对市场机制的利用。这种所谓"计划经济"，当然不可能是真正的社会主义计划经济，或者徒有其名，或者是一种半计划、半无政府状态的经济。因此，要改革我国目前经济管理体制和管理方法，最根本的就是认识和运用经济规律，在计划性和市场性相结合的思想指导下，有领导地扩大企业权限，建立经济组织，充分发挥经济手段和经济机制的作用。

我国实行经济改革是一个极为复杂又十分艰巨的任务。我国是一个大国，又是穷国，人口多，农民占很大比重，各地经济情况有很大差别，过去经济方面长期遗留下来的比例失调等严重问题尚待调整解决。因此，进行经济改革，既要积极，又要慎重，在前进中调整，在调整中前进，而不可能一蹴而就，也不可能在办公室内设计出一个完美无缺的方案，要经过试点，不断总结经验，稳步前进。

经济改革应该从何处起步？可以有各种各样的设想，要通过总结实践经验，选定最适宜的方案。根据我国经济管理体制的现状，我们认为结合调整，从扩大企业权限着手进行经济改革，也许是一个可行的方案。随着企业权限的逐步扩大，各种管理体制要进行相应的改革。

在二十多年来的经济实践中，现行经济管理体制，包括计划体制、财政体制、物资体制、劳动体制、价格体制，等等，已相互联系，结成一体。无论从哪一个体制着手改革，都会牵一发而动全身。一个体制动了，就要求其他体制相应地进行变动，而各个经济部门对如何进行改革又肯定会有不同的意见，并且都能够为自己的主张找到支持的理由。这样，对经济改革如何进行，就不容易找到共同的语言。而从扩大企业权限着手，就能够避免各种经济管理体制之间议而难决。而且各个经济管理部门对于如何进行改革也容易取得共同的语言，即不论哪一种体制，都要从扩大企业权限这一个中心着眼进行本身的改革。有了这个共同语言，各个经济部门在经济改革中，就便于统一认识，统一行动，彼此协调，提高经济改革的实效。

在经济改革中，企业权限扩大到什么程度较为合适呢？企业是经济组织，不是行政机构，更不是专政机构。因此，扩大企业权限，就是要按照计划性和市场性相结合的指导思想，让企业在国家统一计划的指导下有更多的经营管理自主权，成为名副其实的经济组织。扩大企业权限，给企业应有的独立性和自主权，这是社会化大生产的要求；同时这也是社会主义生产关系所要求的。广大职工是生产资料的主人，他们理应有权占有、使用和经营管理企业的生产资料，有权过问企业的一切经济活动。

企业（公司）成为名副其实的经济组织的根本标志，就是要有在企业（公司）范围内把产、供、销、人、财、物六方面统一管理起来的权利。例如，在国家计划指导下，企业应有经过供、产、销综合平衡，制订本企业生产计划、销售计划的权利，对于上级机关下达的没有原材料、燃料、动力和销路保证的空头产值、产量指标，企业应有权拒绝。按国家有关规定，企业应有权占有、使用和经营管理固定资产，出租闲置的固定资产，经主管部门批准还可以有偿转让。根据国家规定，企业应有权按照择优录取原则招聘录用职工，精减多余职工，对严重违法乱纪的可以除名。按照国家规定，企业应有权根据合同销售自己的产品，合同以外的产品可以自销或委托商业部门销售，新产品可以自行试销。总之，只有保证企业有把产、供、销、人、财、物统一管理起来的权利，企业才能真正实行独立经济核算，对盈亏负全部责任，把企业的经营状况同企业和职工个人的物质利益直接联系起来。这样，才能够改变把企业管得过死，经济活动笨拙、运转不灵的情况，充分调动企业和职工的积极性、主动性和创造性，从上到下关心和搞好企业的各项经济活动。

扩大企业权限，这只是使计划性和市场性结合起来的一个方面。同时还需要把成千上万个企业的经济活动有机地结合起来。实践证明，经济合同就是把企业之间的经济活动恰当结合起来的一种行之有效的形式。经济合同制，便于贯彻国家计划的指导作用，有利于加强计划经济；而且又能够比较灵敏地反映市场情况，随着市场需要的变化而相应地变化其内容，有利于发挥价值规律对社会主义经济的调节作用，使产需更好地结合起来。因此，应当充分发挥经济合同的积极作用。

为了使计划性和市场性更好地结合起来，需要按经济合理和专业化协作的原则，改组工业，组织专业公司或联合公司。这些公司可以是全国性的，也可以是地区性的；可以是跨行业的，也可以是一个行业的。一个行业要设几家公司，不要一家垄断，以便进行有条件的竞争。所有公司都不应是行政管理部门，而应是进行独立经济核算、自负盈亏的经济组织。人、财、物、产、供、销的管理权一般集中在公司，以便使所属企业集中力量搞好专业化生产。公司是国家用经济办法管理企业的组织形式，它可以敏捷地把国家计划的意图贯彻到企业中去，并使企业的生产活动迅速地反映和适应市场情况的变化。因此，公司是计划性和市场性相结合的一种重要的组织形式。

企业权限扩大，逐步把产、供、销、人、财、物统一管理起来，对自己的盈亏负全部责任，就要求相应地改革现行的各项经济管理体制。各种经济管理体制都要面向扩大企业权限这个中心点，按照计划性和市场性相结合的指导思想，围绕着如何保证企业对产、供、销、人、财、物有统一管理的权利，相应地进行改革，废除过去那些有碍于企业成为经济组织，有碍于计划性和市场性相结合的内容，增添企业成为经济组织、计划性和市场性相结合所要求的新内容。例如，就计划体制来说，要保证企业按需生产，以销定产，就应从社会需要的最终产品出发安排计划，改变过去在一定程度上存在的那种从指标出发，为仓库生产的情况。国家计划不能留缺口，主管部门下达给企业的计划任务，必须经过产供销的综合平衡。又如，就物资体制来说，在继续对某些重要的物资实行集中调拨分配的同时，应根据需要和可能，有步骤地使全部生产资料纳入商品供应渠道。

再如，就价格体制来说，要适当改变过去国家管得过死、过细的情况。今后，主要产品的价格，仍需要由国家集中规定。国家规定的产品价格要力争大体接近产品的社会平均必要劳动消耗。这是企业实行独立经济核算，对自己盈亏负全部责任的必要条件。如果价格不能正确反映产品的社会劳动消耗水平，那么，企业的经营成果就必然会被歪曲反映出来，企业对自己盈亏负全部责任就会成为一句空话。看来，价格问题是改进经济管理体制的关键性环节，许多矛盾的焦点可能集中在价格上。应根据劳动生产率的变化，对某些产品的价格加以适当调整。但是在一定时期内，应当保证物价的相对稳定，以利于生产发展和人民生活。可考虑在国家规定的幅度内，允许某些产品的价格有一定的浮动；在国家计划指导下，允许一些产品产销直接见面，议定价格；企业试制的新产品，允许企业定价试销。看来，在条件成熟时按生产价格定价，将会有利于改善经营管理，提高社会资金的利用效果。

在社会主义经济中，发挥价值规律的调节作用，直接关系着物质利益原则，关系着社会主义经济前进动力的问题。无论从理论上或者从实践上都可以看出，没有价值规律的调节作用，就无法真正实行企业的独立经济核算，就不能真正贯彻按劳分配原则，就谈不上企业和个人从物质利益上关心生产，从而也就不能有效地调动企业和劳动者个人的积极性，这样，社会主义经济就会失去前进的动力。林彪、"四人帮"极"左"路线在经济理论上的一个重要表现，就是否定人民群众的物质利益，否定劳动者的积极性同物质利益的联系，否定价值规律的调节作用，而大肆宣扬精神万能论。这种离开群众的物质利益，空谈政治、理想、精神对社会的推动作用的唯心史观，在历史上没有一个不碰壁的。用政治挂帅和物质鼓励相结合这个行之有效的办法，调动起来的人民群众的积极性，是我国社会主义经济顺利发展的最强大的动力。

（原载《经济研究》1979 年第 5 期）

试评我国经济学界三十年来关于商品、价值问题的讨论

社会主义制度下的商品生产和价值规律问题，是中华人民共和国成立以来我国社会主义建设实践提出的极其重要又极为复杂的经济理论问题。对于这个问题，我国经济学界进行了长时期的研讨。三十年来，报刊上发表了上千篇文章，出版了几十本专著，举行了上百次不同规模的学术讨论会，其中包括1959年和1979年两次全国性的讨论会。这两次大型讨论会，标志着在商品、价值问题上研究探讨的两次高潮。

回顾商品、价值问题的绵延三十年的研讨，经历了若干阶段，这些阶段都是同社会主义经济建设事业的发展，同实践经验的逐步积累而不断探索更好的发展道路，同经济政策的完善和转变相一致的。商品、价值问题的长期讨论过程，总的来看，是一个逐渐接近真理性认识的过程，而在接近真理的漫长道路上，不免要出现曲折和反复。我国社会主义经济发展中受到的某种挫折，同理论上的反复不无关系。

理论的本源来自实践，但理论对实践又有巨大的作用。从商品、价值问题讨论过程中所发表的各种理论观点对我国经济工作的实践所产生的影响来看，积极作用是基本的，同时也有一些错误观点起了消极作用。

在讨论中，较多的论著能在马克思主义指导下，紧密结合我国社会主义建设的实际，对面临的现实问题进行调查研究，吸取外国社会主义建设的经验教训，对经济现象和过程的本质的剖析逐步全

面、深化，从而作出了比较符合客观实际的结论，对社会主义经济实践产生了积极的作用，也对政治经济学社会主义部分的建设作出了贡献。

但在同时，也发表了一些有错误观点的论著。它们或者从本本出发而不顾生动的经济实践，或者跟着某些错误思潮而曲解经济实践，从而对实践起了消极的作用。在商品、价值问题上的错误观点，主要的和大量的是在不同程度上否定社会主义制度下商品生产的必要性和价值规律的作用这样一种"左"的观点。

斯大林的《苏联社会主义经济问题》一书，在很大程度上反映出苏联三十多年社会主义经济建设的经验，在政治经济学思想史上具有划时代的意义。斯大林第一次权威地肯定了社会主义经济中商品生产和商品交换的必要性，肯定了价值规律是一个"很好的实践的学校"，等等，所有这些正确的论断，对我国经济理论和经济建设的发展，起了重大的指导作用。但同时，该书也包含一些在今天看来是不正确或不完全正确的论断，例如，关于全民所有制内部交换的生产资料实质上不是商品，价值规律对社会主义生产只起影响作用，不起调节作用等，它们长时期禁锢着人们的思想，束缚着经济管理体制的改进。

经济理论，包括社会主义制度下商品、价值理论，总要根据社会主义经济实践的发展而发展。自从党中央粉碎"四人帮"后，在实践是检验真理的唯一标准、实事求是、理论联系实际等原则指导下，"百家争鸣"方针得到贯彻，经济学界和整个学术界一样，走上了繁荣发展的道路。

当前，我国广大经济工作者和经济理论工作者，充分肯定发展社会主义商品生产和交换的重要意义，重视价值规律的作用，把按价值规律办事，作为改进我国经济管理体制和经济结构，加速社会主义现代化建设的一个关键。我们认为，这是我国经济学界三十年来在商品、价值问题讨论中一个可喜的成果。

下面，我们把商品、价值问题的讨论，分成五个时期，简要地加以回顾和评述。

一

我国经济学界关于社会主义制度下商品、价值问题讨论的第一次高潮，是在三大改造基本完成前后的 1956—1957 年。那时，整个社会经济关系正经历重大的变化，社会主义经济逐渐成为整个社会唯一的经济基础。20 世纪 50 年代最初几年流行的，用多种经济成分同时并存来解释商品生产和商品交换存在的理论，受到现实经济生活的挑战。在经济学者面前出现了商品生产与商品交换同社会主义生产关系是否相容，商品生产同社会主义公有制和按劳分配的关系怎样，商品生产的基本规律——价值规律的作用有哪些变化和特点等需要研究和解决的重大理论课题。于是引起了对这些问题的热烈讨论。当时的讨论，是环绕社会主义商品生产存在的客观必然性，计划经济和价值规律的关系问题展开的。薛暮桥同志在 1956 年 10 月 28 日《人民日报》发表《计划经济与价值规律》一文，揭开了这次讨论的序幕。

当时，占据统治地位的是斯大林《苏联社会主义经济问题》一书的观点，即认为两种社会主义公有制的并存是社会主义商品生产存在的原因；随着社会主义公有制的确立，国民经济有计划按比例发展规律就取代价值规律而成为生产的调节者；随着无产阶级专政的国家扩大计划管理的范围，价值规律的作用范围将进一步受到限制。这种观点的流行，是与我们在经济工作上沿袭苏联的一套做法相适应的。

但是，当时也出现了少数文章，突破了《苏联社会主义经济问题》的框框，鲜明地提出了被后来的实践所验证是正确的见解。

在商品理论方面，有的文章从社会主义社会还要存在物质利益原则或物质利益关系的见地出发，来论证社会主义社会特别是全民所有制内部存在商品关系的原因，并由此肯定全民所有制内部交换的生产资料也是商品。①

在价值规律方面，也有两个观点特别值得注意。

第一个是：孙冶方同志1956年提出了把计划放在价值规律的基础上的观点。认为，价值规律的基本内容和作用，即通过由社会平均必要劳动量决定价值来推动社会生产力的发展，以及调节社会生产或分配社会生产力等，在社会主义和共产主义社会都是存在的；只是在私有制度下的商品经济中，它是通过商品流通，通过市场竞争来起作用，来体现自己的，因而它是带着破坏性的；而在计划经济中，是应该由我们通过计算来主动地去捉摸它的。他强调，我们的社会主义经济发展计划必须以价值规律为基础。这样，他就把社会主义经济中价值规律的作用，提到了空前未有的高度，打开了人们认识这个问题的广阔视野。②

第二个是：顾准同志在1957年发表的一篇论文中提出社会主义经济是计划经济与经济核算的矛盾统一体，价值规律是通过经济核算制度调节社会生产的。这种调节的最高限度的做法是："使劳动者的物质报酬与企业盈亏发生程度极为紧密的联系，使价格成为调节生产的主要工具。因为企业会自发地追求价格有利的生产，价格也会发生自发的涨落，这种涨落就实际上在调节着生产。同时全社会还有一个统一的经济计划，不过这个计划是'某种预见，不是个别计划的综合'，因此它更富于弹性，更偏向于规定一些重要的经济指标，更减少它对于企业经济活动的具体规定。"③ 这就是主张充分利用价值规律对社会主义经济的调节作用。

上述孙冶方同志和顾准同志的主张提出后，尽管一再被斥为修正主义，但是国内外社会主义建设的实践却判明，其基本内容是正

---

① 参见南冰、索真《论社会主义制度下生产资料的价值和价值规律的作用问题》，《经济研究》1957年第1期。
② 孙冶方：《把计划和统计放在价值规律的基础上》，《经济研究》1956年第6期。
③ 顾准：《试论社会主义制度下的商品生产和价值规律》，《经济研究》1957年第3期。

确的，是和我们现在正着手进行的经济管理体制的改革的指导思想相吻合的。在那个时候，就能提出这些远见卓识，应当说是很有理论勇气的。这在我国商品、价值理论的发展史上具有重要的意义。

二

第一个五年计划胜利完成后，毛泽东同志提出了"破除迷信，解放思想"，要总结自己的经验，批判地学习外国。1958年，兴起了人民公社化运动。我国广大经济学者以空前的热情投入了人民公社化与商品生产、价值规律问题的调查研究工作。

正在这个时候，假马克思主义政治骗子陈伯达带头否定商品生产和价值规律，在农村大刮"一平二调"的"共产风"；在工业上鼓吹大炼钢铁不计工本，算政治账，不算经济账。在这种情况下，几个月的时间里，出现了一批宣扬"左"的奇谈怪论的文章。

1958年年底，中共八届六中全会及时地批判了否定商品生产和价值规律的观点，明确指出："继续发展商品生产和继续保持按劳分配的原则，对于发展社会主义经济是两个重大的原则问题，必须在全党统一认识。有些人在企图过早地'进入共产主义'的同时，企图过早地取消商品生产和商品交换，过早地否定商品、价值、货币、价格的积极作用，这种想法对于发展社会主义建设是不利的，因而是不正确的。"

1959年3月，针对"一平二调"的"共产风"，毛泽东同志指出，算账才能实行那个客观存在的价值法则。"这个法则是一个伟大的学校，只有利用它，才有可能教会我们的几千万干部和几万万人民，才有可能建设我们的社会主义和共产主义。否则一切都不可能。"毛泽东同志提出这个科学观点，是我国经济学界研究社会主义商品、价值问题一个重要的转折点。

这时，经济学界对于商品、价值问题的研究，很快地从批判"共产风"转入对社会主义商品生产的历史地位和作用，建设社会主义要限制还是要发展商品生产,搞社会主义建设要不要尊重价值规律,为什么说价值规律是一个伟大的学校等问题的讨论。1959年4月举行的以商品生产和价值规律为主题的全国经济理论讨论会,使这个讨论达到高潮。

经过这次讨论,对如下几个问题获得了比较一致的认识。

第一,中国是商品生产很不发达的国家。我们的商品经济不是多了,而是少了,不但比发达的资本主义国家少,甚至比印度还落后。占全国人口 80% 以上的农村人口,过着半自给自足的生活。随着社会生产力的发展,分工越来越细,生产越来越专业化,社会化程度越来越高,必然表现为商品经济的发展。现阶段发展商品生产,首先是工人阶级团结五亿农民建设社会主义的大问题。就农村人民公社来说,除了要发展同国家或其他公社进行交换的商品生产之外,其内部各单位之间也要发展商品生产和商品交换。①

第二,从原始公社后期到社会主义社会,都存在商品生产,但是商品的社会性质,即商品体现的人和人的关系,商品生产在社会经济生活中的地位和作用是不相同的。于光远同志明确指出:"商品交换"一般的概念应该理解为在交换中比较产品所包含的社会必要劳动,实行等量劳动与等量劳动交换原则的交换方式。进入这种交换的产品就是商品。因此,社会主义制度下两种公有制之间的交换、国营企业与国营企业之间的交换以及社会与个人之间的交换都是商品关系。②

第三,社会主义商品生产和商品交换不会引导到资本主义。社会主义实行公有制,商品生产是在国家计划指导下进行的。

第四,在社会主义各种交换关系中,都要承认和尊重价值规律的作用,坚持等价交换。特别是在处理同集体所有制的经济关系

---

① 参见许涤新《论农村人民公社化后的商品生产和价值规律》,《经济研究》1959年第1期。

② 于光远:《关于社会主义制度下商品生产问题的讨论》,《经济研究》1959年第7期。

时，在国家和公社之间，在公社内部各级之间，必须反对"一平二调"，实行等价交换，计价算账。同时，要承认价值规律对集体所有制经济起调节作用。在指导集体经济的生产和安排交售任务时，都必须考虑这种调节作用。①

第五，价值规律的确是一个伟大的学校。因为：首先，从那里可以学会从经济关系上正确处理人民内部矛盾；其次，可以学会经济管理。在国家和公社、公社和公社、公社内部的交换关系中，等价交换是为了保持和鼓励集体所有制经济生产的积极性；在国家和职工的交换关系中，等价交换是为了正确贯彻按劳分配的原则，在国营企业之间的交换关系中，等价交换是为了保证生产中消耗的劳动能够得到补偿，进行再生产并严格经济核算制度。

第六，必须充分利用价值规律的作用，为社会主义计划经济服务。价值规律可以被国家利用来作为制订国民经济计划的依据之一；可以被利用来影响某些产品的生产和销售数量，作为计划调节和达到供需平衡的补充手段；可以被利用来组织经济核算，提高经济活动效果；可以被利用来作为分配和再分配国民收入的工具；等等。② 有的同志进一步说，价值规律的真正作用，是在它提高劳动生产力，促进生产的积极作用方面表现出来。我们今天的主要问题，不是如何防止它的消极破坏作用，而是如何尽可能地发挥它的促进生产的积极作用。③

第七，价值规律和国民经济有计划按比例发展规律并不是互相排斥、此消彼长、一兴一灭的，国家在组织经济活动包括制订计划时，既要充分考虑有计划规律的作用，也要充分考虑价值规律的作用。因为在实际生活中，这两个规律是同时发生作用的。只要某种

---

① 参见郑经青《对于社会主义制度下价值规律问题的几点意见》，《经济研究》1959年第4期。
② 参见薛暮桥《社会主义制度下的商品生产和价值规律》，《红旗》1959年第10期。
③ 参见王亚南《充分发挥价值规律在我国社会主义经济中的积极作用》，《人民日报》1959年5月15日。

经济规律有它赖以存在的经济条件,它就要发生作用,决不会因为其他经济规律存在就不发生作用。

第八,既然价值规律是客观经济规律,因此,价值规律本身无所谓积极作用和消极作用,只能说,在什么条件下价值规律发生作用的后果对我们有利,在什么条件下对我们不利。同时,价值规律本身也无所谓自发起作用和自觉起作用的区别。规律是客观的,永远自发地发生作用。区别只在于我们是否认识它以及有没有条件利用它的作用来达到预定的目的。

应当说,上述观点都是从研究1958年经济建设工作的教训中得出来的,是付出了巨额学费换来的精神财富,因而是非常宝贵的。这些观点在以后的实践中也证明是正确的。它们不仅进一步丰富了马克思主义商品价值理论,而且对社会主义建设也发挥了重要的指导作用。

在这里,还要指出以下两点:

第一,这个时期经济学论著的主要锋芒是批判陈伯达取消商品生产、否定价值规律的谬论,着重阐述的是两种公有制之间的商品生产和价值规律的作用问题,而对全民所有制内部有没有商品生产,价值规律作用如何,虽然有一些文章进行过研究,并加以肯定,[①] 但当时较为普遍的观点,仍否认全民所有制内部交换的生产资料实质上是商品,否认价值规律对全民所有制经济的生产和流通也起调节作用,否认社会主义经济的计划调节必须充分运用市场机制、社会主义企业是相对独立的商品生产单位等。这些问题,直到粉碎"四人帮"以后,才逐渐展开讨论,并取得新的进展。

第二,有一些论著仍把价值规律看成是消极的、同有计划发展规律是互相排斥的,因而提出了"代替论"(即随着社会主义改造的基本完成,有计划发展规律的调节作用代替了价值规律的调节作

---

① 参见张朝尊《社会主义全民所有制内部商品生产的必要性及其特点》,《教学与研究》1959年第6期。

用），"限制论"（即随着计划经济的发展，价值规律的作用范围将进一步受到限制），"工具论"（价值规律只能作为计划工作的工具），"太极图式的此消彼长论"（即有计划发展规律的作用强，价值规律的作用就弱，反之情况也就相反），"野性难除论"，（即在社会主义制度下，价值规律虽然"改土归流"，但毕竟"野性难除"，需要给它带上"笼头"）等。实践证明，这些理论不符合社会主义经济的实际，对社会主义建设是不利的。

三

1961年开始，为了克服严重的经济困难，党中央制定了对国民经济实行调整、巩固、充实、提高的方针，经济领导机关和经济学界对我国"一五"时期的经验和1958年以后的经验，进行了对比性、总结性的研究。由于吸取了经济政策和经济理论上正反两个方面的经验，在20世纪60年代初期的论坛上出现了不少论述商品、价值问题的好文章。这些文章的一个显著特点是理论结合实际，一扫前两年某些论著中的那种片面性和极端化，把社会主义商品、价值理论同改进经济管理直接联系起来。

20世纪60年代初期，经济学界开展的关于社会主义经济核算和经济效果问题的大讨论，应看作是对社会主义商品、价值理论研究深化的必然结果和延伸。在经济核算方面，孙冶方同志提出"提高利润指标在计划管理体制中的地位"，认为"利润的多少是反映企业技术水平和经营管理好坏的最综合的指标"[①]。利润正是一个价值指标，它是人们自觉利用价值规律管理企业的表现。在经济效果方面，孙冶方同志重申了要用尽可能少的劳动耗费，取得尽可能多的满足社会需要的使用价值。而这也正是价值规律的要求，

[①] 孙冶方：《社会主义计划管理体制中的利润指标》，《社会主义经济的若干理论问题》，人民出版社1979年版，第265—266页。

即力求使产品的个别劳动消耗低于社会必要劳动消耗。为了正确评价企业和部门的经营状况，孙冶方同志和别的一些同志还提出了采用资金利润率和按生产价格定价的主张。同时，我们觉得，孙冶方同志的主张也有某些欠缺之处，如否认物质鼓励的作用，否认全民所有制内部交换的生产资料是商品等。

这期间，在一些论著中，鉴于20世纪50年代末期违反客观经济规律带来的严重危害，提出了用经济方法管理经济的主张，即要按经济规律，首先是价值规律办事。并据此而提出要学习资本主义管理方面对我们有用的经验，如组织托拉斯等，有关业务部门曾试办了十几个专业公司如汽车、铝、橡胶、烟草、黄金公司等，虽为时很短，也取得了宝贵的经验。

从社会主义商品经济理论出发，全民所有制经济内部的流通问题，也提出来了，有的同志还建议成立生产资料供应公司。社会主义商品、价值理论研究的深入，导致对"自然经济观"即把社会主义公有制经济视同自然经济的观点的批判。长期以来，"自然经济观"的流行，否认全民所有制内部交换的生产资料是商品，不少同志认为社会主义经济中不存在流通问题。我国经济管理体制和管理方法，对国营企业生产的产品的主要部分实行调拨和统购包销，这又助长了否认存在流通的自然经济观。实际上，没有流通，就没有社会化的大生产。否认流通过程的必要性，否认社会主义产品有实现问题，即否认需要经过市场和用户的检查和监督，使得产品品种少、质量差、消耗大、效率低、货不对路等问题，一直困扰着我们。所以，社会主义存在流通的见解是有重要科学意义和实践意义的。

调整时期经济情况的迅速好转鼓励了经济理论的活跃，反过来，经济理论的活跃又促进了经济的健康发展。

可惜，好景不长。经济学界依据马列主义、毛泽东思想，从我国实际情况出发，研究新情况，提出新见解，还刚刚起步，文教部门的社教运动开始了。在这次运动中，由于常常不能正确划分社会主义和资本主义的界限，马列主义和修正主义的界限，前述的富有启发性的见解几乎都被当作资本主义或修正主义的东西而遭到批判。主张利润是评价企业经营成果的综合指标被斥为修正主义的利润挂帅,资金利润率和生产价格论被指责为把资本主义原则搬运到社会主义经济中来,用经济方法管理经济被批判为反对无产阶级政治挂帅,生产资料的供应纳入商业轨道的主张被说成是搞资本主义自由化,等等。学术界变得万马齐喑了。

四

在"文化大革命"中,林彪、"四人帮"把经济学界过去由于受"左"的思潮影响而宣传过的一些错误观点,如社会主义计划经济与商品生产不相容、计划调节与价值规律相排斥、商品生产和价值规律会产生资本主义等,统统接了过去并加以恶性发展,对许许多多坚持马列主义、毛泽东思想的经济工作者和经济理论工作者,大兴问罪之师,经济理论刊物统统封闭。这就完全窒息和取消了对社会主义商品、价值问题的正常讨论。在林彪、"四人帮"的破坏下,"左"倾机会主义经济理论甚嚣尘上,并给我们的经济工作造成了严重的恶果。

"四人帮"诋毁社会主义商品生产的谬论,概括起来不外两条:一是混淆社会主义商品生产和资本主义商品生产的本质区别,二是诬蔑社会主义商品生产是产生资本主义的土壤和条件。在揭批"四人帮"的第三个战役中,我国经济理论工作者写了一系列文章,对"四人帮"的这些谬论进行了深入的分析和全面的批判。

很多同志指出,社会主义商品生产根本不同于资本主义商品生产。第一,它们建立在不同的生产资料所有制基础上,体现着根本不同的人与人的关系。资本主义商品生产建立在资本主义私有制基础上,体现的主要是资本家和雇佣工人以及资本家之间的关系。社会主义商品生产建立在社会主义公有制基础上,体现的主要是全民所有制和集体所有制以及集体所有制之间的关系,是没有资本家参加的商品生产。第二，它们的生产目的根本不同。资本主义商品生产的目的是攫取剩余价值。社会主义商品生产的目的则是为了满足劳动人民日益增长的物质和文化需要。第三，它们的范围不同。在资本主义社会里，商品生产漫无限制和包罗一切地扩展着，不仅劳动产品是商品，而且劳动力也成了商品。在社会主义社会，劳动者是生产资料的主人，是社会的主人，因而劳动力不再是商品。第四，它们的作用方式和社会后果不同。由于社会主义国家可以自觉地利用商品生产的基本规律——价值规律，为社会主义建设服务，用国民经济计划来调节包括商品生产和商品流通在内的整个社会经济活动，资本主义商品生产中那种无政府状态和盲目地受价值规律支配的现象，被自觉的有计划的调节所代替；私人商品生产中价值规律的作用引起生产者两极分化的现象，已经不存在了。

国务院财贸小组理论组在《驳斥"四人帮"诋毁社会主义商品生产的反动谬论》一文中，系统地揭露了"四人帮"诋毁社会主义商品生产的手法，尽管该文未对全民所有制内部流通的生产资料是否商品的问题表述清晰的意见，但对"四人帮"的商品论的批判是全面的、深刻的。

广大经济理论工作者还从理论与实践的结合上批判了"四人帮"诬蔑社会主义商品生产是产生资本主义的土壤这一谬论。他们指出，商品生产并不是在任何时候和任何情况下都必然会转化为资本主义生产，商品生产转化为资本主义必须具备两个基本条件：第一，货币财富或生产资料和生活资料大量地集中在少数人手中；第二，形成大量具有人身自由但失去任何生产资料的劳动者。即使是小商品生产，也不是在任何条件下都能够产生资本主义。只有在封建社会的末期，由于商品生产和商品交换的迅速发展，才造成了小商品生产者的严重两极分化，才具备上述两个基本条件。社会主义商品生产建立在生产资料公有制的基础上，不可能产生两极分化的情况，这就从根本上排除了出现上述两个基本条件的可能，从而社会主义商品生产也就不可能成为产生资本主义的基础。

在价值规律问题上,"四人帮"及其舆论工具也制造和散布了一系列谬论。他们说:"价值规律只是参考和加以利用的,它不是我们制订价格的出发点。老讲价值规律做什么?政治经济学是为了巩固无产阶级专政,要政治挂帅,要讲制定价格的目的性,不能离开为巩固无产阶级专政和达到共产主义的目标,否则就离开了政治。"① "为了实现商品的价值,就会出现'价值追逐狂'",价值规律"按它的本质来说,是一种异己的力量。它的运动总是要或多或少地摆脱人的有意识有计划的控制的。"② 对上述关于价值规律的谬论,经济理论工作者也发表了大量的批判文章,指出"四人帮"在价值规律问题上做反革命文章,要害在于妄图通过否定价值规律,来毁灭我们的社会主义经济。

在商品、价值问题上,经济理论工作者同"四人帮"的这场大论战,为大力发展社会主义商品生产,为正确认识和利用价值规律,为我国国民经济管理体制和经营管理方法的改革,扫清了前进道路上的绊脚石。

五

粉碎"四人帮",经济科学的春天来到了!

随着从经济理论上批揭"四人帮"的深入,随着实践是检验真理的唯一标准问题讨论的开展,我国经济学界在马克思主义指导下,解放思想,认真研究三十年来我国社会主义建设正反两个方面的经验,对一系列过去没有提出过或者没有解决的有关商品、价值问题,进行了新的探索。1978年10月6日《人民日报》发表的胡乔木同志写的《按照客观经济规律办事,加快实现四个现代化》的文章,在这方面起了指导和推动的作用,它标志着经济学界关于

---

① 马天水1975年6月在讨论原上海市委写作组编写的《社会主义政治经济学》时的发言。

② 原上海市委写作组编:《社会主义政治经济学》。

商品、价值问题的讨论进入了一个新的阶段。

中共十一届三中全会确定,全党工作的着重点开始转移到社会主义现代化建设上来,并要求改革我国经济管理体制和经营管理方法。这种形势,极大地推动着经济学界围绕着经济管理体制的改革和经济结构的改进,如何真正按照经济规律包括价值规律办事的问题,展开了热烈的讨论。今年4月,在无锡市举行了全国性的关于社会主义经济中价值规律作用问题讨论会,就是这一讨论高潮的产物。这次学术会议,理论联系实际,使商品、价值问题的探索又迈出了新的一步。

近两年多来,在以下几个方面对社会主义商品、价值问题有比较突出的进展。

第一,在如何认识社会主义经济的基本特征问题上,有的同志提出,社会主义经济既是或首先是计划经济,又是在公有制基础上的商品经济。商品经济的存在不能只由现阶段社会主义公有制存在两种形式来解释,而主要是由社会主义社会人与人之间,包括各个生产者集体之间,在根本利益一致前提下还有经济利害关系决定的。因此,社会主义企业,不管是全民所有制企业还是集体所有制企业,它们既是公有制的一个生产单位,同时也是相对独立的商品生产者。[1] 这种观点,对研究社会主义的一些重大经济问题,是很重要的。

第二,全民所有制内部交换的生产资料在实质上也是商品。还在20世纪50年代,仲津等同志就提出,全民所有制企业之间交换的生产资料也是商品。[2] 这个见解是很深刻的。但当时多数经济学论著都持相反的意见,即认为这部分产品不是商品。我国的物资管

---

[1] 参见孙尚清等《社会主义经济的计划性与市场性相结合的几个理论问题》,《经济研究》1979年第5期;刘成瑞等《计划与市场相结合是我国经济管理改革的基本途径》,《经济研究》1979年第7期。

[2] 参见仲津《社会主义制度下价值规律的作用问题》,《我国经济学界关于社会主义制度下商品、价值和价格问题论文选集》,科学出版社1958年版。

理体制，也是按照这些生产资料不是商品的公式设计的。但是，二十多年的实践证明，这种认识和物资管理体制是不符合社会主义经济的本性和发展要求的。不承认生产资料是商品，对它实行计划调拨，配给制，造成一方面物资严重积压，一方面又物资严重不足，经济效果很低等弊病。应当从理论上承认生产资料也是商品，在实践上逐步创设条件把生产资料的流通逐步转移到商业轨道上来，用各种经济杠杆来调节和保持供需平衡，并督促生产这些产品的企业增加品种，提高质量，降低消耗，改善技术服务。

不少同志从分析全民所有制内部关系的特点来论证生产资料仍然是商品。

有的说，国营企业交换生产资料时，不能说根本不发生所有权的转移，因为全民所有的生产资料是归各企业长期占有、使用和经营管理的，而且这种所有权与占有、使用、经营管理权的一定程度的分离，又是同各企业的经济利益相联系的。所有权终究要归结为经济利益。既然企业间买卖生产资料与各自的经济利益相联系，那么，生产资料的买卖就实际上发生一定意义的所有权转移，从而这类生产资料还是商品。

有的说，社会主义全民所有制中的"全民"是分为利益有差别的不同的个人和集体的，这与共产主义高级阶段的劳动本质差别已经消灭，实行按需分配，从而个人和集体之间已经不存在经济利益上矛盾的"全民"是有差别的，它是"不完全的全民所有制"，它们互相交换自己产品的时候，还必须用等价交换的原则来调节它们之间的经济利益，所以还是商品。[①]

有的说，社会主义全民所有制是以全民所有制为主的包括有部分集体所有的公有制，或者说包含有部分地方所有制和企业所有制的全民所有制。这样的所有制形式是不发达的社会主义必然存在

[①] 参见何建章《我国全民所有制经济计划管理体制存在的问题和改革方向》，《经济研究》1979年第5期；刘国光等：《论社会主义经济中计划与市场的关系》，《经济研究》1979年第5期。

的，它决定着全民所有制内部生产的产品是商品，它们之间的交换是商品交换。

把商品生产存在的客观必然性，从过去那种由所有制之间的关系来研究，转入到全民所有制内部关系来研究，这是一个明显的进步。

第二，价值规律对社会主义生产仍然起调节作用。过去在斯大林著作的影响下，一般都否认价值规律对社会主义生产起调节作用，把有计划发展规律同价值规律对立起来。前一时期有许多文章，强调有计划发展规律和价值规律都包含按比例分配社会劳动的要求，这是两者都对社会主义经济（包括生产和流通）起调节作用的共同基础。① 中华人民共和国成立以来，我国经济几次遭到破坏，都是既违背有计划发展规律又违背价值规律的结果。从实践来看，一些过分强调集中统一计划领导、不重视价值规律调节的国家，都碰到带有共同性的问题，即重要比例关系失调，品种少，质量差，消耗大，效率低，经济增长速度减慢。今后，应在经济管理中重视价值规律的调节作用，充分利用市场机制，在理论上和实际工作中都应把有计划规律的调节作用同价值规律的调节作用统一起来，结合起来。这样，就从理论上突破了社会主义经济中计划和市场的相互排斥论。

第四，对社会主义经济应当实行计划调节和市场调节相结合。既然社会主义经济是计划经济和商品经济的统一，有计划发展规律和价值规律共同起调节作用，因而应当实行计划调节和市场调节相结合的方针。计划调节说明社会能够自觉地按比例地安排社会生产，市场调节则通过市场机制实现社会生产的按比例发展。同时，计划调节和市场调节是互相渗透的，计划调节离不开利用市场机制，市场调节不能离开计划的指导，两者是你中有我，我中有你的

---

① 参见胡乔木《按照客观经济规律办事，加快实现四个现代化》，《人民日报》1978年10月6日。

关系，其中以计划调节为主。

第五，应当给企业（公司）以相对独立商品生产者必须具备的一切职能和权限，把人财物、供产销统一管理起来，并且积极创造条件，逐步实行自负盈亏。这样，就能使企业的经营成果同企业职工的物质利益紧密地联系起来，使企业职工从物质利益上关心改善本企业的经营管理，使企业具有内在的经济动力。

第六，开展必要的竞争。竞争是商品经济的一个客观规律，也是加强和改进计划经济的一个重要机制。竞争与竞赛的区别主要在于，在竞争中，那些长期甘居落后而使产品成本很高或不为社会需要的企业将被淘汰。社会主义经济在计划指导下，开展一定程度的竞争，可以成为一种外部的强制力量，迫使企业和部门努力上进。

第七，为了适应经济管理体制的改革，要逐步实行按生产价格定价。生产价格论早在 20 世纪 50 年代末期就提出来了，但赞同者寥寥无几。现在主张按生产价格定价的人多了一些，他们的论据，同"文化大革命"前比较，也有以下的发展。①从社会主义社会还要使劳动者及劳动者集体从物质利益上关心自己的劳动成果，来论证按生产价格定价是正确评价劳动成果的标准。②从改革经济管理体制，包括实行资金税，基本建设投资实行贷款制度，流动资金实行全额信贷制度等方面，来说明产品要按生产价格定价。③从社会主义商品经济还需要实行一定程度的竞争，包括部门之间要比较投资效果和经济效果，来论证按生产价格定价的客观必要性。

30 年的讨论表明，社会主义制度下商品、价值理论问题的研究，要从实际出发，而不能从本本出发。从实际出发，理论就生动活泼，就对实践起积极作用；从本本出发，理论研究就死气沉沉，并远远脱离实践。讨论中出现的一批论著，能够把马列主义应用到社会主义、建设实践中，概括出新理论，而不拘囿过时的原理和结论。正因为采取了这种实事求是的态度，才使理论研究具有创造精神，对社会主义经济的发展起积极的作用。

30 年的讨论表明，在我们这样一个原来资本主义很不发展、小生产占绝对优势的国家，革命胜利以后，发展商品生产，发挥价值规律的作用，常常受到误解，困难重重。有些人用小生产眼光来看待商品货币关系，采取排斥、反对的态度。这往往助长自然经济观，助长对待商品经济宁"左"勿右的态度。这就不利于发展商品经济和利用价值规律来为社会主义服务。

30年的讨论还表明，认识真理的过程是复杂而曲折的。真理有时在少数人手里，真理被多数人认识需要有一个过程。在学术研究上真正贯彻"双百"方针，把政治问题和学术问题严格区别开来，才能防止扼杀真理、打击坚持真理者的悲剧重演。

在20世纪60年代初期，在我国的论坛上就提出过实践是检验经济理论和经济政策、方案、措施是否正确的唯一标准的主张，但是，那时一些条条框框还紧紧地束缚着人们的头脑，这个问题不可能引起人们足够的注意和重视。只是在打倒"四人帮"以后，在经历了国民经济两起两落的痛苦教训后，我们才能深刻体会实践检验经济理论和政策的极端重要性。

现在，中央号召理论工作者研究和解决党的工作着重点的转移和实现四个现代化的过程中提出的新问题，这是在解决这一任务的条件已经成熟的时候提出来的。我们相信，只要坚持理论联系实际、实事求是和百家争鸣的方针，我们就能很好地完成这个任务，把社会主义商品、价值理论问题的研究不断推向深入，从而促进社会主义现代化建设。同时，经济理论研究的实践告诉我们：社会主义政治经济学的科学性，在很大程度上取决于是否能够科学地阐明社会主义商品、价值问题。因此，商品、价值问题研究的任何新的进展，都将有力地推动社会主义政治经济学科学体系的建立和完善。

社会主义制度下的商品、价值问题的研究，像任何科学问题的探索一样，是一个不断接近真理的过程，让我们在攀登科学高峰的道路上一步一步地前进吧！

（原载《经济研究》1979年第10期）

论企业管理的性质和提高企业管理的水平

怎样认识企业管理的性质，企业管理同生产力是什么关系，同生产关系又是什么关系，这是一个重要的理论问题，也是一个重大的实践课题。今天，党的工作的重点已经转移到社会主义现代化建设上来，企业管理和经济管理的重要性越来越突出了。现在，我国企业管理水平还是落后的，同发达的资本主文国家比较有很大的差距，这种社会现象的出现，从根本上说，是由于我们历史造成的起点太低，中华人民共和国成立前是一个半殖民地、半封建社会，现代化工业很少，管理十分落后。我国就在这样一个基础上开始社会主义建设的。同时，我国由于封建主义长期统治形成的思想上、文化上旧的传统，小生产习惯势力，又影响到社会生活的各个方面，也阻碍着企业管理水平的提高。特别是十几年来，由于林彪、"四人帮"在有关企业管理性质的问题上散布了一系列谬论，在人们思想上造成了极大的混乱，企业管理者不敢抓管理，不敢谈生产，更不敢学习资本主义国家先进的管理技术和管理方法，这就使我国原来已经大大落后的企业管理更加落后了。经过揭批"四人帮"的斗争，企业管理方面的拨乱反正已经初步收到成效，企业管理水平正在逐步提高。但是"四人帮"在企业管理性质问题上的流毒还有待进一步肃清。譬如，在干部和群众中学习资本主义国家先进科学技术的问题，基本上解决了，但是，资本主义国家的先进的企业管理可不可以学习的问题，有些同志还存在种种疑虑。这就表明，如何按照马克思主义的观点正确认识企业管理的性质，仍有从理论上加以阐明的必要。

一 怎样理解管理的二重性

马克思在《资本论》中关于管理二重性质的分析，是以阶级对抗的社会为背景的，但是这一原理具有普遍意义，它不仅适合于直接生产者丧失了生产资料而在生产过程中与作为生产资料所有者的资本家相对立的资本主义社会，而且也适合于直接生产者成了生产资料的主人，因而在生产过程中建立起了同志式的互助合作关系的社会主义社会。

一切规模较大的直接社会劳动或共同劳动，都需要管理，像乐队演奏需要指挥一样，这一重性，是由生产力的状况决定的。但是，在任何社会中，企业管理又离不开生产关系，总会体现着某种生产关系，这就是马克思所说的企业管理又一重性质的含义。在资本主义社会中，资本统治着劳动，这样，管理的职能就成了资本的职能，由资本家自己或他们的代理人来履行。而且资本主义生产关系还赋予资本主义企业管理以统治、榨取、掠夺雇佣劳动者的内容。在社会主义社会中，劳动者是生产资料的主人，因而，管理的职能就属于劳动者，由体现劳动者意志的国家、集体或其他形式的劳动者代表来履行。在社会主义生产关系的基础上，资本主义企业管理中那些用于压制、剥削劳动者的内容被废除了，代之以充分调动劳动者的积极性，使劳动者自觉地为社会作出更大贡献的内容。

这里需要着重指出的是，企业管理虽然总要体现一定的生产关系，包括一定生产关系所决定的特殊内容，但是，企业管理的产生不是由生产关系引起的，企业管理的一般内容也不是由生产关系决定的。历史表明，企业管理是在生产力发展的一定阶段上产生的，它的一般内容、方式和方法也是随着生产力的发展而变化的。与这种情况相适应，企业管理的基本任务是合理组织生产力，按照生产力运动的规律，使劳动者、劳动工具和劳动对象恰当地结合起来，发挥尽可能大的效果。在管理中适当调节生产关系的某些环节是必要的。然而调整生产关系不是目的，只是促进生产发展的一种手段。

管理，是个体劳动发展为社会结合劳动才出现的。所谓社会结合劳动，就是说不再是孤立的、分散的、个人的劳动，而是多数人集合在一起的、相互联系的、从事简单协作以至复杂协作的劳动。劳动的这种变化是和生产力的提高、社会化生产的出现相联系的。个体农民和个体手工业者通常都用自己所有的小的、简陋的生产工具，用往往是自己生产的原料，用自己或家属的手工劳动，在一个狭小的范围内进行生产。在这种条件下，劳动过程的进行是不需要管理，不需要指挥的。而当出现社会结合劳动的地方，许多劳动者在一起共同进行劳动，为了协调个人的活动，达到预期的目的，就需要管理，需要指挥了。在生产力发展的基础上出现社会结合劳动的条件下，管理才成为劳动过程所必要的一种机能。

在奴隶社会和封建社会里，偶尔也采用大规模的协作，但社会结合的劳动还不是劳动的基本形式，所以管理没有也不可能成为一种普遍的社会现象。从15世纪起，资本主义经过简单协作、工场手工业和机器大工业三个阶段，个人使用的工具变为只能由大批人才能使用的工具，生产从一系列的个人行动变成了一系列的社会行动，因而产品也从个人的产品变成了社会的产品，生产社会化了。这样，随着资本主义生产的发展，管理才逐步成为一种必不可少的社会机能，发展成为一种普遍的社会现象。

从管理的产生和发展的情况可以看出，管理不是资本主义关系引起的，而是伴随生产发展为社会大规模生产同时出现的。在资本主义的萌芽阶段，资本对劳动的事实上的控制已经存在，但是，那时劳动过程的进行并不需要管理和指挥。譬如，当商人包买主对小生产者的控制，从收购他们的成品变成原料供应者的时候，商业资本就变为产业资本了，但是生产仍然由各个小生产者使用手工工具分散进行，这样的生产还不需要什么管理和指挥。再如，在工场手工业阶段，虽然资本主义剥削关系已经出现了，然而由于这时的生产仍然由小生产者在各自的小作坊分散进行，所以并不需要资本家的管理和指挥。只有当资本主义生产过程成了一种结合的社会劳动过程，资本家雇佣了较多的工人在同一时间、同一空间进行劳动的时候，管理和指挥才成为生产进行所必不可少的条件。马克思指出："起初资本指挥劳动只是表现为这样一个事实的形式上的结果：工人不是为自己劳动，而是为资本家，因而是在资本家的支配下劳动。随着许多雇佣工人的协作，资本的指挥发展成为劳动过程本身的进行所必要的条件，成为实际的生产条件。现在，在生产场所不能缺少资本家的命令，就象在战场上不能缺少将军的命令一样。"①

管理产生之后，它的内容、方式和方法又随着生产力的发展变化而不断发展变化。由于手工工具发展为机器，由各个独立的机器发展为机器体系，劳动过程的社会结合就相应地不断发生变革，从而企业管理也就发生了而且不能不发生相应的变化。在以使用手工工具为基础的协作阶段，许多人在同一生产过程中，或在不同的但互相联系的生产过程中一起劳动，这时企业管理的任务就是要协调个人的活动，使单个劳动者能够作为一个总体劳动者发挥作用，完成生产任务。到了工场手工业阶段，它所特有的分工原则，使不同的生产阶段孤立起来，作为局部劳动而互相独立，这样，就要依次经过一系列互相联系的过程和操作来生产产品，每个工人的局部产品只是同一制品的特殊阶段，一个工人的劳动结果成了另一个工人的劳动的起点，工人之间的这种直接的互相依赖，决定了工场手工业的劳动过程要具有不同于简单协作的连续性、规则性和秩序性，这就是当时的企业管理所要达到的一个目的。但是，正如马克思所说，这种只是为了把局部工人结合起来所必要的管理，还是主观的。只有当工场手工业发展到大机器工业阶段，才能达到真正技术上的统一，从而在技术统一的基础上对管理提出新的要求。在机器

---

① 《马克思恩格斯全集》第二十三卷，人民出版社1972年版，第367页。

产生，特别是机器体系出现之后，产品由一系列各不相同而又互为补充的工具机来完成。这种协作是各个局部工作机的结合，而不是像工场手工业那种各个局部工人的结合。在机器大工业技术的基础上，劳动过程的协作，就成了由劳动资料本身的性质所决定的技术上的必要。在这样条件下，管理企业，保证生产正常地、不间断地进行，就要根据生产过程和机器体系的客观要求，正确处理劳动者、机器和原材料之间的关系，使生产诸要素合理地结合起来。既要做好企业生产过程的空间组织，具体设置各类生产单位，使这些相互依存、相互衔接的生产单位规模适当；位置合理，联系便利；又要做好企业生产过程的时间组织，安排生产过程各个环节的时间关系，以及产供销的及时衔接；还要计划和安排好各种数量关系。

这些管理的内容不仅随着技术基础的变化而变化，而且不同行业由于生产的产品、使用的设备和劳动对象的特点。管理内容也互有差异。譬如机械工业的产品是由许多零件、部件组成，结构一般比较复杂，在加工、装配时，有严格的精度上和时间上的规定，这就要求在机械工厂中，要建立流水生产线来组织生产。煤炭工业的一个重要特点是劳动对象固定不动，工人和设备要随工作面的推进而不断移动，与这个特点相适应，就要采用循环作业的形式来组织煤炭的生产。

现代工业的技术基础是革命的，各行业又各有特点，从而不应当把某一种管理形式看成是最后的形式。近三十年来，几乎各门科学技术领域都发生了深刻的变化，一系列新兴科学技术产生了。一大批新兴的工业，如高分子合成工业、原子能工业、电子计算机工业、半导体工业、宇航工业、激光工业等相继出现。特别是由于电子计算机、控制论和自动化技术应用于生产，物质生产部门的生产，自动化程度得到迅速提高，劳动生产率几十倍几百倍地增长。在这种情况下，企业管理就不能不相应地发生巨大而深刻的变化。过去那种原始的手工业管理方式已经完全不适应现代企业的需要。今天，企业管理借助于自动化控制系统已经发展到了一个崭新的阶段。经济数学方法和电子计算技术成了企业管理的必要手段。企业管理的自控系统及时地准确地提供有关数据，使企业领导者能够随时正确地掌握企业的工作现状，迅速采取措施解决问题。同时，企业管理的自控系统还能够有效地协调生产，控制产品质量，合理分配人力、物力、财力，组织产品销售和运输。

在我国实现四个现代化这场伟大的革命中，随着生产的迅速发展，企业管理必然会相应地发生巨大的变化。这是一个不以人们意志为转移的客观规律。对这一点，要有足够的认识和思想准备。要毫不犹豫地抛弃业已过时的有关管理的观念，使企业管理适应现代的社会化大生产的需要。

社会主义企业管理同样具有二重性。社会主义企业是建立在生产资料社会主义公有制基础上的，社会主义企业管理反映的是社会主义生产关系，与体现统治和服从，剥削和被剥削关系的资本主义企业管理有本质区别。正确处理和解决社会主义企业生产关系方面的问题，诸如正确处理企业领导人员、技术人员和工人之间的相互关系、根据按劳分配原则合理分配个人消费品，等等，以充分调动全体职工的生产积极性，是搞好社会主义企业管理所必需的。同时，社会主义企业又是建立在社会化大生产的基础上的，是一种高度发展的协作劳动，不进行管理，没有统一的指挥，不建立科学的规章制度，生产就无法进行。这种由社会化大生产所决定的企业管理，决不会由于社会主义生产关系取代资本主义生产关系而被废除。无论在社会主义企业中，还是在资本主义企业中，由社会化大生产所决定的企业管理内容是一样的。

社会主义企业是一个生产组织，企业的中心任务是搞好生产。如果像林彪、"四人帮"讲的那样，企业管理就是"三讲"，而不去解决生产管理、技术管理、劳动管理、物资管理、财务管理等方面的大量具体问题，那么，企业管理不仅成了一纸空文，而且这样"管理"的企业甚至不可能存在下去。同时，企业管理的路线是否正确，领导权是否掌握在无产阶级手里，人们的相互关系是否完善,也只能体现在各种具体管理上,归根到底要由企业完成生产任务的好坏来衡量。林彪、"四人帮"鼓吹的那套谬论,不仅从根本上取消了由生产力发展所决定的企业管理的内容,而且也使所谓讲路线、领导权、相互关系成了空中楼阁。"四人帮"被粉碎后所揭露出来的事实证明,那些被捧为"三讲"典型的企业,正是修正主义猖獗,帮派体系横行,企业管理一团糟,广大工人和干部受迫害,资本主义泛滥的王国。可见,林彪、"四人帮"那一套极左谬论,是为了完全取消企业管理,从根本上搞垮社会主义企业,破坏社会主义经济。

"四人帮"反对企业管理二重性原理,破坏企业管理,也沿用了形而上学的惯技。他们从来都是在有差别的地方,用差别否定统一;而在有统一的地方,又用统一否定差别。他们既用社会主义企业管理有体现生产关系的特殊性这一面,来否认社会主义企业管理有由社会化大生产所决定的一般性质;又用社会主义社会的一定阶段中存在阶级斗争这个普遍现象,来否定社会主义企业所担负的不同于其他单位的特殊任务——生产,用"阶级斗争"来代替生产任务。我们要彻底批判"四人帮"反对企业管理的谬论,坚持马克思主义关于企业管理两重性的原理。企业要处理好生产关系中的问题,但必须以生产任务为中心并为这个中心服务;在企业中调整生产关系的根本目的是,合理地组织生产力,生产出更多更好的产品,以满足社会和劳动者个人日益增长的需要。

过去,有些经济理论工作同志,自觉或不自觉地主张企业管理只有生产关系一重性或者主要是生产关系一重性。他们片面强调生产关系决定企业管理的性质,否认生产力决定企业管理的性质。从这一观点出发,他们对于资本主义企业管理和资本主义企业的规章制度,就只讲他们体现的是剥削和被剥削的阶级对抗关系,是为资本家服务的一面,而忽视甚至否定它们体现着社会化大生产的要求,包含着合理组织生产力的科学成分的一面。

现在,还有的同志,虽然承认生产力的合理组织是企业管理的研究对象的一个极重要的内容，但是，还把解决生产关系方面的问题作为企业管理的中心，作出了企业管理的对象应当是结合生产力和上层建筑研究企业内部的生产关系问题的结论。在这里，他们把企业管理的研究对象同政治经济学的研究对象完全等同起来，这就把企业管理学融化到政治经济学中去了。

企业管理只有生产关系一重性，或者主要是生产关系一重性的观点，在理论上，是站不住脚的；在实践上，是不利于现代化建设的。

从理论上看，他们否定了生产力运动的规律，并把广义的经济关系同狭义的经济关系混淆了。

生产力是生产的内容，生产关系是生产的形式，二者始终是结合在一起的。生产力和生产关系作为生产方式的两个侧面，它们是矛盾的，又是统一的。但这并不是说，生产关系或生产力本身没有自己独特运动的规律。生产关系运动的规律，即我们通常所说的经济规律，如资本主义制度下的剩余价值规律，社会主义制度下的有计划规律、按劳分配规律等，对于它们的存在和发生作用，经济理论工作者是没有异议的。但是，生产力有没有自己独特的运动规律，经济理论工作者的认识就有分歧了。我们认为，生产力作为物质存在的一种特殊形式，有自己内在矛盾的特殊性，有自己运动的内部根据，也有自己运动的规律。一旦生产力各要素实现了社会结合，它们就相互发生作用，表现为人与自然界的物质交换。生产力就是在社会矛盾和自然矛盾的不断解决又不断发生的无限过程中呈现出不断提高的趋势。在生产力的运动过程中，生产关系对它是有反作用的，推动或者阻碍它的前进，但是这种反作用是要通过生产力内部矛盾这个内因而起作用的。在社会经济活动中，生产力运动的规律和生产关系的运动规律并不是互不相干的，而是交织在一起的。但是在任何时候和任何条件下，生产关系的运动规律都不能代替生产力运动的规律。生产力规律体现生产力诸要素在社会结合中的本质联系，生产关系的运动规律体现的是人们在生产关系中主要是生产资料所有制关系中的本质联系。在政治经济学上讲的经济关系，一般是指由生产资料所有制决定的生产关系，即狭义的经济关系，而生产力诸要素在社会结合中的本质联系则是一种广义的经济关系。正是由于从理论上未把广义经济关系和狭义经济关系区分开，一些同志就往往把分工、协作这种广义的经济关系也纳入由生产资料所有制决定的狭义经济关系之中，认为管理既然解决各种经济关系问题，经济关系等于生产关系，因而得出企业管理只有生产关系一重性或者主要是生产关系一重性的错误结论。

从实践上看，企业管理一重性或主要是生产关系一重性的观点，确实已成为实现四个现代化的障碍。如果企业管理只是生产关系或主要是生产关系问题，那就要得出不能学习资本主义企业的科学管理的结论。可是要搞现代化建设，我们不但要学习资本主义国家的先进技术，而且要学习资本主义企业的科学管理方法。社会主义企业所以能够向资本主义企业学习先进的管理，从根本上说，就是因为资本主义企业管理具有二重性。我们向资本主义企业学习的，当然不是资本对劳动的统治和剥削的职能，而是学习合理组织生产力，组织社会化大生产的经验。列宁在分析泰罗制时曾经指出，社会主义实现得如何，取决于我们苏维埃政权和苏维埃管理机构同资本主义最新的进步的东西结合的好坏。毛泽东同志也号召我们，要有原则地学习资本主义企业管理的科学内容，明确指出，外国资产阶级的一切腐败制度和思想作风，我们要坚决抵制和批判。但是这并不妨碍我们去学习资本主义国家的先进科学技术和企业管理方法中合乎科学的方面。工业发达国家的企业，用人少，效率高，会做生意，这些都应当有原则地好好学过来，以利于改进我们的工作。现在，我们企业的管理水平还很低，林彪、"四人帮"的流毒还有待进一步肃清，按照经济规律办事的能力还很差，小生产的思想影响和习惯势力还广泛存在，要适应实现四个现代化的需要，改进企业管理，就必须很好地总结我们自己的、行之有效的成功经验和失败教训，立足现有基础，从实际出发，向资本主义企业管理学习对我有用的东西。为此,我们就要克服骄傲自满、故步自封的情绪,从理论上正确认识企业管理的二重性,抛弃企业管理一重性或主要是生产关系一重性的观点。"管理的本领不会从天上掉下来,不会莫名其妙地就有了,不会因为这个阶级是先进阶级于是一下子就有了管理的本领","要善于吸取、掌握、利用先前的阶级的知识和素养,为本阶级的胜利而运用这一切"①。只有这样,我们才能在自力更生的基础上把资本主义企业管理中的先进的科学内容学过来,更好地发挥社会主义制度的优越性,推进我国现代化建设事业。

二 提高企业管理水平是实现四个现代化的重要环节

实现四个现代化的历史任务,迫切要求提高企业管理水平。四个现代化本身,就包括企业管理的现代化;同时,提高企业管理水平,实现企业管理现代化又是促进四个现代化的有力杠杆。

目前,我国几十万个企业的经营管理水平是参差不齐的。有少数企业的管理水平较高,也有少数企业的管理是混乱的,大部分企业的管理处于中间状态。总的来说,我国企业的管理水平与发达的资本主义国家比较是落后的,一大批企业的管理尚未达到历史上曾经达到过的水平,产品质量低,消耗大,成本高,目前仍有四分之一的企业亏损。亏损的原因固然很多,但企业管理水平低是一个普遍的重要原因。因此,我们在企业管理工作上应当急起直追,迅速提高企业管理水平。不把企业管理提高到一个新的水平,我国国民经济的现代化就无从谈起。

首先,只有提高企业管理水平,才能提高经济效果。在企业的技术设备和规模相同的条件下,由于管理水平的差别,经济效果上会有巨大的不同。这样的实例,在我们工交企业中是到处可见的。

---

① 《列宁全集》第三十卷,人民出版社1957年版,第418页。

企业的管理水平越高，经济效果就越大，产品多，质量好，成本低，品种、规格和性能可以更好地满足用户需要；固定资产的利用率高，流动资金周转快，向国家提供的积累和利润多。这就是说，企业的管理水平越高，对国家作出的贡献就越大。如果我们所有的企业，都能不断提高自己的管理水平，那么，我们实现四个现代化所需要的资金积累就有了根本保证，现代化建设所必需的物质条件就会更好。

其次，提高企业管理水平，也是充分挖掘企业潜力，不断革新技术，使原有厂房、设备及时而又经济合理地进行改造所必需的。挖潜、革新、改造，不仅可以大大提高劳动生产率，而且会强有力地促使原有企业的逐步现代化。许多国家工业现代化的历程表明，通过技术改造使原有企业变成现代化企业，是实现工业现代化的一条既经济又迅速的途径。现在，我国的工业基础虽然还比较落后，但不可否认，经过三十年的社会主义建设，我们已经建立起一个相当规模、相当强大的工业基础。我国工业现代化，不应当、也不可能离开这个基础去另起炉灶，而必须首先着眼于使这个基础现代化起来。引进先进技术和资金，也要首先为原有工业企业的现代化服务。

最后，从国外引进先进技术和设备，也迫切要求提高我们企业的管理水平。即使有了现代化的技术和设备，若管理水平低，先进的设备也不能充分发挥出它的高效率，也不能取得应有的经济效果，甚至可能因为管理不善、使用不当而损坏。只有现代化技术装备而没有科学管理的企业，仍不能算作现代化企业。

总之，没有企业管理水平的提高，就不会有实现四个现代化的资金和物质条件，就不会有原有企业的现代化，也不能对现代化设备施以现代化管理，而没有企业的普遍现代化，工业的现代化也就成了一句空话。因此，提高企业管理水平。不仅是工交战线上的当务之急，而且是实现四个现代化的一个重要环节。

那么，提高企业管理水平的基本条件是什么呢？

提高企业管理水平的具体方法和途径是很多的，由于各个企业的历史和现状千差万别，管理的差距也很大，所以要从各自的实际情况出发，找出管理上薄弱环节，采取切实可行的措施，加以改进和提高。但一般来说，提高企业管理水平有两个最基本的条件。

第一，不断提高企业管理者的管理能力，主要是掌握合理组织生产力的管理技术和管理方法。管理能力是管理者的政治思想、经济科学、自然科学、管理技术和管理方法的综合体现。它直接决定企业经营活动的质量、效率和效果。企业的经营管理工作是一项很复杂的工作，各生产环节之间，生产与流通之间，生产与分配之间，实物管理与价值核算之间，都是紧密相连，互相制约的，任何一个环节出了毛病，就会影响到企业全部经济活动的总结果。企业仿佛像一架精密的机器，要充分发挥它的效率，动力、传动、工作机、零部件等都要协调一致地正常运转，连一个小螺栓也不能松动和脱落，甚至润滑油的量和质都有严格的要求。如果操纵机器的人不了解机器运转的规律和机制，那就无法使机器正常开动和运转，更谈不上生产出高质量的产品了。同样道理，企业管理者如果不具备组织生产的必要的知识和能力，不谙熟企业这部"机器"的各种机制，那怎么能把企业管理好，又怎么能取得最大的经济效果呢？事实上，目前我国企业管理的一般水平较低，一个重要原因，就是我们相当大的一部分企业管理者的科学技术水平和管理水平较低，远远不能适应现代化企业管理的要求。为了提高企业管理水平，必须采取有力措施改变这种状况。当然，企业管理者的管理能力，也包括政治思想水平在内。提高企业管理者的政治素质。使企业政治思想工作能围绕生产任务更好地进行，是提高企业管理水平的重要保证。

第二，要创造条件，使企业有从事正常经济活动的自主权。社会主义全民所有制企业的经营管理活动，受国家经济体制的制约。我们的企业，是在国家计划指导下，从事商品生产的单位，它经营管理使用着国家分配给它的生产资料，组织生产，实行独立的经济换算，生产经营的成果要对国家和人民负责。这样，国家在经济体制上必须采取相应的措施，保证企业有一定的自主权，使企业在处理人财物供产销等方面有必要的权限，以便在社会主义总的经济运动中能够创造性地、主动地发挥自己的作用，为社会创造日益增多的适合需要的物质财富。如果企业没有必要的经营管理自主权，生产什么，生产多少，都由国家计划决定，而不能根据市场和用户需要的变化来加以及时改变，甚至企业根本不知道自己产品销到什么地方去。用户有什么意见，在这种产销脱节、产销不见面的情况下，企业不断改进生产和服务的问题当然不可能解决。如果企业对自己需要的生产资料无权选择，对企业需要的生产资料的供应在时间、数量、质量上又没有保证，企业当然无法高效率地组织生产。如果企业不能根据自己的实际情况，及时调整和处理生产、流通各个环节上发生的问题，企业也就无法取得更大的经济效果。因此，扩大企业的自主权，在经济管理体制上为企业的经营管理创造良好的外部条件，也是提高企业管理水平所必需的。

此外，提高职工的文化技术水平，采用科学的管理技术，实行民主管理，建立健全各项规章制度，加强思想政治工作等，也都是提高企业管理水平的重要条件。

粉碎"四人帮"后，党中央和国务院，多次强调和切实部署整顿企业工作，中央已经决定对经济管理体制和管理方法着手进行改革，又制订了调整、改革、整顿、提高的方针，这就为我国企业管理水平迅速提高，创造了空前有利的条件。只要我们按经济规律办事，正确认识企业管理的性质，努力工作，艰苦奋斗，发扬我党的优良革命传统，不断总结正反两方面的经验，把学习外国企业的科学管理同发展适合我国情况的成功经验相结合，那么，我国企业的管理水平，就一定能够出现一个大飞跃，提高到一个新的水平，从而大大推进我国的社会主义现代化建设事业。

（原载《社会科学战线》1980年第1期）

谈谈经济结构问题[*]

三十年来，我国社会主义建设取得了很大成就。但人民生活的改善还很慢，衣、食、住、行至今仍紧张，人民得到的经济实惠不够多。究其原因，主要是林彪、"四人帮"的长期破坏，此外，与我们的人口增长过快，底子薄、基础差，也有关系，但还有一个重要问题，就是我国的经济结构有许多不合理之处。在这种结构下，即使经济获得更快发展，要想相应地提高人民生活水平也是极其困难的。

下面，试就经济结构的含义和评价标准、我国经济结构不合理的诸种表现及其产生的理论思想根源作一些初步的探讨。

一

结构，顾名思义就是构造。我们研究经济结构，就是要搞清它内在的构造，以便把它安排得更加合理，更有效果。那么，经济结构的含义是什么呢？

有的同志说，经济结构就是比例关系。我觉得这种看法过于简单化了。比例通常反映量的关系，是指民经济各部门、产业、产品之间应保持什么样的数量关系，以达到综合平衡。而结构的内容比上述量的关系要广泛得多，像经济结构中所包括的所有制结构、经济技术结构、经济区划结构等，它们都不是单纯的数量关系问

---

[*] 本文是根据1979年9月作者在北大经济系所作的学术报告记录稿基础上写就的。

题。经济结构是从质和量两个方面看问题的,它既包括国民经济的各种比例,也包括国民经济各领域,各部门,各产业以及各地区之间的相互联系和相互制约的关系。马克思曾说过:"生产关系的总和构成社会的经济结构",① 这里的经济结构指的是生产关系的总和。但马克思在另一场合还曾赋予它以更广泛的含义,他指出:"……生产的承担者对自然的关系以及他们互相之间的关系,他们借以进行生产的各种关系的总和,就是从社会经济结构方面来看的社会。"② 这里,马克思观察社会经济结构,既看生产者对自然的关系,又看他们的相互关系。因此,它既有生产力问题,又有生产关系问题。我们就是从这种意义上把握经济结构的含义并进行经济结构的研究的。

当前要研究的经济结构问题大致有:

(1) 产业结构。包括农、轻、重,工业内部,农业内部,生产领域与非生产领域的结构。

(2) 经济技术结构。指我国现阶段手工劳动、半机械化劳动、机械化劳动、半自动化劳动、自动化劳动的结构,应该如何根据我国具体情况合理安排,使社会经济技术配置合理化。

(3) 经济组织结构。我们的国营企业,有的隶属于中央各工业部,有的隶属于省、市,有的隶属于地、县。究竟各级政府直接管经济好,还是在政府的指导下建立各种经济组织去管好,经济组织应该是什么样的结构才合理,从而能取得最大经济效果呢?实践证明,组织各种专业化、联合化的公司,要比行政部门管经济优越。但经济组织的结构,它们的活动方式和相互关系,它们与各级行政组织是什么样的关系,这些问题都应当深入研究。显然,这里有体制问题,也有结构问题。

(4) 所有制结构。要研究全民、集体、个体、中外合营等多

---

① 《马克思恩格斯选集》第一卷,人民出版社 1972 年版,第 10 页。
② 《资本论》第三卷,人民出版社 1975 年版,第 925 页。

种所有制在一定的经济发展水平上应当是怎样的结构才有利于经济的发展。

（5）产品结构和进出口产品结构。

（6）就业结构。它是和经济技术结构相联系的，在一定条件下，多安排手工劳动，就业机会就多；自动化多，就业机会就少。它也是和产业结构相联系的。随着社会经济的发展，服务性行业、文化、教育、科学、卫生领域都要相应发展，这些部门的发展速度如果跟不上，就业机会就少；如果它们的发展速度合适，就业机会就多。因此，用什么样的结构来适应和吸收国家每年必须安排的劳动力，是很值得研究的。

（7）投资结构。要研究我们各方面的投资应该是一种什么样的关系，在什么样的条件下应该怎样的调整和改进。

（8）地区结构。这主要是经济区划问题，也包括城乡结构问题。

（9）价格结构。例如研究哪些产品必须规定统一价格，哪些产品应实行浮动价格，哪些产品可以搞自由价格；以及在什么情况下，对哪些产品实行保护价格；还有内外贸易的价格关系等。

（10）积累和消费的结构。这是研究国民收入的合理分配和使用问题。

以上十个方面的结构，既有生产关系又有生产力。这里不应片面强调某一个侧面，而应当把生产关系和生产力统一起来进行研究。我们应该调查研究这些经济结构的现状及其历史形成的过程，参考外国经验，找出适合我国情况的合理的社会主义的经济结构的模式。所谓合理，都离不开一定的时间和条件。今天是合理的，在经济发展的另一水平上有些就可能不合理了，就得改变。所以我们的任务不是要设计出一个永恒不变的经济结构方案，而是要研究经济结构的内在的各种规律。第一步，要研究1981—1982两年计划中经济结构应作怎样的调整。第二步，要研究第六个五年计划期间，我们的经济结构应作怎样的安排，以及20世纪末的经济结构应是个什么模样？

那么，检验与衡量经济结构是否合理的客观基本标准是什么呢？

第一，能充分利用和发挥本国的各种有利条件，避开各种不利条件。例如冰岛是个水利资源很丰富的国家，他们主要靠发展电力来发展自己的经济，利用大量过剩的电力来加工耗电量最大的产品出口，取得了显著的经济效果。日本人口密度大，资源缺乏，可是他们从自己的条件出发，利用自己海运发达的特点，用运费低廉的大吨位海船，运进澳大利亚的铁矿石，又充分利用了自己的人力和引进的技术，炼制出高质量、低成本、有很大竞争能力的钢材。它还发挥了自己的地理特点，把大钢铁厂建在半岛上或人造半岛上，整个工厂宛如一个大码头，一边进矿石、原料和煤炭，经过冶炼和轧制，另一边就把成材装船出口了，节省了大量的运输力和运费。我们三十年来有些调整经济结构的点子是对的，有利于发挥我国人多、资源丰富的优势，但也有些不是趋利避害，而是在自己的短处上下手，结果负担很大，耗费很多，成效却较小。

第二，能促使国民经济各部门按比例地协调发展，社会再生产顺利地高速度进行。

第三，能促使技术迅速进步，劳动生产率提高得快。

第四，在生产发展的基础上，人民生活水平不断提高。我们的经济结构应保证逐渐地实现这样的循环：高生产率→高消费→高积累→高速度，从而使我们社会主义经济制度的优越性充分地发挥出来。

二

当前我国经济结构中的主要问题是什么？有的同志认为是比例上失调，这无疑是正确的。如前所述，不能把结构问题和比例问题等同起来，只注意到比例失调，还不等于把结构中存在的问题都抓到了。我认为，我国三十年来形成的经济结构有合理的方面，也有不合理的方面，不合理的主要表现是：

1. 农业劳动生产率低，发展速度慢

大家知道，经济越落后，农业占用的劳动力就越多。1978年我国农业人口占总人口的84.6%。农业劳动力占社会劳动力的74%，虽然农业占的比重这么大，可是由于农业劳动生产率低，农产品还不能满足国民经济的需要。1978年每个农业劳动力平均生产的粮食，我国是1040公斤；而美国是95352公斤，苏联是10265公斤，英国是32609公斤，法国是20155公斤，西德是1887公斤。在农业结构上，1978年我国农业总产值中，种植业占67.8%，畜牧业占13.2%，林业占3%，渔业占1.4%，副业占14.6%，农业内部结构很不协调。更突出的是我国的农业发展很慢，1950年到1977年粮食每年平均增长3.3%，全国每人平均粮食的占有量，1978年是636斤，只略高于1956年的水平。近十几年我国棉花产量一直徘徊在4500万担上下，现在全国每人占有的棉花还赶不上1957年的水平。1978年我们进口粮食1391亿斤，进口棉花900多万担，进口动植物油5亿多斤，进口食糖132万吨，这是同我国农业大国的地位不相称的。

农业劳动生产率低，结构落后，发展速度慢，必然影响整个国民经济的发展。因此逐步增加对农业的投资是完全必要的。今后三五年内农业投资将由1979年的14%陆续提高到18%（占基建投资的比重）。此外，还要调整农、林、牧、副、渔各业的发展关系。

2. 轻工业落后，不能满足城乡人民生活水平提高的需要

我国的轻工业长期落后于重工业。轻工业投资占基本建设投资的比重，在第一个五年计划时期是5.9%。我们在"一五"计划时期实际上是大力发展重工业的时期，当时搞的156项中没有几项是轻的。到第二个五年计划时期，轻工业投资占基本建设投资的比重降为5.2%，1963—1965年对轻工业的投资进一步下降到3.9%，

第三个五年计划时期是4%，第四个五年计划时期虽有回升，也还低于"一五"时期。

由于棉纱、棉布的产量增长慢，1978年全国城乡居民每人平均的棉布消费量还达不到1956年实行棉布定量供应时的水平。

按人口平均的主要轻工业产品大大低于世界上先进的水平，产品的供应还不能满足人民生活水平提高的需要。1977年，纸张，美国人均消耗量是260公斤，我们只有4公斤，纸的消费量往往是反映科学文化生活水平的一个重要指标；食糖，美国人均消费量是49公斤，我们是2.8公斤；合成洗涤剂美国人均是21公斤，我们只有0.2公斤；塑料制品美国人均消费量是60公斤，我们只有0.7公斤。我们轻工业生产的装备和技术，大体上只相当于一些发达国家的20世纪四五十年代的水平，劳动生产率低。

轻工业落后，导致轻工产品市场供应紧张。现在列入国家和轻工部管的六十几种产品，在市场上都是供不应求的，产品的质量低，品种也少，这就影响市场商品供应和购买力的平衡。现在已把轻工业投资提高到5.8%，计划增长速度为8.3%（超过重工业），同时安排一些军工企业尽量多生产一些民用产品。因此，情况正在好转。

3. 重工业过分突出，不能很好地为农业和轻工业的发展服务

农业和轻工业的发展离不开重工业，没有重工业提供的技术装备，农业和轻工业就没有发展的物质技术基础。因此，重工业有些时候要优先发展，还是必要的。然而我们的重工业由于长期优先发展，就挤了农业和轻工业，它的产品中有相当大的比重并没有为农业、轻工业的发展服务，而是为自己的发展服务。这样的结构不改变，农业、轻工业和重工业本身，都不可能得到持久的迅速的发展。

说重工业过重，是比较而言的。其实我们的重工业并不发达，我们许多重工业产品还远不能满足国家建设的需要。比如钢材1979年就进口了800万吨。但是相对农业和轻工业来说，重工业

还是过于突出了，支农、支轻的产品还是太少。1978年在我国钢材消费量中，用于农业和农业机械维修的占15.5%，用于轻工市场的占11.7%；生铁的消费量，用于农业和农业机械维修的只占3.6%，用于轻工市场的只占1.1%。因此大量的钢铁并没有用于农业和轻工业的发展。农业、轻工业和重工业用电量的比重是：农业11.5%，轻工业12.9%，重工业53.6%。

重工业不能很好地促进农业和轻工业发展，而农业和轻工业发展慢，反过来又限制了重工业的进一步发展。

4. 能源供应紧张，浪费严重

既要发展工农业生产，又要改善人民生活，对能源的需求会越来越大。据计算，在我国目前技术条件下，工业生产总值每增长1%，相应的能源消费就要增长0.9%左右。1979年第一季度424个重点企业能源消耗的36项指标中，达到历史最高水平的只有10项，而我们的历史最高水平一般地都是20世纪60年代中期创造的，有的还是50年代创造的。人家是在不断向新水平进军，而我们却还在赶自己历史上曾达到过的水平。我们的工业结构落后，导致了能源消耗过多和浪费太大，使单位产值耗电量比外国高得多。

5. 国防工业和民用工业脱节

只要帝国主义存在，就要提高警惕，要备战。这个战略思想完全正确。问题在于，在经济建设中如何正确地贯彻备战的方针。这就涉及国民经济的布局、军工生产和民用生产的关系等。在和平时期搞经济建设，正确贯彻备战思想，这就要求注意经济原则，必须讲求经济效果。否则经济建设搞不好，加强国防也是不可能的。

我们的国防工业由于体制上和结构上的原因，不能和民用工业发生有机的联系，从而长期以来不能很好地贯彻军民结合、平战结合的方针。军工企业生产的民用品比重低。如生产仪表、录音机、电视机、录像机等，军工企业的条件很好，潜力很大，如能更多地生产市场需要的民用产品，不仅对当前缓和轻工市场有重要意义，而且也应当是结构上的调整方向。

6. 交通运输落后

现在全国铁路通车里程还不到五万公里,美国与我国的土地面积差不多,铁路通车里程达三十三万公里,苏联为十三万八千公里,印度也有六万多公里。我们的铁路现代化水平也比较低,牵引动力也落后,蒸汽机车的比重占 80% 以上,而美国只保留 4 台。加上我们的生产布局不尽合理,这就使本来就很紧张的运输,负担更重了。

港口也不适应需要,吞吐能力很低。现在万吨级泊位全国有 137 个,可是平均每天到中国港口的外贸船舶达 220 艘,能停靠泊位作业的只有 90 艘左右,一部分不能作业,就只好受罚。这种状况严重影响了国际贸易的发展。

7. 商业、服务业网点少

随着经济的发展,商业和服务业的人员必然不断增加,这是各国经济发展中的一个共同趋势。但我国的情况不是这样。1977 年年底,我们全民所有制单位固定职工比 1957 年约增加一倍半,而商业部门只增加了三分之一左右,商业职工在国家职工总数中的比重由 1957 年的 8∶1 下降到 12∶1;而平均每一个商业人员服务的人口数却增加了 45%。北京市大小饭馆、饭摊,1949 年是 1 万多个,后来大并大减,到 1954 年剩下 9000 多个,到 1964 年减少到 1100 多个,到 1972 年又进一步减少到 600 多个,而北京市城区人口由 1949 年的 100 多万增加到现在的 400 多万。目前把街上零售货车、商亭算上也不过 1000 多个,就其数量来说仅是北京中华人民共和国成立初期的十分之一。北京市的这种情况,在全国城市中也都不同程度地存在着。

8. 积累率偏高

长期以来,我国积累率(国民收入中用于积累生产部分所占的比重)偏高。"一五"时期是 24.2%,一般认为比较合适,但到"二五"时期上升到 30.8%,三年调整时期是 22.7%,"三五"时期是 26.3%,"四五"时期是 33%,1976 年为 31.1%,1977 年为

32.3%，1978年为36.6%。积累率高就挤了消费，职工生活得不到兼顾，劳动积极性也就难以充分调动，从而影响生产的发展。

9. **基本建设规模过大**

基本建设摊子铺得过大，战线愈拉愈长，这是长期存在的一大问题。近几年，年年要求压缩基建战线，可是收效不大，这固然跟体制有关，但也有经济结构问题。我们的基本建设规模超过了人力、物力、财力所能承担的限度。"一五"时期，基建支出占财政支出的37%，"二五"时期提高到46.2%，三年调整时期是30.2%，"三五"时期是38.7%，"四五"时期又达到了40.2%，1978年是40.7%。在建项目多，由于钢材、木材、水泥等主要材料严重不足，拖长了基建工期，形成了大量"胡子"工程，增大了造价，不能形成生产能力，把大量国家资金压在那里见不到效果。还值得注意的是，基建中生产性建设和非生产性建设比例也不协调，后者的速度和规模远远跟不上。住宅、上下水道、城市交通、绿化以及文教卫生等欠账很多。

10. **设备利用率低，产品库存多，资金效果差**

据统计，全国金属切削机床的利用率，近些年只有55%左右。利用率这样低是惊人的。20世纪30年代美国经济大危机中设备利用率也只有50%左右。

我们某些产品如钢材，一方面大量进口，一方面又大量积压，如1979年积压量达1800万吨以上。这主要是因为产品品种、规格不对路，也有体制上和分配上的问题。现在凡耗用钢材的企业，几乎都有库存的钢材，超过一个季度甚至半年的周转量，层层设库，层层积压。目前我国钢材库存量已相当于八个月的周转量，大大高于罗马尼亚（约九十天的周转量）、日本（约一个月的周转量）。

在资金利用效果方面，全民所有制工业企业每百元固定资产实现的工业产值，1966年是110元，1976年降到96元，1978年升至103元。每百元的工业产值占用的流动资金，1966年是23.50元，1976年增加到36.90元，1978年下降为32.00元，流动资金周转仍然很慢。每百元工业产值提供的利润，1976 年是 21.90 元，1976 年是 12.60 元，1978 年是 15.50 元，还低于 1966 年的水平。

11. 工时利用率低

不少工业企业由于缺电，计划不周，管理不善，工时利用率很低。据北京市调查，1978 年工时利用率为 84.3%，其中某些部属企业只有 74.5%。尽管每个职工拥有的固定资产是逐年增加的，但实际的全员劳动生产率（包括计划外用工）1977 年还比 1966 年降低 3.1%。

12. 小钢铁，小化肥的消耗大，亏损多

大中小并举的方针是正确的，但我们在理解和执行上有很大的片面性，往往不去考虑究竟什么样的行业，什么样的生产特点，适合搞大型的，什么样的条件适合搞中小型的，而通常采取一刀切的方法，不分行业和特点都一律办大中小。在日本，化工、钢铁根本不搞中小型的，因为大型的经济效果好。而在机械行业中的机器零部件，电子工业的部件，都是中小型的居多。它们的规模较小，但技术很先进，产品的竞争能力很强。许多大厂多带有装配性质，大中小之间都有较稳定的专业化协作关系。中小企业能吸收劳动力，减少社会失业人数，职工工资较低，产品成本较低。现在日本大企业的零部件，70% 左右都靠中小企业提供。当然，我国有自己的特殊条件，但日本的做法值得借鉴。

我们过去办了不少小钢铁、小化肥，它们也确实起了一定的作用，但由于不算经济账，只侧重从需要出发，结果一般都是投资不少，产品质量很差，消耗很大，亏损很多。许多企业靠吃国家补贴过日子。据统计，1978 年"五小"工业的亏损额，占全部工业亏损的 53%。这个问题在今后改革经济结构中应逐步加以妥善解决，经营性亏损企业应逐步关停并转，以减少损失和浪费。

13. 城镇的集体所有制企业没有得到应有的发展

评价所有制形式，归根到底取决于生产力的发展水平。现阶段我们的生产力远没有达到完全消灭个体所有制并把集体所有制提高到全民所有制水平的程度。过去很长一个时期中,在农村搞"穷过渡"的同时,在城镇也发生了"急过渡"的苗头,对城镇集体所有制,在政策上不是扶持和发展它,而是限制它。因此在调整工业中的所有制结构问题上,必须从当前的生产力发展水平出发,进一步巩固和发展城镇的集体所有制。集体所有制和全民所有制一样,也是社会主义公有制,不应受歧视。

三

形成经济结构不合理的原因是极其复杂的,但从理论上,指导思想上看,与以下几个问题是有直接关系的。

1. 关于"优先发展重工业"

过去我们在经济工作中往往把发展重工业绝对化,而没有充分注意相应地发展农业和轻工业。1978 年同 1949 年比,我们的农业增长 2.4 倍,工业却增长 38.2 倍;工业中轻工业增长 19.8 倍,而重工业则增长了 90.6 倍。这种悬殊状况显然是和优先发展重工业的理论及其实践分不开的。斯大林曾把重工业的优先发展看作社会主义的工业化道路,把从轻工业开始的工业化归结为资本主义的道路,这很值得推敲。从轻工业开始工业化,主要并不决定于资本主义生产关系,而是取决于社会生产力的发展水平。英国工业化首先搞的是纺织业,这是符合当时生产力的具体情况的措施,因为除原料、销路有保证外,产业革命也为其技术发展做好了准备,而且在资本主义初期资本的积累也是有限的,轻工业投资相对少些。从社会主义生产关系的性质论证社会主义工业化必须从重工业开始,也难以说得清楚。苏联当时工业化从重工业开始是有其道理的,因为帝俄时代工业已有了一定程度的发展,而且在 20 世纪 20 年代苏联轻工业快于重工业的发展。但是,把优先发展重工业归结为社会主义工业化的一般规律,却值得研究。实践证明,许多优先发展重工业的国家,往往不能实现农轻重的协调发展,不同程度地形成重重、轻轻、农业落后的局面，导致经济结构的不合理，带来消费品长期供应不足。

2. 关于生产资料部类优先增长

生产资料部类的优先增长曾被认为是扩大再生产的绝对规律，是优先发展重工业的重要理论基础。其实马克思分析再生产的图式中并没有说生产资料部类要优先增长，更没有说它是"绝对规律"。尽管图式中所列的第一部类数字较大，但强调的则是与第二部类的增长要互相适应。列宁把技术进步带来的资本有机构成提高引进到扩大再生产原理中，他在论述第一部类优先增长的同时也论述了两大部类要相适应，指出第一部类优先增长是有条件的。因此，在 20 世纪 50 年代末，波兰经济学家明兹就提出技术进步可以是追加生产资料类型的，也可以是节约生产资料类型的，所以不能认为生产资料部类要优先增长是绝对规律。战后，一些国家在若干年份，第一部类也不是优先增长的。第一部类优先增长作为一种长期的趋势，是不能否定的，但不能因此年年要"优先增长"。

3. 关于把速度作为计划的出发点和归宿

有一种观点认为高速度是计划的出发点和目的，比例是实现高速度的手段，比例关系要服从于高速度的需要。编制国民经济计划首先想的是要达到什么样的速度，计划执行结果也是先看达到了什么样的速度。这种看法实际上就是把速度当作计划的出发点和归宿了。

编制计划不能不考虑速度。但如果把速度当作社会主义经济计划的出发点和归宿就不对了，因为这就必然忽视比例，还可能出现虚假的、没有经济实惠的速度。社会主义制度的优越性应该表现为生产发展快，劳动生产率增长快，人民生活水平提高快，这样才能赶超资本主义，彻底战而胜之。我们编制计划的出发点应当是着眼于可供社会消费的产品的质量和数量，以便随着生产的发展，不断提高人民的生活水平。因此在计划中应十分注意使经济结构不断合理化。如果片面地强调速度，不顾比例，即使一时把速度搞上去，也不会持久。战后英国工党政府曾搞过一个"勒紧裤带"恢复经济的计划，遭到群众反对，最后以失败告终。反之，日本20世纪60年代搞了一个"国民所得倍增计划"，调动了国民的积极性，经济增长计划很快就实现了。这一历史经验，值得我们注意。

4. 关于否认社会主义经济中有流通过程

长期以来，有一种观点认为全民所有制内部没有流通过程，全民企业生产的生产资料，不能作为商品进入流通，只能设立各级的物资分配部门，实行计划调拨和分配。其实，生产资料在社会主义下也是商品，价值规律对生产资料生产和流通都起调节作用，计划调节和市场调节是结合着的。否定社会产品的一部分（生产资料）是商品，不允许进入商品流通，这种论点，给我们带来很大苦头。现在是彻底改变过来的时候了。四川宁江机床厂，去年计划生产小型机床314台，上级物资部门只批准150多台的计划产量，理由是产品没有分配对象。这个厂作为扩大企业权限的试点单位后，于去年六月在人民日报上首次登了广告，不到一个月就有很多单位找上门来，订货一下上升到700多台。一个广告所以能起这么大的作用，就是因为它意味着机床由物资部门的分配轨道纳入了社会商品流通渠道，使生产和消费双方直接见了面，物畅其流了。我们的社会主义经济的某种呆板、不灵便，一个重要原因就是没有流通过程。这个广告的意义就在于它冲破了我们原来那套生产资料的配给制，发挥了市场机制的作用，结果既满足了用户需要，又促进了企业的生产。

5. 关于积累率

确定适度的积累率，不能脱离一定的经济水平和一定时期的国家状况。有人说，日本的积累率多年也是30%以上，我们积累率30%多，不能算多。这种说法是欠妥的。因为两国的经济水平很悬殊。日本职工平均收入比我国高二十倍以上，因而日本私人储蓄率也高达20%以上，这样就可以把大量的个人储蓄用于积累。在我国的具体情况下，也搞那么高的积累，显然是行不通的。我们应当继续坚持艰苦奋斗,勤俭建国的方针,同时要把积累率调整好。

实践是检验真理的唯一标准。在社会主义建设实践中,我们应该勇于坚持真理,修正错误,充分发挥正确理论的指导作用,尽快消除我们经济结构中的不合理部分,把我们的"四化"搞上去。

(原载《经济科学》1980年第3期)

访美经济观感

我对美国经济的总印象是，经过二百年发展起来的强大的社会生产力，实力比较雄厚，对国际国内市场和各种风浪的适应性较强；但由于资本主义制度固有矛盾的发展，美国经济无法摆脱生产过剩危机、通货膨胀和失业的困扰，已经开始走下坡路，尽管有时还会有所发展，但衰退的总趋势是不可逆转的，矛盾很多，困难重重。

美国经济实力较强，主要表现在：

第一，按人口平均计算的国民生产总值很高。1979年的国民生产总值已达22000亿美元，按人口平均近1万美元。这虽然略低于某些石油输出国的水平，但就经济实力而言，那些单一性经济、靠石油涨价而发大财的国家显然无法跟美国相比。美国国民生产总值年增长的绝对额是相当庞大的，每增长1%，就是200多亿美元。据1977年的统计，全世界按人口平均占有国民生产总值超过1000美元的国家和地区有53个，科威特居第1位，是11950美元；美国居第5位，是8700美元；西德居第8位，是8400美元；日本居第17位，是6000美元；苏联居第31位，是2760美元；香港居第32位，是2640美元；南斯拉夫居第41位，是1680美元；罗马尼亚居第44位，是1458美元；台湾省居第51位，是1175美元。我国1978年平均每人的国民生产总值为233美元。

第二，发展经济的主要资源基本上能立足于国内。美国地理条件得天独厚，幅员辽阔，发展经济的重要自然资源如煤、天然气、石油、铁、铜、铝、铀、森林、水力等都十分丰富，人力资源也很丰富。美国1978年的石油消费总量为9亿吨，进口占46%，他们在保护国内石油资源、控制开采的情况下，仍生产46000多万吨，尚能满足国内石油消费的一半以上。美国的能源总自给率为80%左右；而日本则90%依靠进口。美国1977年的发电量为21800多亿度。

第三，农业发达，生产率高。美国可耕地28亿亩，实际耕种20亿亩，在这20亿亩中，还有一部分休耕地。农业人口占总人口的3.6%，平均亩产420斤（我国为337斤）。平均每一个农业劳动力一年可生产粮食146000多斤，猪肉3000多斤，牛奶20000多斤，牛肉6000斤。一个农业劳动力养活56个人。按人口平均占有的农产品为：粮食2930斤（我国为636斤）；猪肉65斤，牛肉110斤，牛奶514斤，鸡蛋297个。农产品不仅能满足国内需要，而且能大量出口。据1974年统计，美国出口农产品在世界农产品出口市场上所占的比重是：小麦占45.7%，玉米占64.3%，大豆占82.4%，稻米占14.5%，食用植物油占39.8%，棉花占31.3%。强大的农业，使美国发展工业和其他事业，免除了后顾之忧。农业是国民经济发展的基础这个原理，在任何社会制度下，都是起作用的。

第四，工业门类齐全，自成体系，有强大的传统工业，又有一批新兴的工业部门，互相促进。美国工业革命始于19世纪初，比英国晚50年，但到20世纪90年代，它的工业产值就已经占据世界第1位。美国拥有世界上最大的工业生产能力和产量，1976年美国工业生产在整个资本主义世界的工业生产中占36.6%。1978年钢产量为11500万吨，原油46280万吨，汽车1200万辆。不仅有经济发展的三大支柱即钢铁、汽车和建筑业，而且战后又发展起一批新兴的工业部门，特别是宇航、大型计算机、飞机、石油和石油化工等，在国际上处于领先地位。在传统工业的基础上发展新兴工业，互相促进，带动了整个工业部门的技术革命。

第五，生产设备先进，技术力量强，有完备的成体系的科学研究机构。1978年美国有各种专业技术人员1370万人。比1958年增长97%。在7个就业人员中，平均就有1个专业技术人员。目前在大学里攻读管理专业硕士、博士学位的研究生就达10万人。

第六，有广大的国内市场和国际市场。美国在国内市场销售的产品占70%—80%。谈到现代资本主义的商品市场问题，我觉得有以下几个重要因素是《帝国主义论》中所没有考虑到的，在那时也不可能考虑到，因为这些新情况是近些年内才出现的。一是高工资、高福利的政策；二是核武器、航天等新的大规模工业的发展，强有力地刺激着就业和购买力的增长；三是一批石油输出国大发石油财，也是资本主义商品市场的大买主；四是发展中国家和发展中社会主义国家实行现代化，也使资本主义商品市场添了新主顾。所有这些，都使资本主义商品市场的容量比在20世纪初所估计的大为扩大了。

但是，美国是个资本主义国家，它所固有的生产资料私有制同生产高度社会化之间的矛盾，是不可克服的。这个资本主义制度的基本矛盾具体表现在两个方面，一方面各私人公司内部的生产是有计划的，而整个社会的生产却是无政府的；另一方面在社会产品大量增加的同时，群众的购买力却相对不足。这样，美国经济就不可避免地发生一系列难以克服的困难。这主要表现在：

第一，通货膨胀的势头不断加剧。据美国政府统计，日用品价格指数1967年为100，1970年为116.3%，1977年已上升到181.5（1978年为195.4）；其中食品上升到192.2，房费上升到204.9。生产资料价格指数1967年为100，1977年上升到194.2，1978年的通货膨胀率为9%，1977年为13%，这是战后30多年来的最高峰。今日的美钞已比12年前贬值45%，比40年前贬值79%。通货膨胀给美国经济生活造成巨大的混乱。

第二，失业率随着经济的衰退在上升。1960年的失业率为3.9%，1978年上升到6.1%，失业人数达605万人，1979年略有下降，为5.9%，仍高于日、西德、英、法、加拿大、意大利等7

国 5.1% 的平均失业率，美国经济学家预计，1980 年失业率将上升到 8%，失业人数将达到 800 万人以上。失业率的增加带来美国社会的动荡不安。

第三，外贸逆差很大。美国在 20 世纪 70 年代以前，基本保持着外贸的顺差，随着进口石油和其他原料的剧增，自 1971 年以来，外贸连续出现逆差。1977 年的外贸赤字高达 267 亿美元，1978 年上升到 284.5 亿美元，成为美国历史上外贸逆差最大的一年。由于连年出现外贸逆差，使美国国际收支逆差越来越严重。自 1971 年到 1977 年的 7 年里，美国国际收支逆差累计达 447 亿美元。

第四，美国政府、公司和家庭债台高筑。战后美国政府实行扩大政府开支，刺激经济增长的政策，以及维持庞大的军费开支，导致政府预算不断膨胀，财政赤字不断出现，近些年更是急剧增加，政府为弥补财政赤字，便大举债务。1945 年美国国债为 2587 亿美元，到 1977 年增加到 7189 亿美元，1978 年又上升到 11200 亿美元，相当于政府两年的财政收入。公司、企业的债务也很庞大，1978 年为 13000 亿美元。家庭债务，1978 年高达 12337 亿美元，平均每个美国人有近 6000 美元的私人债务。把政府债务、公司债务和家庭债务加在一起，按人口平均每人需负担 16000 美元。美国是世界上财政赤字最大，公私债务最高，人民纳税最多的国家。巨额的公私债务固然反映了资本主义借贷关系的高度发达，但也表明美国的经济繁荣带有相当的虚假性。

第五，生产工人老化。由于资本家愿意雇佣年龄较大、有经验、有技术又容易管束的工人，而不愿雇佣年轻的、缺乏技术而又不大守纪律的人；同时由于失业大军的存在，提供了进行上述选择的可能性；由于政府已经取消了工人到 65 岁必须退休的强制性规定，老年工人不愿退休，退休金只相当于工资的 30%—40%，退休后收入骤减，生活困难；还由于人口自然增长率下降，青年在人口中的比例降低了；所以出现了生产工人老化的趋势。我们参观的一些企业，工人平均年龄高达 45 岁以上。从长远的观点来看，这对经济的发展极为不利。

第六，浪费性消费盛行。为了减缓生产过剩危机，就拼命鼓励消费。我们看到，他们在生产上精打细算，讲求经济，节约时间；而在生活消费上，既大量浪费物质财富，又浪费时间。一边喊能源危机，一边摩天大楼夜晚室内无人却灯火通明。汽油价格近来虽有大幅度上涨，1加仑（2.8公斤）的价格已由1967年的35美分涨到1978年的69美分，又涨到目前的近1美元，但与其他资本主义国家相比，仍很便宜，这就鼓励了汽油的浪费。至于资产阶级的奢侈性消费，更为惊人，猫食、狗食消费，1年竟达20亿美元。

当前，美国经济已深陷于一种恶性循环而不能自拔。这就是，要减缓生产过剩的危机，就要扩大消费，为了扩大有支付能力的需求，就要扩大投资，增加就业、还要搞各种消费信贷，推行预支性消费，这些办法又必然导致通货膨胀；而通货膨胀使货币的购买力又下降了。为了减缓通货膨胀，最根本的办法是紧缩银根，这又势必引起投资不足，失业率增长，利润和工资减少，商品过剩加剧。这仿佛像是一个圆形的胡同，在里面转来转去，刚离开通货膨胀就走近了失业率的增长，而离开失业却又走近了通货膨胀。这是因为生产过剩危机在资本主义范围内是无法从根本上解决的。我们访问美国总统经济顾问委员会时，格拉姆勒委员坦率地承认，当前美国经济处于进退两难的境地，如果进一步增加生产，扩大投资，增加就业，会使通货膨胀更加严重；如果控制通货膨胀，紧缩银根，又会出现经济衰退。他表达了美国政府对解决当前面临的经济难题，既没有信心，也没有有效办法的处境。

由于资本主义固有矛盾的发展，使美国经济的增长率出现了明显的下降趋势。自20世纪60年代以来，经济增长率再没有超过6%的年份，1950年8.7%的速度，已经一去30年未复返了。70年代最高的增长率是1976年的5.9%，在这10年里还出现3年的倒退，1970年比上年降低0.3%，1974年比上年降低1.3%，1975年比上年降低1.1%。1977年的增长率为4.9%，1978年为4%，

1979 年只有 2% 左右。

  随着资本主义世界经济危机的蔓延和发展，资本主义各国过剩的资金、技术和产品日益增多，美国在这方面比西欧、日本更加突出。在这种情况下，中国这个巨大的市场，对美国资本家有极大的诱惑力，他们急欲插足其间。我们接触到的美国政府和工商界人士，都以急迫的心情询问向中国出口设备、技术和合资经营等问题。

（原载《经济学动态》1980 年第 5 期）

企业体制改革研究

企业体制改革与经济体制改革

经济体制改革,既包括宏观经济体制改革,也包括微观经济体制改革。中共十一届三中全会以来的实践表明,微观经济领域各种体制的改变,并不总是宏观经济体制改革的消极结果,在一定条件下,微观经济体制改革对宏观经济体制改革还起积极的推动作用。扩大企业自主权试点,开始冲破老框框,原有各种经济体制要与企业扩权相适应,这才迈出了我国经济体制改革的第一步。今后随着企业扩权和自负盈亏试点的发展,将逐步使企业摆脱附属于行政机构的地位,政企分开,企业变成名副其实的相对独立的经济组织。而宏观经济体制的改革,还必须适应这种情况。

但是,这并不意味着宏观经济体制改革单纯是适应企业扩权要求或自负盈亏要求而消极被动地进行的。它的改革模式是要有科学设计的。这种设计是从我国社会主义经济的商品性这个客观实际出发,按照公有制占主导地位条件下的社会主义经济运动规律的要求,旨在把我们原来那种高度集中的经济决策制度、单一的计划调节制度和行政性的经济管理制度逐步加以彻底的改造,按经济规律办事,为大大提高社会经济活动的效果,加快"四化"建设开辟道路。从这个意义上说,宏观经济体制改革又决定着微观经济体制改革的内容。因此,宏观经济体制改革与微观经济体制改革是相互制约、相互促进的。

企业领导体制的历史的回顾

企业领导体制，是微观经济体制的核心。我们现行的工、交、商、财企业的领导体制，是党委领导下的厂长（经理）负责制。这种体制早在1955年就提出来了，1956年以后迅速普及，1960年又成了"鞍钢宪法"的一项基本原则，迄今已20余年。

在20世纪50年代的前半期，当时我们自己缺乏管理现代企业的经验，照搬了苏联企业管理的一长制。在实行一长制的过程中，由于没有健全的决策体系和监督体系，由于企业领导人的知识、经验和了解各种具体情况的局限性，曾不时出现企业经营管理上的各个错误决断和指挥失当，以及不采纳职工的合理化建议等情况，造成一些经济损失并压抑了职工群众当家做主的积极性。针对这种情况，为了改善社会主义企业的管理体制，参照革命战争年代我们在根据地办军需民用企业的经验，便提出了党委领导下的厂长负责制，预期采用这种领导体制可以在企业管理中贯彻我党群众路线的优良传统，克服一长制的弊端。应当说，及时地发现实行一长制出现的各种问题，采取措施加以改善，是有益的、必要的，从历史的观点看，党委领导下的厂长负责制确实也起了一定的积极作用。

然而，应当看到，我们在实践上对党委领导下的厂长负责制并未进行充分的试验，也未进行深入的分析和科学的总结，就急忙加以全面肯定，仿佛是完美无缺的，并赋予它以企业管理"宪法"的意义，这就禁锢了人们的思想，不能实事求是地探讨这种企业领导体制的各种问题，从而严重地阻碍了我国企业管理体制的进一步发展和完善。这个教训，我们今后在企业体制改革中应当牢牢记住。

任何企业领导体制都没有绝对的好或绝对的坏。体制的适用性，体制的优劣，都是相对的。随着社会经济条件的变化，原来曾经起过积极作用的体制也会变得不合时宜，成为生产力发展的障碍。只有适应社会主义商品经济规律要求的体制，才能促进社会主义优越性的发挥。那么，党委领导下的厂长负责制究竟怎么样呢？

实践的检验

20多年的实践表明，党委领导下的厂长负责制，作为一种企业领导体制，存在着一些在这种体制范围内很难克服的缺陷。

第一，党委领导下的厂长负责制这种表述，在逻辑上就有毛病，把领导和负责割裂了。任何一种管理体制，领导和负责都是统一的，不能分割的。领导有层次之分，企业的高中低层领导和责任都必须是一致的。不能设想企业党委领导而不负责，厂长或经理负责却不领导。当然，这只是文字表述问题，并不重要，而重要问题在于，在这种体制下，企业党委是企业的最高领导者，厂长或经理要在党委领导下工作。虽然他们中许多人也参加党委，但他们以厂长或经理身份出现时，只能算作第二层的领导者，而在实践中却又划不清这两个层次的领导者在领导和负责方面的范围和界限。从而很容易造成厂长和党委的关系"说不清，处不好"的状况，企业领导人在处理和协调领导层次关系上势必左顾右盼，贻误时机，消耗很多精力，难以提高领导效率，无法干净利落地领导企业的各项活动。

第二，在这种体制下，党委实际上既起决策作用，又起组织指挥作用，还起监督保证作用。这就不能建立企业的独立的有效的灵活的生产经营管理的指挥系统。尽管中央曾一再强调企业必须有这种指挥系统，实践中也难以真正建立起来。马克思曾形象地把企业管理比喻为如同乐队需要指挥一样，需要统一的指挥。列宁曾根据企业管理上统一指挥的客观必要性提出实行一长制。这些都是正确的。现代企业的规模和生产经营管理技术要比马克思在19世纪中叶看到的更大、更复杂。现代企业不只是个小乐队，简直像一个大型交响乐团，统一的指挥更是绝对必要的。只有这样，才能使企业的产供销协调地运转。而党委领导下的厂长负责制,却要么把决策和指挥混在一起,既削弱决策也削弱指挥;要么就形成多头(书记和厂长)领导,多头指挥。这就违背了现代企业管理的规律性。

第三,在党委领导下的厂长负责制的条件下,党委是企业决策机构,但要求党委发挥此种作用在实际上是很困难的。我国的具体历史特点决定了企业党委基本上是由长期做党务工作或思想政治工作的同志组成,这些同志一般都热心于党的事业,有搞好社会主义建设的愿望和积极性,但他们中的大多数对经济工作、生产技术和经营管理是不熟悉的。据沈阳市143个县级企业领导班子的调查,大专文化程度的只占6.1%,中专、高中程度的占21.1%,初中程度的占61.8%,高小以下程度的占11%。显然,这种情况与做好企业领导工作的要求是很不适应的。再加上长期左倾路线的影响,"外行领导内行是普遍规律"的错误口号的流行,使20世纪50年代一度兴起的干部向科学进军的热潮消失了,耽误了干部学习科学技术和管理的时间,而许多有知识、有技术、有经营管理能力的同志又被排斥于党外或党委之外,党委也不习惯于征询他们的意见。因此,企业党委就难以作出符合经济规律的、有科学预见性的正确决策。这样,党委领导下的厂长负责制在许多企业中实际上成为外行领导内行的体制。

第四,党委作为企业的领导,也难以对它进行有效的监督。党委既然是领导,又起监督保证作用,那只能是党委自己监督自己了。自己监督自己等于没有有效的监督。我们党是执政党,在长期的革命斗争中,取得了人民群众的信赖,享有崇高的威望。企业党委被认为是领导一切的,工会是党领导下的工人阶级的群众组织,多年以来一直强调党对工会的领导,这当然是对的,但从不强调工会要维护工人群众的利益,为他们讲话。职工代表大会或职工代表会议也都在党委领导和指挥下进行活动,广大职工更不便于对"党委决定"提出不同意见。在这种情况下,要对企业党委领导施以有效的监督,那是不可能的。

第五，实行党委领导下的厂长负责制，相当彻底地反掉了厂长的一长制，但由于这种企业领导体制未能正确解决和处理企业决策、指挥、监督等各种职能的相互关系问题，就必然代之以党委书记一长制。这也反映出现代企业活动指挥上的一长制是客观的必然性，想取消是不可能的。党委书记一长制与厂长一长制并没有本质上的差别，只不过是前者具有党委领导的名义而已。两者比较起来，书记一长制还不如厂长一长制对工作有利，因为书记多为外行，又要书记点头才能办事。企业的生产经营管理，党政工青，职工的衣食住行和生老病死问题，都找书记解决，使许多企业的书记应接不暇，有个顺口溜说"办公室里找，路上拦，回家坐着一炕沿，吃饭休息难上难"，他们劳苦不堪，无法考虑重大问题，工作上的失误也必然增加。同时，如前所述，对书记的监督比对厂长的监督更加困难，因而独断专行、家长式的领导作风不是少了而是多了，特别是在十年动乱中，由于林彪、"四人帮"的破坏，更有了恶性的发展。

从上述可见，党委领导下的厂长负责制本身就有些不适应现代企业活动要求的重大缺陷。目前，随着打破地区、所有制界限的企业联合化的发展，随着中外合资经营的发展，这种企业领导体制就更加不能适应了。因此，原有企业领导体制的改革势在必行。

企业体制模式的几个重要问题

随着经济体制的改革，企业将逐步由各级行政机构的附属物变成相对独立的经济组织，实行独立核算，自负盈亏。它不仅有对生产资料的相对独立的使用权和占有权，而且要有独立地从信贷机构取得基本建设贷款和流动资金贷款的权力，形成自己独立的资金循环和周转，在产供销人财物各方面都有相对的独立性。

所谓相对独立，主要是指它的经营活动并不是像一个所有者那样完全独立的，因为生产资料所有权在法律上是国家的，而不是企业所有制。企业要自觉地受社会主义国家宏观经济计划的控制，在国家限定的大框框里，在遵守国家政策法令的条件下，充分施展自己的经营技巧和本领，这与资本主义企业的独立性是不同的。资本主义国家的政府，为维护资产阶级的统治，避免社会经济大动荡，也搞"社会经济计划"，这种计划对私人企业的活动也有一定影响，但他们的计划具有外在性，即与以私有制为基础的资本主义经济规律相违背，因而很难达到预期的效果。

我们的社会经济计划是公有制经济发展的内在要求，它反映社会主义经济运动的必然性。我们的宏观经济计划也应考虑市场因素，并运用各种价值杠杆，但这会对微观经济活动更有效地控制。

在社会主义商品经济条件下，企业作为相对独立的经济组织，它的内部管理体制应当是怎样的呢？

企业体制应包括：决策体系、指挥体系、监督体系和营运体系。

企业的决策体系，是企业的神经中枢，它包括企业内各级决策机构和决策者，视企业规模和生产经营上的特点，决策也要有层次。大的联合企业一般应有二至三级，小企业一级就可以了。决策体系的层次应与核算的层次相一致。

企业的最高决策层，应制定企业的重大方针政策和计划，控制预算和决算，决定企业经理或厂长的人选。为使这些关系企业命运的决策具有科学性，一方面要民主决策，另一方面要严格遵守国家的法令。企业的最高决策层应是一个委员会，其成员应由企业全体职工民主选举产生，委员会主席应由全体委员民主选举产生。这个委员会可以叫管理委员会，也可以叫别的名称，这无关紧要，重要的是，它的成员必须是经营管理或经济或技术或法律方面的专家，而且在政治上还必须有全心全意为企业职工服务的品质。如果最高决策层只有各方面各单位的代表，而缺乏必要的知识和能力，那就不能保证决策的正确性和预见性。错误的决策必定给企业带来灾难。

大企业的中下层决策,是最高决策在各级各方面得到正确而全面贯彻的保证。中下层决策要以上级决策为指导,从自己负责范围的实际情况出发,通过自己的决策,把上级决策具体化,并创造性地加以实现。正因为如此,就要允许中下层决策可以根据具体情况对上级决策加以适当的变通。至于那些最高决策不作具体规定的某些内容,更应由中下层决策自行解决。

企业的指挥体系,是企业活动的指令中心。它的主要任务,应是把决策机构的决定,在企业的生产、销售、采购、质量、新技术采用和新产品研制等各部门各环节中加以协调地贯彻,为此必须制订科学的周密的执行计划。执行计划经决策机构批准后实施。在实施过程中,指挥体系要保持独立性。为完成它的任务,指挥体系必须是高度集中的,同时在大企业中也必然是多层的。指令要富有权威性,做到令行禁止。因此,指挥体系必须有一个首脑,即企业的经理或厂长。他应独立地对管理委员会负责。现代化企业既不能搞多头指挥,也不能对指挥体系横加干涉,致使指令迟迟发不出去,影响各个环节及时的衔接和应有的效率。经理或厂长是保证企业像一架精密机器那样准确运行的总控制。

指挥体系的任务要求指挥首脑必须是经济、经营、技术方面的专家,还要懂得法律,有高度责任心,力图进取,忠于职守的人。副手应对首脑负责,由经理或厂长提出副手人选,经管委会批准。

企业监督体系的任务,是对决策是否正确,指挥是否得当,企业一切活动是否协调有效,企业运行轨道是否偏离社会主义方向,各项经营管理是否合法,企业是否对社会和职工尽到了应尽的责任等问题实施监督。为了完成这样的任务,监督机构及其成员必须坚持调查研究、实事求是的原则,要有公正的立场、无私的精神、联系群众的作风。看来企业中的党委最适宜于承担企业最高监督机构的任务。因为党委有较高的威望,直接联系工人中的优秀分子——党员,而他们分布在企业的各个部门各个岗位上,党委又领导着企业中的工、青、妇等群众团体,有最广泛的群众基础。企业的工会委员会、职工代表大会或职工代表会议，都应在党委领导下，同党委一道起监督作用，这些组织和会议应是监督体系的组成部分。

企业的营运体系，这是由企业活动所必需的计划、产供销、科研、设计、培训等机构组成的。如果说，企业的决策、指挥、监督体系是企业的神经系统的话，那么，营运体系就可以说是企业的骨骼系统和肌肉系统。所有这些体系都是内在地有机地联系在一起的。营运体系的活动综合体现上述三个体系工作的效果。

营运体系的活动，只应听从指挥体系发出的指令，不应受各种干扰。由于大企业内部决策也要适当分散化，指挥也是分级的。所以有些活动是接受相应层次指挥环节上的具体指令。但所有这些指令都必须是统一的，不能互相矛盾。否则，营运体系就不能正常发挥作用。营运体系的组织，应根据各企业的不同情况加以设置，不宜搞某种固定的公式。

比较合理的企业管理模式，只是比较适应社会主义商品经济规律的要求，不可能是完美无缺的。判断企业管理体制的优劣，归根结底，要看是否能更充分地发挥企业各类人员的社会主义积极性，从而使企业不断发展。

企业领导人的积极性是决定企业经营管理水平的一个决定性因素。资本主义企业经理的积极性很高，这是在竞争的强制下，靠经济利益关系，靠个人荣誉（把企业搞垮了，是很大的耻辱；搞好了，就有更高的社会地位和更大的影响），充分地刺激起来。我们社会主义企业领导人的积极性并非注定要比他们低。我们正在设法使企业领导人的物质利益与企业经营结果联系起来，虽然在利害关系上难以做到像私人企业那样直接而紧密，但是应当看到，我们企业领导人的绝大多数都有建设强大的现代化的社会主义祖国的积极性，应当善于把这种政治热情引导到努力学习经营管理、学习科学技术上来。随着企业自主权的扩大，他们将获得较充分的用武之地。同时可考虑随着企业自负盈亏试点的发展，对企业领导人试行基本工资加利润提成的制度，这比利润提成一部分转化为奖金，再与职工分享奖金的办法，在利害关系上扣得更紧。只要恰当地规定累退的提成比例和有关细则，就不会失去控制，不会有什么危险。企业领导人的工作，在颇大程度上决定企业的兴衰，他们的个人物质利益与企业经营效果发生直接的联系应该说是理所当然的。

改革步子要稳

由于党委领导下的厂长负责制已实行多年，目前我国宏观经济体制的改革还处于试点阶段，因此，企业体制改革应像整个经济体制改革所要求的那样，步子要稳，不能急。改革的办法应提倡各种逐步过渡的形式，允许企业根据自己的情况去创新，切忌一刀切。

在党委领导下的厂长负责制的体制下，有些企业，特别是有些党委书记兼厂长的企业，他们一时还未迫切感到原体制与扩大企业自主权以至搞自负盈亏有什么特别的不适应，而企业内部领导体制在一定时期一定程度上还不能构成宏观经济体制改革的严重障碍。在这种情况下，就应当允许这些企业沿袭实行原来的体制，进行某些必要的改善，等待条件成熟后再行改革。社会主义商品经济运动规律对宏观经济体制和企业体制的改革都有决定作用，然而，这种决定作用不能简单地理解为不问企业的具体情况搞"一刀切"。企业体制的改革也必须经过试点，取得经验，逐步全面推开。

（原载《经济学动态》1980年第12期）

中国能源结构研究

中共十一届三中全会以后，随着经济结构的调整，能源结构问题引起人们广泛的兴趣和议论，决不是偶然的。因为能源结构不仅是经济结构的一个重要组成部分，而且在一定意义上说，能源结构对经济结构还起着重要的制约作用。

我们所说的经济结构，既包括生产力的结构，又包括生产关系的结构，既有量的规定性，又有质的规定性。因此，分析经济结构就必须从生产力和生产关系的辩证关系的角度，从量和质之间的辩证关系的角度加以研究，而不应把它们各自孤立起来看待。这种研究方法，当然也适用于对作为经济结构组成部分的能源结构的研究。

一般来说，对能源结构的研究可以分为两个方面，一方面是研究其经济方面；另一方面是研究其技术方面。我们是从经济方面研究能源结构问题的。具体地说，就是探讨能源与经济的发展关系，能源的生产结构和消费结构对国民经济各部门主要是对工业发展的制约作用，以及根据我国的具体情况，如何调整和安排能源的生产结构和消费结构以适应"四化"建设需要的问题。不消说，为了说明这些问题，必然要对我国能源结构的历史演变和现状，存在的主要矛盾加以分析，同时还要与外国有关情况作些对比。

一　能源的生产结构和消费结构

能源结构主要内容是能源的生产结构和消费结构。能源的生产结构，是指各种一次能源（石油、天然气、煤炭、水电、核电、太阳能、地热、风能、潮汐能等）在一定时间内的产量及其比例关系，它反映各种一次能源生产的设备多少和效率高低。能源消费结构则是指社会总体和各个部门对各种能源消费的数量及其相互关系，它反映能源利用的社会经济技术条件和效果。一般来说，能源的生产结构决定能源的消费结构。因为第一，只有生产出来的能源才能消费；第二，各种能源的产量最终决定着消费量；第三，各种能源产量的比例，决定社会能源消费的比例。当然，能源消费结构反过来也对生产结构施以重大的影响，在某些情况下，能源消费结构会促进生产结构的迅速改变；而在另外一些情况下，又可以延缓生产结构的变化。如果就一个国家来说，加上能源进出口的因素，情况就不是这样简单了。尽管如此，一般仍可说世界各国由于能源生产结构不同，消费结构也各异。

　　从目前的实际情况看，各国能源消费结构，可以大致分为以下三种基本类型，一种是依靠本国的能源资源，开采什么就使用什么，这可以叫作自然型能源消费结构，例如某些经济落后国家和石油输出国，以及苏联；另一种是本国能源资源贫乏，所需能源几乎全部依靠进口，这可以叫作依外型或进口型能源消费结构，例如日本；还有一种是国内生产的能源在数量上和品种上不敷需要，为了弥补不足和调换品种，还要进口一些，这可以叫作调剂型能源消费结构，例如美国。随着经济的发展，自然型能源消费结构的国家有减少的趋势，进口型的国家将在稳定中略有增加，而调剂型的国家会越来越多。

　　就世界范围讲，能源的生产结构和消费结构的变化是一个缓慢的过程，它受人类对能源性能的认识和经济技术发展水平的制约。新能源被发现后，只有在它能适应提高社会生产力水平的要求时，才会被迅速地开发和利用，从而使能源的生产结构和消费结构发生相应的改变；而一种新能源的发现与大规模地利用，又可以促进生产力跃进到一个新的水平。在 19 世纪中叶以前，紫草作为人类的主要能源，曾有长达几千年的历史，在手工劳动的条件下，除手工冶炼等行业外，能源问题还不可能同生产力发生直接而紧密的联系。到19世纪末叶情况就急剧地改变了，随着第一次工业革命的成功，蒸汽机普遍化了，煤炭就成了工业的主要能源。20世纪中期以后，随着汽车工业和石油化工的迅速发展，对液体能源——石油又提出了新的要求，石油消费比重逐年上升，世界经济也出现了空前的繁荣。1950年世界能源总消费量为27亿吨标准燃料①，其中石油、天然气占39.1%，到1975年，能源总消费量上升到87亿吨，增长了2.2倍，石油、天然气比重上升到66.5%。能源消费结构的这种变化，使经济迅速发展，世界工业生产指数，1970年为100，1950年为27，1975年达到126。

但就一个具体国家讲，能源的生产结构和消费结构的变化却不一定是缓慢的。人们可以从本国的具体情况出发，顺应经济发展规律和技术进步规律，创造各种条件，加快能源结构变化的进程。这一点已为许多国家的实践所证明。因此，如果能够认清能源结构转换的趋势，抓住时机，从政策，立法，资金和技术上采取措施，促进本国能源结构尽快转变，那将对本国经济产生积极而深远的影响。例如日本在20世纪50年代后期，由于预见到世界能源的重点将由煤炭过渡到石油和天然气，使大量进口石油，发展大型重油发电厂，实现国有铁路的全面电气化和内燃机化，大力发展石油化工，接着又发展汽车和家用电器生产。这样，日本的能源消费总量以及其中石油消费量都大幅度地增长起来，1955年日本的能源总消费量为6550万吨标准燃料，石油消费的比重占20.2%；1970年能源总消费量增长到34550万吨，比1955年增加了4.3倍，石油消费比重也猛增到70.8%，同期的经济发展速度则在10%以上。廉价而充足的石油促使日本经济飞速发展，十年巨变，一跃成为经

---

① 标准燃料是把各种燃料都按每公斤发热量7000大卡折算的。按此标准，每公斤煤炭折成0.714公斤标准燃料；每公斤石油折合1.43公斤标准燃料，每立方米天然气折合1.33公斤标准燃料，水电按历年火电标准煤耗定额计算。

济发达国家。

我国能源的生产结构,从各种能源在标准燃料生产总量中的比重来看,20 世纪 70 年代,原煤占 70% 多,原油占 20% 多,天然气占 2% 多,水电占 3% 多(见表 1)。

表 1　　　　　　　　中国的燃料生产结构状况

年份	占标准燃料生产总量的百分率(%)			
	原煤	原油	天然气	水电
1950	96.8	0.9		2.3
1960	95.7	2.4	0.5	1.4
1970	81.8	13.9	1.2	3.1
1979	70.6	23.1	3.0	3.3

我国能源的消费结构属于自然型,差不多是生产什么消费什么,能源的进出口占的比重很小,1975 年以来石油出口量有了显著增加,但最高的年份也只占石油产量的 15% 左右,1979 年是我国石油出口最多的一年,也不过 1600 多万吨。煤炭出口的潜力虽然很大,但目前出口数量甚小,同时,我国目前基本上不进口能源。

我国能源消费,如果把禾草、薪柴包括在内,那么中华人民共和国成立初期,薪柴是主要能源,目前还占 1/3 左右,仍高于石油,天然气的比重,若讲矿物能源,则始终以煤炭为主。1953 年煤炭比重占 94.4%,石油占 3.73%,随着石油工业的发展,石油、天然气的消费比重有所上升,1965 年油气比重达到 10.7%,煤炭消费比重下降到 86.64%。当时我国经济刚经过三年的调整,纠正了一些左的错误,工业生产生机勃勃,全国原油产量达 1100 万吨,实现了原油自给。如果能够在这样一个基础上一鼓作气搞经济建设,不再重复那些左的错误,不搞政治运动,不搞闭关自守,我国是有可能分享20世纪60年代世界廉价石油带来的经济实惠的。但是，经济上一好转，又搞起政治运动，特别是"文化大革命"的十年，使我们错过了大好时机。尽管在此期间我国石油工业有了较快的发展，但能源生产结构和消费结构仍改变不大。1979年油气比重提高到24.6%，煤炭比重下降到71.3%，水力发电比重为3.6%（见表2）。

表2　　　　　　　　　中国的燃料消费结构状况

年份	占标准燃料消费总量的百分率（%）			
	原煤	石油	天然气	水电
1953	94.4	3.7	0.02	1.9
1960	94	4	0.5	1.5
1970	81.1	14.4	0.9	3.5
1979	71.3	21.8	3.3	3.6

从上述可见，我国能源生产和消费结构的一个显著特点，是以煤炭为主。煤炭是固体燃料，与石油相比，有开采困难、热值低、运输量大、使用不便、污染环境严重等一系列问题，烧煤的中小型锅炉热效率比烧油锅炉低10%—25%；同样生产一吨合成氨，甲醇等普通化工原料，以煤为原料消耗的热值比用油气为原料要高20%—30%。直接烧煤时治理污染的费用很高。

我国1979年煤炭产量已达6.35亿吨，居世界第三位，除每年有几百万吨的少量出口外，其余都在国内消费、环境污染非常严重。从煤炭的发展趋势看，运输问题也将是一大障碍。1978年我国铁路货运量达到10.75亿吨，比1952年增长7倍，其中煤炭运量增长7.8倍，铁路运煤量占铁路货运总量的37%。而铁路通车里程，1978年仅比1952年增长1.1倍，机车增长1.35倍，货车增长3倍。由于运输能力不足，造成煤炭一方面供不应求，另一方面积压自燃。面对我国能源结构的特点，我们必须正视这些问题，采取积极措施逐步加以解决。

我们应把20世纪70年代初期开始大量发展起来的燃油动力机具和燃油锅炉加以调整，以适应我国能源结构的特点。1970年以来的一个时期，由于对石油生产的盲目乐观估计，我国燃油动力机具发展比较快。但很快就遇到了石油制品的增长满足不了需要的问题，致使平均每马力占有油品的数量由70年代的130公斤降到1980年的75公斤，预计1985年可能还要进一步降低，这就迫使燃油动力机具不能充分利用，甚至停止运转。目前我国用作化工原料的石油约占石油总产量的4%，1978年与外商签订的石油化工和化肥项目建成投产后，约需增加各种油品几百万吨。但是今后五年内原油产量不会有大的增长，这些引进的化工、化肥项目就不得不考虑停建或者推迟建设进度。从这里可以看出，我国目前的能源结构，限制了我国经济的发展。摆脱这一困境有两种可能的道路，一是迅速提高石油消费比重，或大量开发，或大量进口，另一个是在能源和经济两方面采取措施，使经济发展和能源发展相适应。对我国来说，第一条路显然是不现实的。我们只能走后一条路。这就要求我们必须搞好能源使用的综合平衡工作，调整和重新组合石油的消费构成，把有限的石油用在交通运输和化工原料上，充分发挥其特长，取得尽可能大的经济效果。同时凡是可以用煤顶替的，都尽可能快地改为烧煤。

二 能源与经济增长——我国能源弹性系数

能源与经济增长之间有密切的关系。能源状况是现代社会经济增长的一个重要因素，在有些时候，甚至是决定的因素。如果能源结构适应国民经济发展的需要，国民经济就会在能源消费的不断增长中得到迅速发展，而国民经济的增长又会给能源结构的合理化提供经济上的保证。

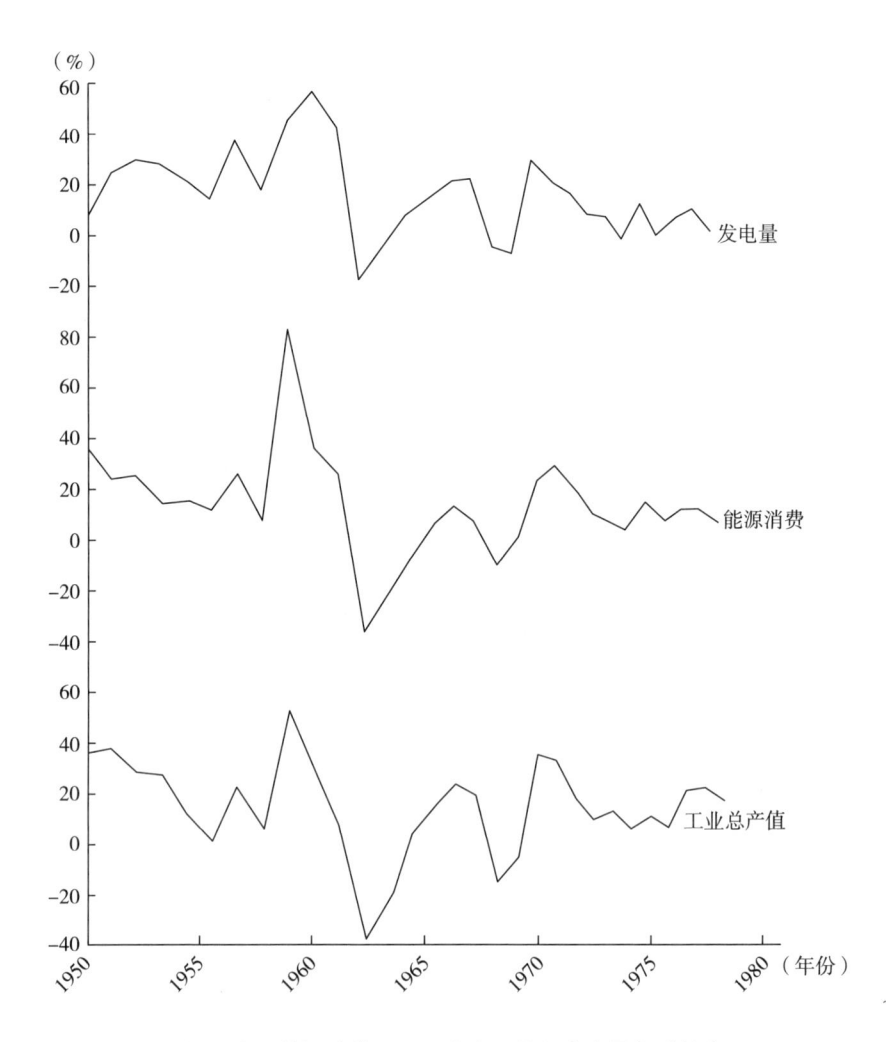

图 1　中国能源消费、工业生产总值和发电量年增长率

我们看看我国能源发展与工业增长之间的关系。

我国工业产值在国民经济总产值中的比重约为 60%；工业部门消费能源占全国能源总消费量的 80% 左右。因此，分析能源增长与工业增长的关系，具有十分重委的意义（见图 2）。

从上图可以看出，能源消费的增长和工业发展是紧密联系在一起的。随着能源消费的增长，电力和工业就跟着增长；能源消费下降，电力和工业也跟着下降，三条线虽然上升下降比例各有不同，

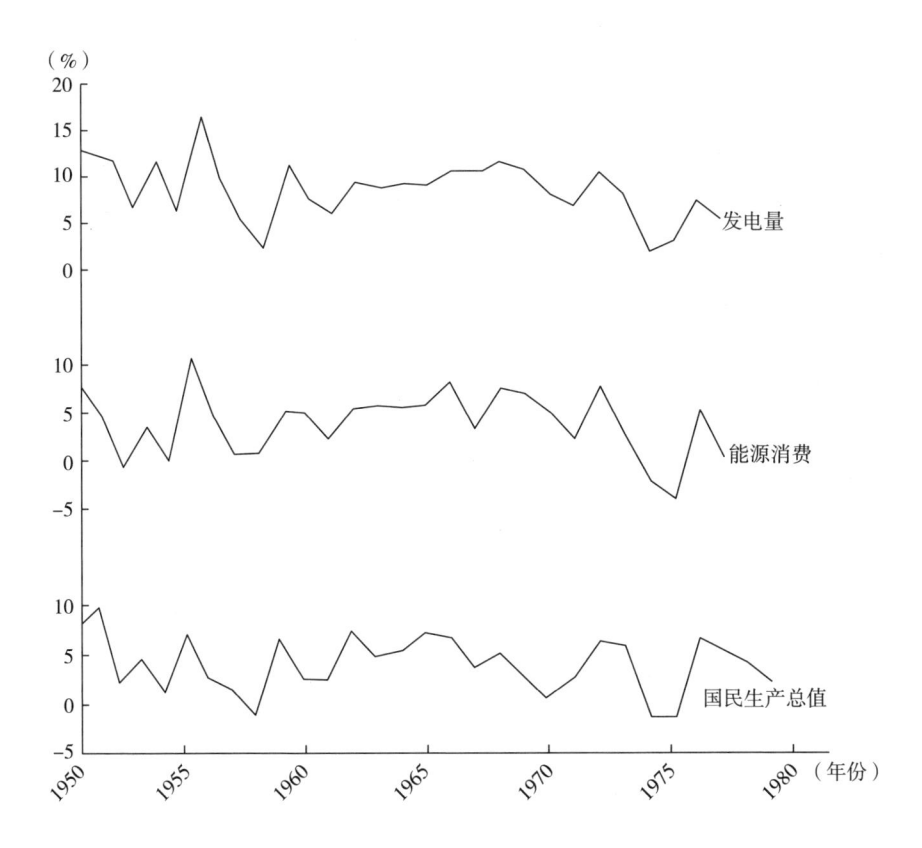

图 2　美国能源消费、国民生产总值和发电量年增长率

但波动形状和年份却大体一致。美国 1950 年到 1977 年间经济和燃料动力的增长率图形，也同我国相似。这就表明，国民经济的增长依赖于燃料、动力的优先增长是带有普遍性的规律。同时我们还可以看到，能源消费增长率和国民经济增长率之间有一个定量关系。1953 年全国工业总产值为 447 亿元，一次能源总消费量为 0.54 亿吨，1979 年工业总产值达到 4591 亿元，能源总消费量为 5.86 亿吨，26 年间，工业增长速度为 11.2%，能源消费年增长率为 9.6%，工业增长速度与能源消费增长速度之比为 1∶0.86。1953 年到 1965 年，工业增长率为 10.9%，能源消费增长率为 11.0%，二者之比为 1∶1，1965 年到 1979 年，能源消费增长率与工业增长率

的比值为0.83%。

但是，这几年发生了能源弹性系数急剧下降的情况，如1978年为0.68，1979年只有0.33，1980年又进一步下降到0.17。我们知道能源弹性系数受多种因素的制约，在一段短时期内，由于能源消费和经济增长两个方面的各有关因素的变动，会使能源弹性系数出现异常的情况。影响弹性系数变化的主要因素，一是能源消费结构的变化，或油气比重上升，或煤炭比重上升；二是产业结构和产品结构的变化，如轻重工业比例的调整，高档产品和高附加价值产品的增加等；三是企业管理水平和技术改造状况，使产品能源消耗和能源利用率发生变化；四是劳力、畜力代替能源的程度。

我国这两年能源消费增长缓慢，而工业增长速度却在8%以上，其主要原因是加强了工业企业的整顿和经济结构的调整。据初步计算，1979年每万元工业产值综合能源消耗比1978年降低了5.8%，共少消耗能源3150万吨标准煤，其中由于提高能源利用效率而节约的部分占总节约量的48.6%；由于改变工业结构和产品结构的部分占总节约量的51.4%，这两项几乎各占一半，1980年轻、重工业比重继续上升和下降3.8%这种结构上的变化对能源弹性系数有很大的影响。

以上情况，既说明我国节约能源的潜力很大，也说明能源弹性系数急剧下降是经济调整和企业整顿时期出现的特殊现象。一旦轻重工业达到一个比较适合的比例，工业结构便趋于稳定，产品结构的变动也将慢下来，管理水平的提高和技术改造的进度也不可能总像这两年那样快，因此，预计过一个时期，能源弹性系数将再度回升。至于提高多少，那将由各方面的节能成效而定（见表3）。

从各个历史时期看，除"二五"和调整时期工业总产值的增长与能源消费的增长出现了背离现象外（但综合起来，仍相差不多），其他时期能源消费的增长率都和工业总产值的增长率接近。在看待这个能源增长与工业增长关系的弹性系数时，既应考虑到我国工业由于技术落后，单位产品能耗高、浪费大的情况，也应考虑到我国能源增长并不能满足经济增长和人民生活的需要。

表3　　　我国1953—1979年工业增长和能源增长的关系

	1953—1979	1953—1965	1965—1979	"一五"	"二五"	1963—1965	1957—1965	"三五"	"四五"	1976—1979
A. 工业增长率（%）	11.2	10.9	10.1	18.0	3.8	17.9	8.9	11.7	9.1	12.1
B. 能源消费增长率（%）	9.6	11.0	8.4	15.5	11.4	2.7	8.8	9.1	9.1	7.2
B/A	0.86	1	10.83	0.86	3	0.15	0.99	0.78	1	0.6

三　能源结构的选择

能源结构的选择和确定，要根据本国能源资源情况，现存的能源生产结构和消费结构，能源生产和利用的技术进步，能源发展预测等，才能正确解决。

我国能源资源比较丰富，拥有丰富的煤炭储存量和一定规模的石油储量，还有占世界第一位的水力资源。中华人民共和国成立三十年来，一次能源发展比较快，总产量由1952年的4870万吨标准煤增加到1979年的6.43亿吨，居世界第三位。

煤炭是我国的第一大能源，1978年煤炭实测储量6000亿吨，全国60%以上的县有煤炭资源，可供建井的精查储量有300亿吨。1949年到1979年，全国煤炭产量由0.32亿吨增加到6.35亿吨，增长了18倍，平均年增长率为10.4%。煤炭布局也有了很大改善，无论是西南、西北，还是缺煤的江南九省，煤炭工业都有了不同程度的发展。我国煤炭工业资源可靠，基础可观，只要运输、使用、三废治理等方面工作相应跟上，多增产和多使用煤炭都是有条件的。但是，应当说过去我们长期没有把煤炭的问题处理好，在能源结构的选择上走了弯路。

煤炭建设周期较长，难度也大，一个百万吨以上的矿井，从建井到达到设计能力一般要 10 年左右。因此在井深不断增加，工程量逐年加大的情况下，要保证煤炭产量持续增长，就要求煤炭投资比例在略有增长中保持稳定，但实际上却未能做到这一点。"一五"时期煤炭投资占工业投资总额的 12.3%，"二五"时期占 13%，这十年煤炭投资比例基本上是稳定的，共新增煤炭生产能力 21300 万吨，平均每年增加 2130 万吨。"三五"时期投资比例降到 9.2%，"四五"时期为 9.6%，这十年比前十年下降了 3%，新增煤炭生产能力 1 亿 4900 万吨，平均每年增加 1490 万吨。1976—1978 年投资比例虽有回升，达到了 10.4%，但因欠账太多，加上逐年衰老报废矿井还要减少生产能力，所以新增能力并没有明显增加，平均每年增长 1420 万吨。由于投资比重下降，在建规模缩小，1970 年矿井建设规模为 1.58 亿吨，1978 年减少到 1.3 亿吨，1980 年又缩小到 1 亿吨。这样的在建规模，每年只能提供 1000 多万吨的新增能力，再减去报废老井的几百万吨，增加的产量就更少了，很难满足当年的需要。为了缓和这个矛盾，适应消费的需要，曾在范围内大搞矿井挖潜翻番，自 1965 年以后，煤炭产量维持每年增长 3000 万吨，超出新增能力一倍以上。由于片面追求产量，必然造成每年新投产能力和煤炭产量的增长比例不合理，吃了前十几年的老本。"一五"期间新井投产能力与产量增长的比例是 1：1，"二五"期间为 1：0.6；"三五"期间为 1：1.8；"四五"期间为 1：1.58；1976—1978 年达到了 1：3.18。全国一些比较大的煤矿的产量已经比原设计能力翻一番或接近翻番，想再大幅度增加产量已不太容易。

据目前煤矿建设规模和生产矿井调整工作进展情况，我估计，1985 年以前煤炭增长速度约为 2.5%，平均每年增产 1700 万吨，届时煤炭产量 7.2 亿吨；1985 年到 1990 年煤炭增长率约为 4.6%，平均每年增加3600万吨,1990年产煤9亿吨,预计20世纪末煤炭产量达到14亿吨,平均每年递增4.5%。

我国石油资源远不如煤炭丰富,探明储量主要集中在东北、华北、沿海和新疆地区,中南、西南储量极少,分布很不平衡。中华人民共和国成立以来,我国石油工业发展很快,全国只有甘肃玉门、陕西延长两个小油矿和抚顺的一部页岩干馏炉,原油产量仅12万吨。经过三十年的建设,石油工业发生了巨大变化,现在已有19个省、区生产石油和天然气,1979年原油产量达到10613万吨,居世界第九位。但是,由于近年来原油产量增长大大快于储量的增长,出现后备资源严重不足的问题。1979年全国石油剩余可采储量不容乐观,储采比1965年下降4倍。

从我国和世界各国石油工业发展的历史看,保证石油产量持续稳定增长的关建,是坚持地质勘探先行,掌握可供增产的后备资源。但是,我们长期对这个问题认识不够,尤其是拿到了一定储量以后就盲目乐观,重开采、轻勘探的倾向相当严重。

三十年来的实践经验证明,随着勘探工作的不断深入,在没有重大突破的情况下,一般的规律是地质结构由简单到复杂,自然条件由好变坏,主要开发对象由陆地到海洋,探井由浅到深。这样,勘探的难度就越来越大,勘探的效果也会越来越低。

1949年到1957年,八年共打探井82.3万米。"二五"期间加强了石油地质勘探工作,勘探投资占石油总投资的46.2%,这一时期发现了大庆、胜利等大油田,共打探井272.7万米,平均每米探井探明石油储量的效果是全国平均水平的3倍。三年调整期间,勘探投资比例降到28.8%,打探井74.9万米,探井效果下降。"三五"期间勘探投资比例上升到57.9%,探井进尺359.3万米,探井效果却进一步下降。"三五"与"二五"时期比较,虽然勘探投资比例增长了11.7%,探井进尺增加了32%,但因没有找到更多的大油田,探明储量还不到"二五"时期的一半。20世纪70年代以后,为了加快石油的开发,石油工业的基建投资和原油产量增长很快。

但由于只重视生产建设，忽视石油的勘探工作，勘探投资比例从"三五"时期的57.9%下降到38.1%，再加上没有继续发现像大庆那样的高储量油田，勘探效果很不理想，探明储量和"二五"时期相当。这样就使石油勘探严重落后于开发，造成储采比例失调。

20世纪70年代以后，我国石油工业的大发展，极大地促进了国民经济的发展，同时也出现了一些问题。那时，由于对石油资源的估计过于乐观，致使在油气的开发和使用上带有一定的盲目性。1970年全国原煤产量3.5亿吨，钢1800万吨，汽车产量只有8.7万辆，石油化学工业刚刚露头，工业基础还比较薄弱。在这种情况下，加快石油的开发，必然因无足够的资金用于勘探后备储量，而导致石油增长不能持久；又因运输和石油化工落后，使宝贵的石油不能充分合理使用。1965年到1978年，全国原油产量增长8倍，烧油量增长9倍；而可采储量只增长一倍。现在累计采出原油占探明可采储量的比重越来越大，为维持目前的开采强度，在油田注水开发上做了大量工作，花了大量的资金，尽管收到效果，但仍无法阻止油田产量递减。根据测算，维持现有原油产量，每年约需新增加三四亿吨石油地质储量，并建成1000万吨左右的原油生产能力，否则原油产量就将下降。

由于今后新增储量的探明时间和增长幅度都很难预料，因此石油产量只能按已探明储量预测。初步估计1985年石油产量为1.1亿吨，基本维持1980的产量，1985年以后海上油井将陆续发挥作用，1990年可望搞到1.5亿吨，2000年争取达到2.3亿吨，平均每年增加800万吨，十五年平均增长率为5.1%。

天然气资源主要集中在四川、贵州地区，另外各大油田还有一些油田伴生气。目前累计可采储量不多，剩余可采储量也有限。1979年天然气产量140亿立米，其中四川气田气65.2亿立米，油田伴生气74.8亿立米。由于今后原油增长情况不好，预料油田气的增长就更难估计，再加上去年四川气田气的递减率已达15%，所以天然气的增长步子也是迈不大的。初步估计，1985年生产天然气 155 亿立米①，五年平均每年增加 3 亿立米，1990 年生产 205 亿立米，五年平均每年增加 10 亿立米，2000 年生产 345 亿立米，十年平均每年增加 14 亿立米。

我国是世界上水力资源最丰富的国家，理论蕴藏量为 6 亿千瓦，现在已经利用的资源加上正在建设的水电站，合计 2720 万千瓦，占理论资源的 4.7%，水力发电的潜力很大。但因我国主要河流大都是西东走向，发源于西部，流入东海，所以 80% 以上的水力资源集中在西南、西北等边远地区。

1978 年年底，全国发电装机总容量为 5277 万千瓦，1979 年实际发电 2789 亿度，每发一亿度电的平均装机容量为 1.9 万千瓦。其中水电装机容量 1500 万千瓦，占总装机容量的 28.3%，水力发电量占 17% 左右。法国和意大利是水电比重较高的国家，装机容量占 40%—45%，为了防止枯水时缺电，有一部分火电容量是在枯水时用来补充容量不足的。因此他们每发一亿度电的平均装机容量为 2.8 万—2.9 万千瓦，单位发电装机容量为我国的 1.5 倍。如按法、意两国情况计算，我国水电装机容量比重年提高 1%，发一亿度电的平均装机容量就要增加 590—750 千瓦。

水力是可再生能源，多发展水电，既可以节省矿物能源，又能防止环境污染，从长远考虑，应多搞水电。但是，水电季节性强，为防止枯水缺电，还要补充一部分火电，从而加大了电业投资。另外，由于我国森林覆被率低，水库淤积非常严重。据 1978 年对全国 33 个大中型水库的调查，其中就有 16 个水库发生大量淤积，平均淤积库容达到 50% 以上，这些水库的使用年限平均只有 13 年。再加上西南、西北地区地处边远，把电力输送出来，还有赖于我国输变电技术的发展。因此，今后发展水电还要和植树造林紧密地结合起来，坚持因地制宜，经济合理的原则，在水力资源丰富地区重点发展水电，当地能用多少就搞多少，能送出多少就建设多少，随

---

① "立米"即"立方米"。原文如此，不做更改。

着我国经济和技术水平的提高，逐渐增加水电比重。在建设水电中还应注意发展航运的问题。我国由于水利水电建设缺乏全面规划，致使航道减少了 3 万公里。

根据以上分析，我国能源结构预测情况如表 4。

表 4　　　　　　　　我国能源结构预测

	1979 年			1985 年			1990 年			2000 年		
	实物（万吨）	折标准煤（万吨）	构成（％）	实物（万吨）	折标准煤（万吨）	构成（％）	实物（万吨）	折标准煤（万吨）	构成（％）	实物（万吨）	折标准煤（万吨）	构成（％）
合计		64411	100		72005	100		91952	100		142846	100
煤炭	63500	45357	70.42	72000	51429	71.4	90000	64286	69.91	140000	100000	70.01
石油	10615	15143	23.51	11000	15714	21.82	15000	21429	23.30	23000	32857	23.00
天然气	140（亿米）	1862	2.89	155（亿米³）	2062	2.86	205（亿米³）	2727	2.97	345（亿米³）	4589	3.21
水力	501（亿度）	2.049	3.18	700（亿度）	2800	3.89	900（亿度）	3510	3.82	1500（亿度）	5400	3.78

在不能大批进口石油来调剂和改变我国原有的能源结构的条件下，在太阳能和核聚变等新能源未被广泛利用之前，煤炭将始终是我国的主要能源，而且比重占 70% 以上。但是，煤炭直接燃烧是造成环境污染的主要原因。现在年产 6 亿吨煤，全部燃烧排出 1000 多万吨二氧化硫，数百万吨氮氧化物，遇雨沉降相当于 2000 万吨强酸，仅发电煤灰一年就有 1000 多万吨，使全国所有大中城市的污染都超过标准。从长远考虑，应切实加强煤类的合理开发，改善地区布局，并加强气化液化的研究工作。

四　若干问题的探讨

1. 我国能源短缺情况及其原因

从以下几个方面可以看出，我国能源短缺情况也是相当严重的。

首先是人民生活方面，1953年人民生活用煤炭2998万吨，平均每人消费50公斤。其中城镇平均每人消费194公斤，农村平均每人消费29公斤。随着生产的发展和人民生活水平的提高，1965年全国生活用煤炭增长到7500万吨，比1953年增加4502万吨；平均每人消费103公斤，比1953年增加了1.1倍，其中城镇平均每人消费381公斤，农村平均每人消费58公斤。十年动乱以后，人民生活用煤炭增长缓慢，再加上人口增长迅速，以致平均每人的煤炭消费量几乎没有增加。1978年全国生活用煤炭总量达到10063万吨，但平均每人消费煤炭只有105公斤，十三年平均每人增加2公斤，其中城镇平均每人消费量为409公斤，农村平均每人消费量为61公斤（见表5）。据调查，全国城镇人口中大约有30%的居民基本靠薪柴作燃料；有40%的农户严重缺柴烧，甚至不能保证一日三餐吃上热饭。

表5　　　　　　　　人民生活用煤炭消费变化情况

	全国		城镇		农村	
	消费总量（万吨）	平均每人消费量（公斤）	消费总量（万吨）	平均每人消费量（公斤）	消费总量（万吨）	平均每人消费量（公斤）
1953年	2998	50	1575	194	1483	29
1965年	7500	103	3878	381	3622	58
1975年	9350	102	4704	421	4646	58
1978年	10063	105	4914	409	5149	61

其次，在工业生产方面，由于燃料动力短缺，给经济发展带来很大损失。按目前生产水平计算，大约每年缺少标准燃料1000余万吨，缺发电装机1000万千瓦，全国有20%—30%的设备能力因缺少燃料动力而不能充分发挥作用，一年大约损失工业产值700亿元以上。

应当指出，中华人民共和国成立以后，我国的能源消费增长速度是比较快的，绝对量也有很大增长，如1953年到1965年，平均每年增加标准燃料1100万吨；1965年到1979年，平均每年增加标准煤2837万吨，但是，为什么当前能源如此紧张，甚至到1985年也很难缓和呢？我认为有如下几个原因：

（1）能源政策摇摆不定

长期以来，我国没有稳定的能源政策，在煤炭、石油、天然气、水电之间摇摆不定，轻率决策，反复多变，造成了严重后果。1958年提出"水主火辅"，大上水电，后来又改为"水火并举"，有不少仓促上马的水电工程只好下马停建。20世纪70年代初期，由于对石油资源的估计过于乐观，盲目地要加速燃料构成的转换。1973年又提出煤、油、气并举，加快油气发展的方针，同时全国大约花了2亿元把部分烧煤电站改为烧油，还新建了一批烧油电站，致使石油产量约有1/3被当作普通燃料烧掉。现在，又不得不将烧油电站改为烧煤。在三十年中，我国能源政策经过几次反复，造成严重的经济损失。据估计，把现有烧油装置改成烧煤，还需要资金30—40亿元，而且那些原来设计烧油的电站在技术上还很难改成烧煤。

（2）对能源在国民经济中的重要地位认识不足

能源工业是一个投资多，建设周期长，开发难度大，而各行各业又离不开的先行工业部门。因此应从长远战略目标出发，确定比较连续均衡的投资比例，以保证在老矿井、老油田产量递减并不断报废，需要量逐渐增长的情况下，新矿井、新油田能够接替而上，满足经济发展的需要。

但是，由于我们长期在实际上对能源先行的重要性认识不足，对能源的投资往往缺乏战略眼光，一次能源的投资比例忽高忽低。1952年到1978年，煤炭和石油的投资占工业投资总额的19.2%，其中"一五"时期占19.1%，"二五"为18%，三年调整时期上升到19.7%，"三五"时期又下降到16.4%，"四五"时期为18.8%，1976—1978年又猛增到22.8%（见表6）。

表6　　　　　　　能源投资占工业投资的比例（%）

	一五	二五	1963—1965	三五	四五	1976—1978
石油和煤炭	19.1	18	19.7	16.4	18.8	22.8
煤炭	12.3	13	11.9	9.2	9.6	10.4
石油	6.8	5.0	7.8	7.2	9.2	12.4

二十六年中，投资比例高于或接近平均水平的有11个年头，低于平均水平的有15个年头，最低和最高年份相比，相差10%左右。在分项投资中，石油的投资比例是上升的，煤炭的投资比例是下降的，1976年以后有回升。长期不稳定的投资比例必然引起能源工业和其他工业的发展比例不协调。

（3）小土群企业过多，技术和管理落后，浪费严重

随着科学技术和电力工业的日益发展，能源不断得到更加充分，更加合理地使用，热效率逐步提高，从而单位产值占有的能源和电力也相应地发生变化。一般的趋势是，单位产值占有电力逐年增加；而占有能源则逐渐减少。（见表7）

表7　　　　　单位产值占有能源和电力的变化情况

年份	中国		美国	
	占有能源（公斤）/元工业产值	占有电力（度）/元工业产值	占有能源（公斤）/美元工业产值	占有电力（度）/美元工业产值
1950	1.61	0.24	11.6	3.9
1953	1.21	0.21	9.4	4.0
1958	1.61	0.25	9.3	4.9
1962	1.94	0.54	8.4	5.1
1966	1.20	0.49	7.6	5.0
1975	1.41	0.62	6.5	5.5
1978	1.34	0.61	—	—

我国1950年每1元工业生产总值占有电力0.24度；1966年增

加到0.49度；1978年达到0.61度。而单位工业产值占有能源却没有显著下降，甚至有的年份还有上升。这与我国经济政策的变化，工业生产技术普遍落后和管理水平低有直接关系。中华人民共和国刚成立时，生产设备破旧，管理混乱，消耗比较高，每1元工业产值占有标准燃料1.61公斤。经过三年恢复时期，1953年单位工业产值占有能源降到1.21公斤。1958年由于大办钢铁，小钢铁企业纷纷上马，这些企业设备不配套，生产工艺落后，造成能源浪费严重，1960年单位工业产值占有能源上升到1.83公斤。经过20世纪60年代的调整，关、停、并、转一批小钢铁企业，改造部分小企业的技术装备，全国工业生产技术水平和管理水平有了明显提高，到1966年，单位工业产值占有能源又下降到1.2公斤。"文化大革命"中，由于林彪、"四人帮"的干扰破坏，劳动生产率大幅度下降，单位工业产值的能源占有量又有回升。尤其是1969年体制下放后，地方为了满足本地区的需要，把地方财政掌握资金的相当部分用在小合成氨、小钢铁等小企业的建设上。1975年小钢铁产量比重为11.5%，小合成氨产量比重达到58.3%，单位工业产值占有能源又提高到1.41公斤。从目前情况看，如果不改变大中小型的结构，有些产品的单位能耗很难达到历史先进水平。如1966年我国中型合成氨产量比重占80%多，平均每吨合成氨的综合能耗为2.2吨。70年代我国既引进了省能的三十万吨型大合成氨厂，也迅速地发展了三千吨型的小合成氨厂。1979年小合成氨比重为54.1%，大中型比重只占45.9%。如果只计算大中型合成氨综合能耗，平均每吨合成氨消耗为2吨标准煤，比1966年下降9.1%，若加上小合成氨的消耗，则平均每吨合成氨消耗2.8吨标准煤，比1966年上升27.3%。

美国的情况是，1885年一次能源平均热效率只有8%，1900年提高到12%，1947年为30%，经过20世纪50年代油气比重首次超过煤炭而跃居首位和近二十年来由于工业生产技术的大发展，美国能源平均热效率已达到40%多。这就引起单位工业产值占有能源和电力数量的改变。1950 年美国每 1 美元工业产值占有标准燃料 11.6 公斤；1962 年降到 8.4 公斤；1975 年继续降到 6.5 公斤。相应地每 1 美元工业产值占有的电力由 3.9 度，提高到 5.1 度，又上升到 5.5 度。中美情况对比如下图：

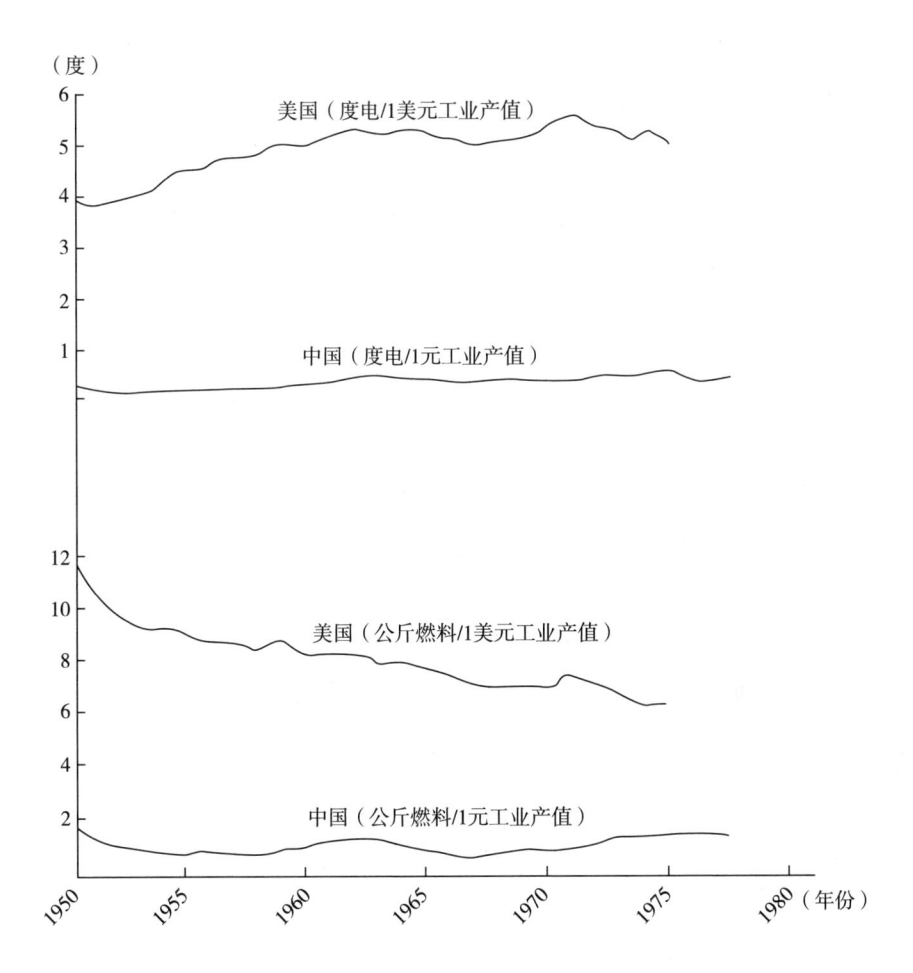

图 3　中国、美国单位工业产值占有能源和电力变化对照

（4）重工业比重过大

我国重工业发展快，重工业比重高，也是能源紧张的一个重要原因。1949 年重工业产值在工业总产值中的比重为 26.4%，经过

"一五"时期重点发展重工业和1958年"大跃进",1960年重工业产值比重达到66.7%这个历史最高纪录。经过三年调整时期,重工业发展速度下降,1966年重工业产值比重降到62.3%。"文化大革命"期间又加快了重工业的发展,1978年达到57.3%(见图4)。

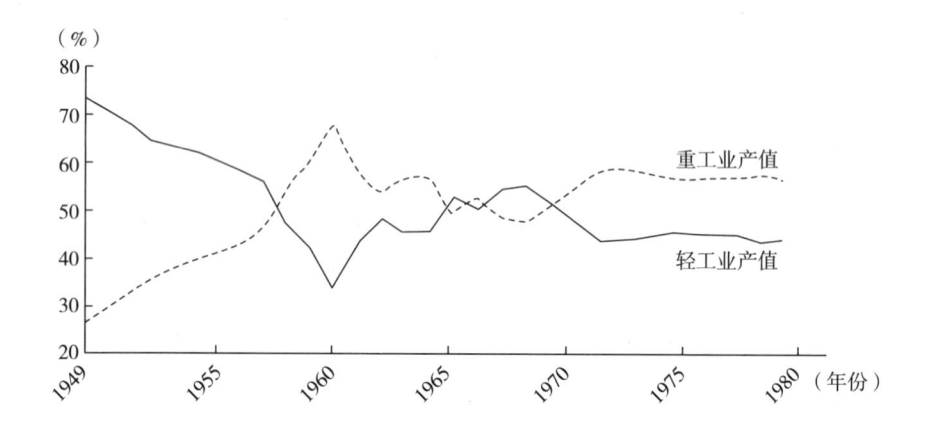

图4 我国历年轻重工业在工业总产值中的比重

据粗略估算,1978年全国工业共消费一次能源4.12亿吨标准燃料,其中重工业消耗3.63亿吨,创造产值2425亿元,一元重工业产值需要能源1.5公斤。轻纺工业消耗能源0.49亿吨,创造产值1806亿元,一元轻工业产值需要能源0.27公斤。单位重工业产值消耗能源是轻工业的5.56倍。1979年贯彻调整、改革、整顿、提高八字方针,轻纺工业有了较快发展,1979年增长速度达到9.6%,超过重工业7.7%的增长速度。轻工业产值在工业总产值中的比重由1978年的42.68%提高到1979年的43.12%,重工业产值比重由57.32%下降到56.88%,分别上升下降了0.44%。不到0.5%的轻重工业结构的变化,1979年就比1978年减少能源消耗300多万吨。

综上所述,能源是人类从事经济活动的重要物质,也是实现现代化的一个先决条件。为了使能源的发展适应经济发展的需要,使有限的能源充分地发挥作用，创造出更多的财富，必须有正确的政策。我们由于政策上的失误，影响了能源生产的应有发展，又使现有能源的使用存在许多不合理之处，造成严重的浪费，加剧了能源供应的紧张程度。

2. 能源短缺的出路何在？

从长远来看，人类必定不断开辟和扩大新的能源，但从目前我国的具体情况看，在20世纪内这一方面不可能有长足的进展。

新能源主要是太阳能、地热能、核聚变、潮汐能等。从理论上说，这些新能源几乎是用之不尽的，一旦具备适当的经济技术条件，只需利用其极小一部分，就能满足人类的全部能源需要。如太阳每年辐射到地面的能量相当于目前世界各类商业性能源总产量的两万倍；蕴藏在地球内部的热能，在大陆地壳底部，温度可达800℃，在地球中心可达3000℃—6000℃。仅仅地下火山性地热能，就够几十万年之用。但是，在目前的技术条件下，这些新能源的生产和利用还在小规模实验中，大规模的工业化生产和广泛使用，要做大量的科学研究工作，还要论证其技术上和经济上的可行性，预计21世纪中期也许能够获得较好的成绩。

世界上第一个原子能小规模发电厂自1956年开始运行以来，全世界主要国家都在大力发展原子能发电。到1980年大约有238座核能发电厂在世界各地运转，总装机容量可达到1.23亿千瓦。1978年原子能发电占世界总发电量的7%，其中美国占11.2%，日本占5.6%，英国占12.9%。为了摆脱石油危机的困扰，目前各国都在设法提高核电比重。如西欧共同体九国提出，到1990年固体燃料和核能发电要达到总发电量的70%—75%。

我国对原子能发电技术也早有研究，二十多年来探明了一定数量的铀资源，还建设了一套原子科研体系和核燃料工业体系的初步基础。但是，我国建设原子能发电站还有一些技术上和资金上的困难，即使引进外国技术，预计到20世纪末核能发电比重也不会很高。

从当前情况出发，近期解决我国能源短缺问题最现实最有效的途径，是节约能源。节约能源被人们形象地称为"第五能源"是有道理的。因为消除能源的无效利用和低效利用，就能用以创造更多的财富，从这个意义上讲，节能就是能源供给的一种特殊形式。节能的最终结果是，在社会能源消费量不增加或少增加的情况下，保持一定的经济增长速度，这就是提高能源利用的经济效果。因此，节约能源并不单纯是一种消极的减少能源消费，而是意味着采取各种有效措施，积极提高能源使用的经济效果。实现这一目的的主要途径有三条：一是加强企业管理，避免因经营管理落后造成的浪费；二是加强技术改造，推广新技术，新工艺，降低产品能源消耗；三是改变产业结构和产品结构，使经济结构向省能型发展。

预计我国1985年一次能源总产量为7.2亿吨标准燃料，2000年达到14.28亿吨，15年增加7亿吨标准燃料，这比中华人民共和国成立三十年一次能源的总增长量还多。平均每年增加4500万吨原煤，800万吨原油，13亿立方米天然气，53亿度水电，合计折4670万吨标准燃料，平均年增长率为4.7%。

1985年以后的15年，虽然一次能源年增长率比过去的三十年低，但是每年增加的绝对量却高一倍多。从我国现有技术和今后的发展看，每年增加4000多万吨标准煤已经不算少了，想再增加，会有很多难以克服的困难。这也要求我们必须在能源的综合利用和节约上狠下功夫。

我国能源利用率很低，节约能源的潜力很大。据估计，1978年我国能源有效利用率只有28%，大体相当于20世纪50年代初期的世界水平，比日本、西欧都低得多。能源的有效利用率低，反映能源使用的经济效果差。我国1975年到1977年，每吨能源生产的国民生产总值为308美元，只及日本的1200美元的24%，和美国的644美元的64%。

我国能源使用的经济效果也低于历史上曾达到过的水平，每亿元工农业总产值消耗的能源，"一五"时期为7.28万吨，1978年上升为 10 万吨。如果达到"一五"时期的水平，能源即可节约 27%。

同时，各地能源使用效果的差距也是相当大的，例如，1979年上海每亿元工业产值消耗能源 3.7 万吨，北京为 7.7 万吨，山西为 26.7 万吨。1978 年每亿元轻工产值消耗的能源，上海为 1.1 万吨，天津为 2.6 万吨，黑龙江为 7.9 万吨，贵州为 9 万吨，这固然与工业结构和产品结构有关系，如在工业结构方面，上海工业中轻工业的比重大，占 49.86%，而辽宁则重工业比重大，占 72.34%，轻工业只占 27.66%；在产品结构方面，上海耗能少、产值高的产品比重也较别的省市为高。但以上情况毕竟反映出能源使用效果的差距很大，经营管理和技术水平也很不平衡。

我国工业生产消费能源占能源总消费量的 80% 以上，各工业生产部门既是能源使用的重点，也是能源浪费的重点。目前全国有工业锅炉 18 万台，锅炉平均热效率只有 55% 左右，比国外先进水平低 20%—30%；火力发电平均热效率为 29%，国外先进水平已达到 35%—36%；我国每吨钢综合能耗折标准煤为 2.3 吨，日本为 0.8 吨，西德为 0.9 吨，美国为 1.03 吨，苏联为 1.2 吨，我国比上述国家高一倍以上。所有这些，都说明节约能源的潜力是巨大的。

目前，我国能源浪费大，新增能源又很有限，因此以节能求增产是当前解决能源不足的主要措施。但是，无论是通过提高管理水平，改进技术工艺，还是改变经济结构来达到节能的目的，都需要一定的时间和相当的资金。所以能源的节约是渐进的，长期的。当能源利用率到达一定水平以后，继续提高就有赖于工艺技术上的重大突破。从我国目前的情况看，花一定的投资和力量，在 5—6 年的时间里节约能源 10% 左右是可能的。

3. 怎样解决农村能源问题？

1979 年全国有 1.7 亿多农户，乡村人口 8 亿 4 千多万人。当前农村生活用能源仍以秸秆、薪柴为主。据估算，全国农户一年共需要柴草5.4亿吨,折合标准煤近3亿吨,相当于全国一次能源消费量的一半。然而每年生产的作物秸秆还必须有一部分用于牲畜饲料、工业原料和积肥还田,可作燃料用的秸秆仅有3亿多吨。虽然国家每年供应农村一部分煤炭,也远不能解决农村燃料不足问题。现有农户中约有40%的农户严重缺柴。农村生活用能源问题应引起特别的注意。

我国广大的农村人口完全靠国家供应煤炭来解决生活用燃料,是不现实的。看来,解决农村生活用能源的主要途径是大力兴办沼气。

沼气是一种有希望的生物能源。把秸秆直接烧掉,只能利用其中能量的10%,如果把作物秸秆分类,牲畜喜食的喂牲畜,其余的和人畜粪便、杂草、树叶一起投入沼气池发酵,再把沼气池中的水和沉渣作为肥料,这样,作物秸秆就能同时发挥饲料、燃料和肥料三种作用,经济效果可以大大提高。

1979年年底,全国农村已建沼气池660万个。实践证明,兴办沼气所需设备简单,投资少,社队和社员家庭都能兴建,效益显著。这不仅是解决农村燃料的最经济的办法,而且还是增加有机肥源的一个重要措施,对农业生产和农民生活都大有好处。沼气还可以成为农副产品初级加工的能源。去年山东一些地方用沼气烘烤黄烟和地瓜干,取得了良好效果,节约了煤炭,提高了产品质量。推广沼气还有利于改变农村卫生条件。估计全国有70%的农户使用沼气,就可以改变农村燃料不足的状况。这个问题虽然提出多年,但由于一般号召多,具体措施和物资、资金上的必要帮助少,以致推广情况很差。1979年只有4%的农户兴建了沼气池,而能够正常使用的又仅占一半,各地区又极不平衡。一阵风式的大办沼气,追求数量,不讲技术,不顾质量,管理不善,收不到实效,在一部分地区农民中败坏了沼气的名声。这个教训,我们应当汲取。

解决农村能源问题,不能用单打一的办法。推广沼气固然是一个重要途径,同时还必须适当发展农村薪炭林,国家还要有计划地供应一部分煤炭。农村煤炭需求也应该纳入长远规划给予考虑和安排。应当争取 1985 年达到农民天天可以吃热饭的最低标准,1990 年达到平均每人每年消费 100 公斤煤炭的水平。

4. 能源的进出口问题

随着全球性的石油资源的逐渐贫乏和石油危机的出现,世界各国都在重新研究和制定本国的能源政策。总的趋势大致是:第一,提高煤炭、原子能的消费比重,压低石油的消费比重。第二,能源进口多元化,以免受制于局部地区和个别国家。第三,加紧研究开发新能源。第四,大力研究发展节能新技术,推行严格的节能措施。据美国人计算,全世界 1979 年消费石油 31 亿吨,如果按目前的消费速度,现已探明的世界石油储量只够维持 27 年多一点的时间。难怪已经退位二十年的煤炭又被各国重新重视起来。但是,煤炭有其固有的缺点,从发展的观点看,迟早还要被核聚变、太阳能等新能源代替。因此似乎可以说煤炭是从石油和天然气减少的时代,过渡到新能源时代的一种过渡性燃料。在这种情况下,我国能源进出口政策也应重新加以研讨。

我国 1979 年生产石油 1.06 亿吨,出口 1646 万吨,占 15.5%,出口比重较大。根据我国的情况,从长远考虑,应当以满足国内基本需要为前提,在石油产量增长不大的情况下,逐渐减少石油出口,不断增加煤炭出口,逐步改变能源出口结构。据计算,1979 年一年我国原油出口比留在国内使用要少收入 8.2 亿美元。当前世界出口煤炭的主要国家有美国、波兰、澳大利亚、苏联、西德、加拿大和南非等国,总贸易量为 2 亿吨。在煤炭总贸易量中,美国占 25%,居第一位,波兰占 20%,澳大利亚占 18%,苏联占 13%。这些国家每年由煤炭出口得到的外汇收入都在 10 亿美元以上。自 1973 年以来,各国对煤炭贸易越来越重视了。总贸易量由 1.7 亿吨增加到目前的 2 亿吨,而且随着石油货源的紧张,煤炭贸易无疑将进一步扩大,预计到 2000 年可增加到 5.8 亿吨。我国煤炭产量虽然居世界第三位,但出口煤炭还不到世界贸易额的 2%。我国应大力发展煤炭工业，尽量挤出一些好煤炭出口，优先供给日本和东南亚地区，争取在亚洲煤炭市场站稳脚跟，为国家多赚外汇。

为了尽快发展煤炭工业，扩大煤炭出口，今后开发煤炭应本着先易后难的原则，先开采那些投资少、见效快的大煤矿，首先要集中力量开发山西省的煤炭资源。山西省重工业基础比较好，煤炭工业的历史较长，总规模已达1亿吨左右，1979年生产煤炭10743万吨，占全国煤炭产量的18%。发展山西煤炭的有利条件是：第一，煤炭遍及全省105个县中的68个县，储量占全国总储量的1/3。第二，煤种齐全，质量好，发热量高，大同原煤发热量达8000大卡/公斤。第三，埋藏浅，煤层稳定，结构简单，倾角小，开发容易。第四，地理位置比较适中，便于向全国输送煤炭和电力。因此，我们应当下决心用10—15年的时间，把山西建成年产3亿吨左右煤炭的钢铁、电力、化工、新型材料等重工业基地。

我们要进入煤炭国际市场，必须注意到煤炭进口国由于受环境保护法的限制，对进口煤炭质量要求越来越严格，凡超过合同规定标准者则罚款的情况。因此扩大煤炭出口，必须改变生产原煤，使用原煤、出口原煤的传统做法，加强煤炭的洗选筛分工作，注意增加品种，提高质量。

1979年我国出口煤炭550万吨，主要销往日本和朝鲜，设想1985年出口1000万—2000万吨。为达到这一目的，要做好以下四方面工作。

(1) 建设选煤厂，增加洗煤能力

美国、西欧和日本为提高煤炭利用率，普通采取的主要措施是，把原煤都进行洗选和筛分，按用户需要提供不同规格的煤。同时兴建矿区电站，劣质煤就地发电。美国原煤灰分14%，硫分3%，原煤全部洗选或筛分，每年从选煤厂排出矸石量选1.1亿多吨，可减少运量30%左右。1978年我国入选煤只占原煤产量的15%，其余原煤都直接使用。据估计，随烟道跑掉和炉箅漏掉的末煤不下5%，造成煤炭使用和运输的巨大浪费。因此，要加强选煤厂的建设，提高洗煤比重，逐步做到煤炭分级管理、分档出售、分别使用。抓住国际市场行情的有利时机，首先保证和满足出口；其次，把优质煤运往外地，以减少运量，将泥煤、中煤和劣质煤就地发电，输送到各负荷中心。

(2) 提高运输能力

运输问题是影响煤炭工业正常发展的一个重要条件。在很多时候，煤炭产量增长缓慢并不是由于煤矿本身的问题，而是因为运输跟不上，不得不减少煤炭产量。因此必须抓紧有关铁路线的建设和技术改造。

(3) 建设煤炭出口专用码头

没有现代化的港口，扩大煤炭出口是很困难的。美国供出口煤炭用的主要港口有七个。我国煤炭出口港主要是秦皇岛和连云港。秦皇岛只能进 2.5 万吨级船，年装载能力只有 1000 万吨，还不是煤炭专用码头；连云港每年装载能力只有 220 万吨，只能进 1.8 万吨级以下的船。因此必须抓紧港口的扩建和改造，以适应煤炭出口的需要。否则，即使煤炭的生产和国内运输问题都解决了，也很难增加煤炭出口。

(4) 建设煤炭出口基地

我国现在出口煤炭主要是河北开滦洗精煤和山西大同高热值原煤。应当不断完善这两个煤矿的生产和运输设施，尽快建成煤炭出口基地。另外，还要在东北和华东等靠近沿海、煤炭资源比较丰富、质量又比较好的地区新建一两个煤炭出口基地，为今后增加煤炭出口奠定可靠基础。

从各方面采取有力措施把煤炭出口的局面打开，我国能源的结构就可以更灵活些，更适应现代化建设的需要。因为大量煤炭出口，可以换回更多外汇，甚至在某种情况下不排除调剂进口一定数量的石油，使我们前些年进口的燃油设备和以石油为原料的化工设备运转起来。这将大大提高全局的经济效果。

5. 能源需求预测

平均人口的能源消费量，是衡量一个国家经济水平高低的一个重要尺度。从几个发达国家的经济发展过程来看，基本实现工业化时，按人口平均能源消费量都超过一吨标准燃料，当国民生产总值达到每人每年 1000 美元时，按人口平均能源消费量一般在 1.6 吨标准煤以上。而且随着经济进一步发展，现代化水平的提高，按人口平均能源消费量也逐渐增加。1977 年，美国平均每人占有 11.6 吨，苏联 5.4 吨，全世界平均为 2 吨（见表 8）。

表 8　　　　发达国家平均人口的能源消费力

国别（地区）	达到工业化时的平均能源消费量		平均 1000 美元时的能耗水平		1977 年能耗水平	
	年份	能源消耗量（吨）/人·年	年份	能耗（吨）/人·年	人均产值（美元）	能耗（吨）/人·年
英国	1860	2.93	1955	4.9	4365	5.1
美国	1900	4.85			8715	11.6
德国	1900	2.65	1957	3.77	8315	5.8
法国	1900	1.37	1953	1.99	7145	4.3
苏联	1932	1.18	1960	2.83	2760	5.4
日本	1942	1 吨左右	1966	1.94	6005	3.8
中国香港					2640	1.6
南斯拉夫					1680	2.0
罗马尼亚					1450	4.1
中国台湾省					1167	2.1
墨西哥					1122	1.3
南朝鲜					944	1.2

我国提出 20 世纪末达到小康社会的目标。那么，实现这一目标，需要多少能源呢？

分析这个问题的方法，应从我国的具体情况出发。但这并不是说世界各国现代化进程中的一般趋势对我们毫无参考价值，而是说一般趋势在一个具体国度里会表现出各种差异。例如，英国的国民生产总值达到每人平均1000美元时，人均能耗高达4.9吨，而日本在达到同一经济水平时，人均能耗却只有1.94吨。当然这不是否定一般趋势，恰恰是丰富了这个一般趋势。当然，特殊国度的具体情况也不会跟一般趋势相差太远。问题在于，各国达到某种经济水平的年代是不一致的，从而科学技术水平也有重大差别，我国在20世纪末所要达到的目标，一些发达国家早在20世纪50年代和60年代就已经实现了。这样我国就有可能利用比一些发达国家当年更高的科学技术来实现经济现代化，从而有利于节约能源。各国人口差别也很大。我国国民生产总值每人每年1000美元时的实际经济水平显然与人口少的小国会有重大差别，所需能源也会有差别。

为什么按人口平均的国民生产总值达到同一水平的大国，在实际经济水平和经济实力方面优于小国呢？第一，大国可以集中相对大量的资金，重点发展和建设某些项目，在局部取得较高水平的成就。第二，大国有更大的经济调剂的余地，可以达到比小国更高的经济生活水平。第三，大国的国防能力和抵御自然灾害能力也较强。第四，大国一般资源条件比较好，自力更生能力较强，从而受外国经济波动的牵制较小。同时也应看到，人口众多的大国达到人均国民生产总值的某种水平要比小国困难得多。

预计1980年我国每人平均国民生产总值为268美元，到20世纪末的人口数字，若按农村独生子女率为50%，城市为70%计算，届时全国人口约为11.55亿。要达到每人1000美元，国民生产总值比1980年须增长3.4倍，平均每年增长速度为7.7%。相应地，今后二十年，我国农业增长速度为4%—5%，非物质生产部门的平均增长率按9%计算，工业总产值年增长率要达到9%—10%。

1952—1978年，平均工业产值每增长1%，能源消费则增长0.89%。1979年全国能源消费总量为5.86亿吨标准煤，平均每元工业产值占有能源 1.29 公斤。估计 1980 年能源消费基本维持在 1979 年的水平。今后随着经济结构的改善和技术水平的不断提高，在节能方面会逐步取得成效，从而使能源弹性系数有所降低。但是由于我国能源结构是以煤为主，而煤炭本身利用率比石油和天然气低 10%—20%，再加上我国现有技术基础比较差，因此我们没有充分把握使我国能源弹性系数低于工业发达的国家。如果我们按 1∶0.6 这个接近发达国家的水平计算，能源增长率则应为 5.4%—6.0%。到 2000 年，每元工业产值占有能源应达到 0.63—0.68 公斤，比 1979 年降低 50% 左右。届时全社会需要能源为 16.9—18.9 亿吨，平均每人占有能源 1.46—1.64 吨。

以上能源需求量是否多了？美国能源部整理分析了世界 84 个发展中国家 1975 年的统计数字后提出，人年平均国民生产总值达到 1000 美元，相对应的人年平均能源消耗量为 1.5—1.6 吨标准煤；若人年平均能耗 1.2—1.4 吨标准煤，相应的人年平均国民生产总值为 800—900 美元，而维持生存的能耗水平为 0.4 吨标准燃料。美国卡洛尔·E. 斯坦哈特著《能源——资源使用及其在人类事务中的作用》一书提出，现代化社会按人口平均最低限度能源消费量为 1.6 吨。这个指标是按最终产品——衣食住行用等方面的消费品计算的。这些资料可资参考。1979 年我国平均每人占有能源只有 0.78 吨（包括薪柴），2000 年达到 1.46—1.64 吨，比现在只增长 1 倍。而按人口平均的国民生产总值将比 1980 年增加 2.7 倍。这无论是参考发展中国家的能源需求量和现代化社会能源需求量，还是从我国平均人口的能源消费和国民生产总值的增长比例看，上面提出的能源需要量都不能说是过多的。尽管有严重的能源浪费，节能潜力很大，如果在节约能源方面没有技术上的突破，今后二十年用能源增长 1 倍来支持国民生产总值增长 2.7 倍，还得画一个问号！节约能源和开发能源并重，近期以节能为主的方针是正确的。当前只能寄希望于节能。

当代的能源危机，笼罩着地球。人们在危机中往往手忙脚乱，把前景看得悲观，这是情理中的事。不过，在各种不同类型的社会制度下，能源危机的影响和意义是有很大差别的。虽然能源短缺给国民经济带来的困难都相似，解决问题的出路也差不多，但生产资料公有制占主导地位的社会主义国家，在调整和变革经济结构使之与能源结构相适应方面，比资本主义国家有很大的优越性。可以通过国家计划指导，上下左右协调动作，在较短的时间内达到预期的目的，并可以避免那种私人资本之间的矛盾所带来的巨大损失。因此，在社会主义国家出现能源紧张时，如果搞得好，发挥公有制经济的优势，其经济损失可以缩减到最小的程度。

能源危机并不是社会主义经济发展的必然伴侣。我们可以一方面通过科学的程序和扎实的工作，开发自己的能源，另一方面使经济发展和经济结构与能源增长相适应，同时大力节约能源。这样，即使在全球性的能源危机袭来的时候，我们也不至遭到像资本主义国家那样的打击。

能源消费结构不同的国家，能源危机的影响和意义也不相同，受能源危机困扰难以自拔、遭其打击最严重的是那种能源依外型或进口型国家。日本已建56万吨的大油轮，作为海上油库。我国的自然型或自给型的能源结构，虽然不能完全摆脱世界能源危机的影响，但同依外型国家是根本不同的，同调剂型国家的差别也是很显著的。

我们认为，人类未来的能源供给是大有希望的。人类既然能够在向自然界索取能源的过程中创造出庞大的生产力，又运用已经获得的生产力（包括科学技术）不断向能源开发的深度和广度进军，那就没有理由说，今后人们反倒不如自己的祖先。近二十年来，核能的开发及其用于经济建设和人民生活的速度，应当说是相当快的，尽管至今它还未成为任何一国的主要能源。我们头顶上高悬的太阳天天在向我们微笑，太阳能的利用也总有一天会达到崭新的境界。我们脚下的地热，又岂能让它长期沉睡在那里。潮汐能、风能等的开发研究不正在进行吗？科学家对节能技术也在努力探索，更不要说未找到的石油了。当然,盲目乐观是要不得的,但如果连信心都没有了,那还怎么奔向美好的未来呢?

摆在我们面前的任务是,对世界和我国能源结构加以科学的分析和预测,制定正确的战略目标和政策,加快能源的发展,推进"四化"的建设。

[原载《中国经济结构问题研究》(上)人民出版社1980年版]

中国经济结构问题研究

一　我国经济结构的现状和存在的主要问题

1. 应该怎样评价我国当前的经济结构？

当前经济结构和中华人民共和国成立前相比，发生了根本性的变化。

旧中国是半封建半殖民地社会，经济结构极不合理，生产力长期停滞。中华人民共和国成立以后，为改造旧中国的经济结构做了大量的工作，取得了巨大的成绩。

第一，建立了独立的比较完整的工业体系和国民经济体系。中华人民共和国成立前，我国农业和手工业占优势，现代化工业比重很小，国民经济依附于帝国主义。中华人民共和国成立后，我国进行了大规模的社会主义工业化建设，从1949年到1978年工业总产值增长38.2倍[①]，其中重工业总产值增长90.6倍；工业总产值占工农业总产值的比重，已由30%提高为72.2%；重工业总产值占工业总产值的比重，已由26.4%提高为57.3%。我国工业的门类逐步齐全，现代化水平不断提高，我国已经由农业国变为农业工业国了。

第二，农业有了较大的发展。农民在土地改革以后，就走上了集体化道路。三十年来我们大规模地进行了农田水利基本建设，农

---

① 本文列举的全国性数字（中华人民共和国成立后），均未包括台湾省。

业生产条件得到显著改善,生产水平有了较大提高。1978年粮食总产量达到6095亿斤,比1949年的2264亿斤增产3831亿斤;按耕地面积计算亩产548斤,比1949年的171斤增产377斤。中华人民共和国成立前我国农业几乎全部是手工劳动,中华人民共和国成立后农业机械化也有了一定的发展。

第三,交通运输业有了很大发展。旧中国遗留下来的线路少、运输能力低、布局不合理的状况有了改善。现在除西藏外,全国各省、市、自治区都通了火车;除西藏的墨脱和四川的德荣两个县外,全国各县都通了汽车。1978年民用航空线国内里程达14.9万公里,国际航线已有12条,同十多个国家通航。我国已建立起一支初具规模的远洋船队,同100多个国家和地区往来。

第四,国内外贸易发展迅速。旧中国广大农村基本上是自给自足的自然经济,现在起了重大变化。在对外贸易方面,1950年进出口总额11.3亿美元,1977年148亿美元,1978年206.4亿美元,1979年292.2亿美元,近两年增加很快,进出口产品的构成也起了变化。通过对外贸易,为现代化建设积累了资金,引进了一批先进的技术设备。

第五,技术结构有了显著改善。我国工业不仅有了大批机械化设备,而且有了一批自动化设备。农业中也采用了一些农业机械和新技术。我国国民经济的技术结构已经由中华人民共和国成立前以手工劳动为主发展为目前自动化、半自动化、机械化、半机械化、手工劳动相结合的多重结构。

此外,人民生活水平比中华人民共和国成立前也有了很大的改善。

我国经济结构发生以上变化的根本原因,在于胜利地进行了新民主主义革命和社会主义革命,建立了社会主义制度,为迅速发展生产,改革经济结构提供了有利条件。从中华人民共和国成立前后经济结构的对比,可以看出,我国当前经济结构存在很多积极因素。由于我国已经建立起独立的比较完整的工业体系和国民经济体系，生产力特别是工业生产力有了较大发展，已为现代化打下了基础，这就可以基本上立足于国内，独立自主地进行建设，就易于适应各种情况，经受风浪的能力较强。

我国农业有巨大潜力。矿产资源和水力资源也较丰富。同时，我国劳动力多，如果善于使用，也可以成为发展生产的有利条件。只要我们充分利用社会主义制度的优越性和以上有利因素，一定能逐步建立起适合我国情况的合理的现代化的经济结构。

但是，当前我国经济结构存在的问题还是相当严重的。由于经济结构不合理，国民经济比例严重失调，导致我国社会再生产不能顺利进行。许多工厂由于缺少原料、动力而开工不足，据估计全国一年缺电四五百亿度，因此而减少的工业产值达750亿元以上；许多基本建设项目被迫下马，不下马的也打消耗战，长期不能建成投产。不少设备的利用率很低，大量待业人员需要就业。经济结构不合理导致经济效果下降。三十年来我国基本建设投资共6000亿元，形成固定资产4000亿元，而实际能发挥作用的只有2500亿元，仅占40%。经济结构不合理，也造成能源消耗的严重浪费，每消耗一吨标准煤所创造的国民收入还不到日本的三分之一。经济结构不合理也阻碍人民生活水平的提高，并妨碍经济管理体制的改革。当前我国经济结构存在的问题严重阻碍着"四化"的实现，我们对此必须有足够的认识。

2. 当前经济结构存在哪些主要问题？

（1）农业严重落后于工业，阻碍国民经济迅速发展。中华人民共和国成立以来，我国农业产值在工农业产值中的比重呈急剧减少的趋势，从1949年的70%下降到1978年的27.8%。我国农业日益落后于工业，工业有离开农业而片面发展的危险。我国农业劳动生产率低，1978年我国农业人口占总人口的84.6%，农业劳动者占工农业劳动者的85.5%，农业比重虽然这样大，农产品仍远不能满足国民经济发展的需要。我国农业结构也很不合理，由于片面实行"以粮为纲"，破坏了森林和草原，不仅不能充分利用自然资源，而且使生态平衡遭到破坏。长期以来我国农业的发展和整个国民经济的发展不相适应，一段时期内粮食的增长速度还低于人口增长速度，"二五"以来，每年都要进口粮食几十亿斤。只要征购偏高或歉收，局部地区就发生饥荒。这种情况同一个农业大国极不相称。

（2）轻工业落后，不能满足城乡人民提高生活水平的要求。我国轻工业一直没有摆在应有的地位，轻工业投资占基本建设投资的比重过低，"一五"时期为 5.9%，以后不仅没有增加，反而还有减少的趋势。我国按人口平均的主要轻工业产品，不仅大大低于世界先进水平，而且有些还不能满足人民生活的起码需要。我国轻工业的生产技术大都相当于国外 20 世纪四五十年代的水平，有的是二三十年代的水平，劳动生产率很低。轻工业内部比例关系也极不协调。轻工业落后导致市场供应紧张，多年来市场商品可供量与购买力的差额一直有几十亿元，近一两年竟达 100 多亿元。

（3）重工业脱离农业和轻工业片面发展，并且内部比例失调。我国重工业也很不发达，还要进一步发展，但从当前整个经济情况看，重工业的规模和速度超过了国民经济可能提供的物力和财力，挤了农业和轻工业，也妨碍自己的发展。重工业部门之间也很不协调：一是燃料动力工业落后。1953 年到 1978 年我国工业总产值每年平均增长 11.2%，而能源生产每年平均只增长 9.6%，加上能源使用中浪费严重，能源问题已成为当前国民经济中的突出问题。二是原材料工业和加工工业不相适应。目前我国机床加工能力大于钢材供应能力 3—4 倍，机床拥有量虽多，但粗加工为主的机床比重大，精加工为主的机床比重小，机床效率也比国外低得多，机械制造工业远远不能适应国民经济技术改造的需要。三是建材工业落后。1953 到 1978 年建材工业平均增长速度为 11.8%，低于重工业 13.6% 的年平均增长速度，除"一五"和"调整时期"外，建材主要产品的增长速度都低于同期工业增长速度。各重工业部门内部也比例失调。这些情况，使得重工业难以充分发挥对农业、轻工业和整个国民经济的主导作用。

（4）交通运输业落后。我国铁路通车里程不到美国的 1/6，不到苏联的 1/2，比印度还少。我国公路、水路运输也不能满足工农业生产发展的要求。沿海港口吞吐能力严重不足，影响对外贸易的发展。我国邮电通讯也是国民经济中的一个薄弱环节。

（5）商业、服务业和国民经济发展不相适应。我国 1978 年比 1957 年人口增长 48%，职工总数增长 2 倍多，社会商品零售总额增长 2 倍多，而商业、饮食业、服务业人员增加很少。同一时期每一人员服务的人口数，零售商业由 114 人增加为 209 人，饮食业由 563 人增加为 984 人，服务业由 1056 人增加为 1882 人。职工每天要花很多时间排队购买消费品，增加了居民生活的不便。

（6）对外贸易和加速现代化的要求不相适应。1978 年世界贸易总额 26212 亿美元，我国仅占 0.8%。我国出口商品（按外贸国内收购的出口商品总值计算）在工农业生产总值中所占的比重也很小，1977 年和 1978 年为 3.9%。由于外贸出口增长慢，限制了进口技术装备的能力，进出口商品的结构也不合理，进口成套设备中缺乏全盘的综合平衡工作。

（7）基本建设规模过大，战线过长。"一五"时期基建支出占财政支出 37%，现在一般认为这个比例比较合适。"二五"时期提高到 46.2%，远远超过了可能，对生产起了消极作用。"四五"时期平均为 40.2%，1978 年为 40.7%。基建规模过大严重影响了投资效果，同时挤了正常生产，挤了人民正常的消费。1979 年整顿基本建设取得了一定成效，但是规模仍是过大，调整的任务还很艰巨。

（8）"骨头"和"肉"的比例关系失调。"一五"时期，全部基本建设投资中生产性投资占 71.7%，非生产性投资占 28.3%，这个比例基本上适应当时国民经济发展的要求，生产建设发展快，人民生活相应地得到改善。"二五"时期生产性投资上升到 86.8%，非生产性投资下降到 13.2%；1967 年至 1976 年间，生产性投资上升到 87.3%，非生产性投资下降到 12.7%，两度出现较长期的"骨头"和"肉"的比例关系严重失调。1977 年全国城市平均每人居住面积只有 3.6 平方米，比 1952 年的 4.5 平方米还少 0.9 平方米。城市缺房户达 626 万户，约占城市总户数的 37%。

以上列举的问题远不全面，其他问题如价格结构不合理，三线建设遗留问题多，国防工业和民用工业脱节，工业污染严重，城镇集体所有制企业发展慢，科学、教育事业和现代化要求很不适应，职工技术水平和管理水平很低，待业人员很多，等等，也都是调整经济结构中应该逐步解决的问题。

在以上这些问题中，最主要的是农轻重比例关系失调。农轻重关系本质上是生产资料和消费资料两大部类的关系。当前我国经济结构的根本问题，就在于生产资料生产和消费资料生产不相适应，特别是消费资料严重落后于生产资料。我们应当把解决两大部类的关系作为解决一系列经济结构问题的出发点。

3. 造成当前经济结构不合理的原因是什么？

原因很多，其中比较重要的有以下几点：

第一，盲目追求高速度，破坏了综合平衡。

综合平衡是计划工作的首要任务。从 1958 年开始，我们不断盲目追求高速度，违背国民经济按比例发展和综合平衡的要求。过去曾流行过一种说法，认为比例应该服从速度，把不切实际的高指标一概称为马列主义，把合乎实际的指标一概斥之为右倾机会主义或修正主义，把综合平衡当成消极平衡批判，把对综合平衡的破坏当成积极平衡来提倡。实践已经充分说明这些观点是完全错误的。

在社会主义建设问题上长期存在一种"速成论"思想，把经济建设看得过于简单容易，急于求成，希望在一个早晨把一切事情都办好。在这种思想指导下，难免从主观愿望出发，提出脱离实际的高指标，盲目追求高速度。不切实际地要求各省搞成工业省，建立独立完整的工业体系，也是这种"速成论"思想的表现。今后我们在经济建设上应该着重反对"速成论"，同时，也要防止和克服失败主义情绪。

第二，片面强调优先发展重工业，忽视了农业和轻工业。

毛泽东同志曾一再指出在社会主义建设中要正确处理重工业、轻工业和农业的关系。然而，在实践中，我们往往忽视农业和轻工业，片面强调优先发展重工业。特别是长期实行"以钢为纲"，在重工业内部也引起了严重的比例失调。过去有一种流行的理论，认为从轻工业开始工业化是资本主义道路，从重工业开始工业化是社会主义道路。这种理论缺乏科学根据。事实上，从农业国向工业国过渡，一般是从轻工业开始工业化的，轻工业和农业发展到一定阶段，才要求优先发展重工业。这可以说是一个规律。我国 1953 年大规模开展社会主义工业化时，由于当时工业中轻工业比重较大，有一定潜力，而重工业却很落后，因而提出优先发展重工业的方针，这在当时是必要的，"一五"时期贯彻这个方针也取得很大成绩。但优先发展重工业不能离开农业和轻工业，重工业的发展速度不是任何时期都要快于轻工业，后来我们离开农业、轻工业的基础片面发展重工业，出了问题。

第三，片面追求高积累。

"一五"时期我国积累率基本上稳定在23%到25%，这是比较适合当时情况的。"二五"以来我国积累率长期偏高，这也是形成经济结构不合理的一个重要原因。过去由于对社会主义生产目的认识上不明确，实际上存在一种积累率愈高愈好的看法，认为积累率越高，国民经济发展越快。实则不然。实践证明，积累率越高总是引起国民经济比例失调，导致投资效果和生产效果的严重下降。如果积累过多，生产性积累比重过大，不仅与生产资料的增长不相适应，而且必然造成消费水平过低，挫伤劳动者的积极性，给生产建设带来消极影响。

第四，公社化过程中某些过激的做法挫伤了农民的积极性。

我国经济结构的问题，从根本上说是农业过分落后。农业落后，轻工业上不去，重工业难以迅速发展。造成农业过分落后的原因很多，其中重要一条是公社化和以后长期执行的"左"的政策，挫伤了农民的积极性。我国农业合作化取得了伟大成绩，但在合作化时期，有些地方就有对合作化速度要求过快、对社会化程度要求过高的缺点。特别在公社化过程中，由于"共产风"、高征购、瞎指挥，伤了元气，后来林彪、"四人帮"又长期不断地搞所谓"割私有制尾巴"，取消自留地和集市贸易，还搞什么"穷过渡"，有些党和国家制订的正确政策不能始终如一地贯彻执行。

第五，全民所有制经济管理体制有严重的缺陷。

在我国现行经济管理体制下，企业缺少应有的自主权，不能正确发挥市场调节的作用。在工业、交通运输业和商业中，也没有重视和充分发挥城镇集体所有制经济的作用，一概排斥个体经济。在现行的过分集中，偏重行政办法的经济体制下，社会生产缺少一种自动调节的机制，不能及时发现和解决国民经济中出现的问题。

4. 我国当前的经济结构属于什么类型？

关于我国经济结构的类型问题，国内有多种说法，很难一下概括得很准确。许多同志认为，我国当前是一种畸形经济结构，工业片面抓钢，农业片面抓粮。这种意见是有道理的。我们觉得，我国当前经济结构是某些重工业部门过分突出，农业、轻工业、能源工业、交通运输业、商业服务业相对落后，地区搞自给自足的经济体系，部门、企业又搞大而全、小而全的生产系统，这种经济结构，具有比例失调、构造松散、机制失灵、效率低下、浪费严重等缺陷。

这种类型的经济构造，国民经济各部门的比例关系是不会协调的。国民经济各个部门、各种成分、各个组织、各个地区以及社会再生产各个方面的构造是必然松散的。它们之间缺乏内在的紧密联系，专业化和分工协作受到阻碍，商品流通不能顺利进行。计划机制和市场机制都是失灵的，供产销各环节之间、生产和流通之间的矛盾得不到及时解决、市场对计划的反馈不能灵敏地实现。由于以上情况，必然导致效率低下。

综上所述，我们既要看到当前经济结构存在积极因素，也要看到问题的严重性，这样才能有全面的认识。对存在的问题有正确的估计，以便找出解决这些问题的正确方法和途径。

二 改善我国经济结构的建设

合理的经济结构是相对于一定的时间、地点、条件而言的。对我国来说，要建立的经济结构应当是一个能够比较充分和比较有效地利用我国人力、物力、自然资源，使再生产的各个环节、国民经济各个部门特别是农轻重能够协调发展。实现经济活动良性循环的经济结构，所谓实现经济活动的良性循环，就是说在国民经济发展中，要做到持续稳定增长，经济效果好、人民生活不断改善，这就要求在今后 10 年内，总可能加快农业、轻工业、能源、建筑、交通运输和邮电通信事业的发展，重工业的发展不可能也不应当太快，切实保证我国经济比例关系协调，力争国民收入的增长速度高于总产值的增长速度。

调整我国现存的经济结构必须把握住我国经济的基本特点。从实际出发，扬长避短。我国经济的基本特点主要是：①人口多（十亿人口中八亿是农民），劳动力多，资源比较丰富，但资金不足；②社会主义建设虽然取得了重大成就，但底子还很薄，技术、管理水平还很低；③社会主义经济制度已经确立。但管理体制和经济结构还很不完善，适应我国生产力状况和"四化"建设的需要，全民所有制经济和集体所有制经济将长期并存，在社会主义经济占绝对优势的情况下，多种经济成分和多种经营方式也将长期并存。

从我国经济的基本特点和当前国民经济结构存在的问题出发，今后调整我国经济结构，应把握住以下几个基本点：第一，我国的社会主义制度要求我们的经济结构应当以满足人民的吃穿用住行的需要为中心；第二，要加快农业发展，大力发展消费品生产，解决好能源问题，真正使交通运输成为先行，今后十年内应当多发展劳动密集型的、节约能源的产业,以利于就业问题和能源问题的解决;第三,坚持自力更生方针,充分利用现有基础,在老企业的挖潜、革新、改造上下功夫;第四,扩大出口,适当引进技术和利用外资,加强我国若干薄弱环节建设;第五,军事工业和民用工业要真正结合起来,寓军于风;第六,把发展科学教育放在重要地位,努力搞好人口规划、环境保护、劳动条件、卫生保健等方面工作。总之,要把社会生产适应消费需要作为改善我国经济结构的出发点和总目标。

1. 全面发展农业,为国民经济发展打下坚实的基础

当前我国农、林、牧、副、渔各业全面发展的一个主要困难是粮食问题没有解决。但是,中外历史的经验表明,粮食问题,只能在农、林、牧、副、渔各业和经济作物的全面发展中去解决的,而不能单打一,一律"以粮为纲",更不毁林、毁草原、毁经济作物去发展粮食。否则,不但解决不了粮食问题,反而会破坏农村经济,破坏生态平衡,带来严重的恶果。

为了全面发展农业,建议注意下列各点:

(1) 维护生产队为基础的集体所有制,尊重生产队的自主权实行各种符合生产力发展水平行之有效的联系产量的责任制度和其他经营管理制度。对社员自留地和家庭副业,要有长期稳定的政策。

(2) 科学地制订农业区域规划。应因地制宜,发展粮食生产和各种经济作物的生产,允许各个地区之间加强协作,互通有无,以充分发挥各个地区的自然优势和经济优势,争取短期内使林、牧、渔业和各种经济作物有比较大的发展。

(3) 制定适合我国特点的农业机械化政策。不要照搬全盘机械化。应充分利用农业劳动力多这个条件,实行科学种田,努力提高单位面积产量。除东北、西北等地广人稀的地区以外,其他地区首先解决农业运输、仓储以及抢季节等方面的农业机械。今后一段时间内,还应采取措施适当扶持役畜的使用和发展。目前,我国化

肥施肥水平低，尤其氮、磷、钾不成比例。今后化肥生产应填平补齐，均衡发展。同时应增加有机肥，发达资本主义国家已普遍出现农业在有机构成方面大大高于工业的情况。单位农产品占用固定资产和流动资金很多，消耗的能源过高。这种情况很值得我们注意。

（4）讲究农业建设工程的实效。历年来通过国家投资和生产队出工兴建的农田基本建设规模相当大，对农业生产起了重要作用。但相当一部分工程实效很差，有的甚至还破坏了环境和生态平衡。今后，兴修水利应改变过去那种重形式轻效益的做法。要把治山治水和植树种草结合起来，使水源有个根本保证。应当反对形式主义，讲求实效，杜绝无效劳动，重视已建工程的配套，充分发挥投资效果。

（5）要有计划、有步骤地调整工农产品的比价，缩小工农产品价格的剪刀差。

2. 加快轻工业发展，增加积累，改善人民生活

近期要使轻工业的增长速度快于重工业的增长速度，争取在几年内使轻工业在工业总产值中的比重由现在的40%多一点上升到50%左右。按照社会生产两大部类相互适应的客观要求，安排好轻重工业的发展关系。

为了加快轻工业的发展，建议：

（1）逐步改变轻工业的原料结构。鉴于现代工业的发展趋势以及我国重工业（特别是石油化工和煤炭化工）的发展和市场的需要情况，设想先争取1985年（或者再多一点时间）轻工业产品的工业原料和农业原料的构成由现在的三七开，上升到对半开，然后再争取1990年（或者再多一点时间）实现七三开。

（2）逐步改变轻工业的产品结构。随着人民生活水平的提高，在吃、穿、用三项消费品中，穿的特别是用的比重会上升，耐用消费品和中、高档消费品的比重也会上升。轻工业产品的结构需要依据上述情况作相应的改变。要依靠中心城市，加强联合，大力发展名牌产品。保持和发展传统手工艺品，换取更多的外汇。

（3）调整轻工业所有制结构。在一个长时间内，手工业生产还是不可忽视的，集体所有制工业也要进一步发展。可以允许集体所有制工业的产值在轻工业产值中的比重超过全民所有制工业。此外，还要适当恢复和发展个体手工业。

（4）要坚决贯彻业已确定的发展轻工业的"六个优先"的原则，提高轻工业职工中科技人员的比重，调整轻工业内部的不合理结构，尽快补上欠账，克服轻工业内部比例失调。

（5）重工业部门应当努力生产一些适合人民需要的消费品特别是耐用消费品

3. 调整重工业结构，充分发挥机械工业在技术改造中的作用

重工业在国民经济中具有主导作用。它要为国民经济各部门提供能源，提供原料，材料和设备，同时也要为人民提供耐用消费品和出口产品。要使重工业能够有效地促进国民经济迅速发展，就必须紧紧围绕上述几个方面的需要来安排重工业的生产和建设，增加为农业和为轻工业服务的比重。为了改善国民经济结构，需要适当调整重工业的发展速度和它在工业总产值中的比重。在调整重工业的比重时，应注意重工业内部的产品结构，以保证和支持农业、轻工业的迅速发展。

实现"四化"，必须对我国国民经济各部门进行技术改造。机械工业要很好地承担起这个任务，切实调整服务方向。要更多地为农业、轻工业服务，更多地为城市建设特别是住宅建设服务，更多地为人民生活特别是为生产耐用消费品服务；从主要为新厂基本建设服务转向主要为老厂挖潜、革新、改造服务；从只着眼于国内市场，逐步转向更多地为出口服务。

为此建议：

（1）有计划地加速设备更新。我国现有的多数企业。设备陈旧，争取在十年到十五年内把过于陈旧的设备更新一遍，这样做可以增加废钢来源，促进钢铁工业发展。可以提高机械工业企业设备利用率，缓和机械工业吃不饱的矛盾；有利于改善企业的技术状

况，促进劳动生产率提高；也可以减少能源消耗和原材料浪费。这个可作为十年规划的一项战略任务提出来。在设备更新的过程中。要考虑到我国劳动力还有富余，不能一律强调自动化，而应该以提高质量，降低消耗，增加品种，节约能源，防治环境污染，提高产品的技术经济指标和扩大生产能力为目的，使生产出来的产品具有先进水平和国际竞争能力，自动化水平的提高必须根据生产的条件和需要。现有设备的大修理费用高于新购设备费用，或多消耗能源的价值高于新购设备价值时，要坚决进行更新。适当提高折旧率，使技术改造有稳定的资金来源。

（2）充分利用军工企业生产能力，按产品制造工艺的类型和特点统一组织军工和民用机械工业的专业化生产。全国的机床有1/10在军工企业，而且其中大部分是大型机床、高精度机床和数控机床，但现在利用很不充分。因此在机械工业的生产组织上，必须打破国防工业和民用工业、各部所属工业和一机部所属工业之间的界线。按工艺性质相近的产品组织专业公司，统一组织同类产品的生产。军工企业生产民品有时需要增加某些设备，但不要盲目扩大基本建设，更不要新增生产线，要在一条生产线上，既能生产军用产品，也能生产民用产品。

（3）提高质量，降低成本，增强在国际市场上的竞争能力。我国机床拥有量在世界居于前列，但我们的机床技术性能差、质量低、寿命短、可靠性差、产品成本高。只有质量提高了，成本降低了，才能更好地装备国民经济各部门和进入国际市场。我国出口产品应逐步转为以机械工业产品为主，增加成套设备出口，这可作为机械工业发展的战略思想。

钢铁工业是重工业的一个重要部门，它的发展应当充分考虑国民经济各部门特别是机械工业对钢材质量、品种、数量、规格的要求，为了改变钢铁工业过分突出的情况，在一个时期内，冶金部门可把钢铁生产的重点放在发展品种规格、提高质量上。发展钢铁生产需要大量的投资和能源，在我国"四化"建设的进程中，不同阶段到底需要多少钢铁,是需要认真研究的问题。现在日本年产 1 亿吨钢,其中出口用去了 3000 万吨,在国内消费的部分当中,用钢量最大的造船业和汽车制造业的产品又主要用于出口,其他机械制造业出口量也很大。西德年产 5000 万吨钢,英国还不到 3000 万吨钢,但都能满足国内制造业的需要。我们到底需要多少钢,应当有个切合实际的测算。

我国石油化工和煤炭化工还很落后,今后十年在原料、资金可能的条件下,应争取有较快的发展,使之能够为轻工业提供更多的原料,并为农业现代化作出更大的贡献。

4. 大力发展能源工业,确定长期稳定的能源政策

能源是工业发展的规模和速度的个决定性条件。按人口平均能源消费量是社会生产和生活水准的一个综合尺度。现在我国能源严重不足。不解决能源问题,要使国民经济协调发展、人民生活不断改善,是根本不可能的。

我国能源资源按实现"四化"的要求来说,并不丰富,能源的前景还不明朗。目前石油探明储量特别是可采储量并不很多;煤炭资源比较丰富,探明储量 6000 亿吨,精查储量 1600 亿吨;水能资源虽然丰富,但 70% 分布在西南边远地区。以现在掌握的可采储量计算,我国按人口平均能源资源量只相当于世界平均数的 1/2,相当于美国的 1/10,苏联的 1/7。因此,我们需要制定有远见的科学的能源政策。

(1) 根据我国能源资源情况,在今后相当长的时间内应以煤炭作为主要能源。因此今后十年的能源消费构成,仍需保持目前煤炭约占 70% 以上的比重。大力开发煤炭资源,特别要大力综合开发山西、贵州、两淮等地的煤炭,有计划地建设几个大的煤炭基地。要合理开采,改善劳动条件,实现安全生产。今后十年煤的气化、液化问题不可能普及化,主要还是直接燃烧,因此要相应改进燃烧技术,提高热效率,并采取保护环境措施。

(2) 石油要加强地质勘探,合理开发,合理使用。今后石油

主要应当用作化工原料,要大幅度减少直接烧掉的部分。要研究怎样保护我国有限的石油资源。同时应考虑加强洗煤工作,逐步增加煤炭出口。

(3)水电是一种廉价清洁的可再生性能源,我国水能资源比较丰富,如将经济合理的部分开发起来,一年就可以发电一万亿度以上,相当于六七亿吨煤,但现在开发的还不到理论资源量的3%。就投资和建设周期来说,如果考虑到火电、煤矿和运输的配套,水电并不比火电逊色。因此,今后应当抓紧水能资源的开发和建设。

(4)要重视解决农村能源问题。认真发展水电、沼气、薪炭林,解决农村和山区能源问题。今后在投资和材料分配方面,要为农村多种形式能源的发展创造条件。

(5)要大力节约能源。我国节约能源的潜力很大,过去能源消耗系数大约为1(即产值增长1%,能源的消费量增加1%),1979年抓了一下,消耗系数下降到0.33,这样猛降虽然有些特殊条件,但足见能源节约是大有可为的。节约能源的主要措施,应是坚决压缩那些能源耗用量大而产品又不是社会特别需要的生产,发展节能工业,同时在技术改造中要采取必要措施节约能源。某些长期耗能特别高的五小工业,要下决心停办。

5. 逐步实行建筑单位企业化和建筑物商品化

当前我国城镇居民最突出的生活问题是缺少住宅,农村缺房现象也很严重。因此,今后应当有计划地大量发展民用建筑业。建筑业是国民经济的一个重要物质生产部门,我们应当重视建筑业的作用。当前尤其要重视民用建筑业,采取必要措施,促进建筑业的发展。

(1)加强建筑业与国民经济有关部门的平衡和协调。

(2)逐步实行建筑产品商品化。

(3)实行住房基金储蓄和实行分期付款,鼓励个人购买和修建房屋。为此,住宅的分配、使用和收取租金的办法也要作相应的改进。

（4）大力发展建材工业。加快发展水泥、玻璃、砖瓦等建筑材料。注意发展地方集体所有制的建材工业，保证民用建筑业所需要的建筑材料的供应。发展新型建材。择优建设非金属矿基地，为国民经济和国防建设提供非金属材料。

6. 适当降低积累率，合理调整投资结构

（1）长期以来我国积累率过高，出现了很多问题。根据国内外的历史经验和我国当前国民经济水平，积累率逐步降到25%左右为宜。

（2）基本建设的规模要适当。基本建设规模应当适应我国的国情国力，必须有以下界限。一不能降低人民生活水平，二不能出现赤字，三不能留物资缺口。要有效地缩小基本建设规模，必须下决心停缓建几个重工业大项目。根据我国情况，今后一二十年内，每五年只能搞一两个重工业大项目。

（3）遵循先生产、后基建的原则，在基本建设投资的使用上必须首先保证现有设备技术改造的需要。加快现有企业的技术改造，是实现四个现代化的主要方式和根本途径。从新建为主改变为革新改造为主，是分配投资的一条重要原则。今后用于现有企业的技术改造资金在中央和地方基本建设投资总额中的比重应由1978年的30%逐步提高到70%。引进外国的技术设备，首先是用于老企业的技术改造，不能一讲引进，就安排新的建设项目。

（4）按照合理调整农轻重结构的需要，合理确定投资方向。首先保证轻工业的必要投资，这既能缓和市场供应紧张情况，又能迅速形成新的积累。同时在具备条件时应适当增加农业投资。改变挖农业补工业，挤轻工保重工的投资分配办法。重工业的投资也要适当安排，首先是保证能源工业发展的需要，冶金工业投资主要用于填平补齐，增加适合需要的产品品种，提高质量。

（5）适当地增加基础结构建设的投资，是建立合理的经济结构的一个重要方面。

（6）增加教育和科学投资，加快科学教育事业的发展。科学和教育事业落后已成为我国现代化建设的重大障碍。尽可能多和尽可能快地增加科研和教育投资，是分配投资必须考虑的一个极其重要的问题。

（7）应当把讲求投资经济效果提到首位。各部门都应确定合理的投资回收期限和合理投资的最低标准，不符合标准的，不许建设。今后再不能允许经营性亏损企业存在。对政策性亏损，要尽可能缩小补贴范围和补贴金额。

7. 调整进出口商品结构

目前我国进出口商品结构必须进行调整，以适应经济结合理化的要求，促进农轻重的协调发展，加速社会主义现代化建设。

（1）在进口方面，应以引进关键技术和关键设备以及我国资源不足或从经济效益上自己生产不利的物资为主，以利我国各行业的现代化。大的成套设备的引进必须从严掌握，慎之又慎。要加强仿制、翻版和创新的能力，防止重复引进。应制订适合我国情况的保护政策，凡是国内能够制造或在进口一些技术以后就能制造的设备，一律不要引进。

（2）出口方面，要充分估计国内资源的可能，统筹兼顾。安排好出口和国内市场的需要。根据国内生产的可能和国际市场的需要，应由以出口农产品和初级产品为主逐步过渡到以重工业和轻工业产品为主的结构，特别是采取有力措施，积极地扩大机械工业产品和高级加工产品的出口。机械工业产品要在增加单机出口的同时努力发展成套设备出口。要大力发展劳动密集型产品的生产，特别是我国擅长的各种手工业品和工艺品的出口。应尽快制定保护国内资源的政策。对那些"高汇商品"（一元人民币以下，换一元美金），要大力组织出口。那些出口商品亏损率在70%以上的"高亏商品"，有步骤地提高产品质量，降低收购价格继续出口，不断降低亏损率，或减少出口，直至停止出口。

（3）调整进出口商品结构，要特别重视运用经济手段，制订各种限制进口、鼓励出口的政策和措施，例如确定合理的外汇结算制和税收、价格政策等。

8. 做好经济区划，建立合理的地区经济结构，发展各地经济优势

合理的经济结构要求有合理的经济区划，建立合理化地区经济结构，充分发挥各地的自然优势和经济优势。大力发展商品经济。

（1）根据自然资源的分布情况，原有工农业生产的基础。交通运输条件，以及历史上形成的经济联系，在全国划分若干经济区。把经济区划和行政区划严格区别开来。将来行政区划也应按经济区划作适当调整。

（2）各地应从发展国民经济需要和本地实际出发，建立能够发挥各自优势，包括自然优势（气候、土壤、资源等）和经济优势（技术力量，管理经验等）的经济结构。各地经济结构不应千篇一律。而应各有重点，各具特色。各地把人力、物力、财力主要投放到经济效果比较高的部门，主要生产成本生较低的产品。但是，地区经济结构的合理化要以全国经济效果的不断提高为前提，离开全国的经济效果，片面地发挥地区"优势"，是对全国经济结构合理化不利的。

（3）建立能够发挥优势的地区经济结构。需要相应地创造一些条件。譬如，在交通运输条件上要保证有关物资的调出、调入畅通无阻；区际交流物资的价格规定要做到互利。要使调出商品的地区能够按时、按质、按量得到自己需要的商品；等等。更重要的是兼顾原料产区、加工区等各方面的利益。

（4）必须克服各地都要建立门类尽可能齐全的经济结构的思想。一般说来，由于各地自然条件的差异和历史上各地经济发展的不平衡，要求各地一律全面发展，是不现实的。即使在那些有条件全面发展农轻重部门的地区，也应注意适当集中力量发展更有利的产业部门。只有这样，才能取得全社会较高的经济效果。

9. 运输先行，是经济结构合理化的重要条件

随着生产社会化的发展，国民经济各部门之间的联系，产供销之间的联系，生产和消费之间的联系，以及各地区之间的联系越来越密切，对交通运输、邮电通信提出了更高的要求。我国经济的发展和经济结构的调整，要求交通运输、邮电通信都有一个较大的发展。

（1）对各种运输方式要按照其不同特点，统筹安排，合理分工，合理利用，尽可能改变铁路承担运输任务过重的局面。铁路主要应在长距离的、大宗的物资运输中发挥作用。要充分利用水运，凡是有条件水运的，要尽量安排水运；积极开辟华南地区同华东、华北地区间的沿海直达航线。短途运输应根据经济合理的原则，尽可能由公路承担。要提高民用航空在长途旅客运输和货运中的作用。组织好各种运输方式间的衔接转运工作，逐步推广铁路、水运、公路联运和沿海、长江、内河联运。

（2）对邮电通信要统筹安排、合理布局。除军事部门和铁道部门外，各部门的通信系统，应该统一规划、统一建设、统一管理。各大中城市的电话建设和邮电营业网点建设，要纳入城市建设规划，提高通讯能力和服务质量。

（3）各产业部门要合理安排生产力布局，按照合理流向分配调拨产品，以减少对流、过远等不合理运输。增加煤矿、磷矿等矿山的洗选能力，消灭运输大量无用的石头、灰分等不合理现象。

10. 改革经济管理体制，促进经济结构的合理化

当前，国民经济比例严重失调是我国经济发展的重大障碍，不首先解决这个问题，经济体制改革就不能全面展开。但是，归根到底，没有经济体制的彻底改革，建立农轻重协调发展的合理经济结构是不可能的。

长期实行的行政办法为主的经济管理体制，重工业大部分由中央各部管，农业和大部分轻工业由地方管，不利于综合平衡，妨碍农轻重协调发展；军工的独立体制，在和平时期势必造成军工生产

能力大量闲置，不能发挥应有作用；条条管生产，块块管生活，容易造成生产和生活脱节，发生生产挤生活的情况；单纯用行政命令、行政层次、行政区划的办法来管理经济，是阻碍商品经济发展、建立万事不求人的、门类尽可能齐全的经济结构的重要原因之一。

只有在经济管理体制的改革中，真正按照客观经济规律办事，扩大企业的自主权，实行计划调节和市场调节的有机结合，才能在国家统一计划的指导下，正确发挥经济杠杆的作用，促进经济结构的合理化。

（原载《经济科学》1980 年第 3 期）

企业体制改革探讨

当前，我国经济工作的中心任务，是调整国民经济的比例关系。在比例关系不协调的情况下，经济形势难以稳定，经济体制改革也难以大步进行。因此，改革必须服从调整，有利于调整。调整是改革的必要前提。在调整过程中，为了把企业搞活，把经济搞活，使调整取得更大的效果，在加强集中统一管理的同时，不仅有可能而且有必要进行一些适当的改革试点，采取一些适当的改革措施。但在调整时期，改革试点的范围应加控制，改革的步子应视调整的过程和需要稳妥进行，不宜进行广泛的较大的改革。然而，对一年多来改革试点经验的深入研究和改革模式的进一步探讨，仍应继续，以便从理论上为将来的重大的全面的改革作必要的准备。

实践的检验

经济体制改革，既包括宏观经济体制改革，也包括微观经济体制改革。微观经济领域各种体制的改革，并不总是宏观经济体制改革的结果，在一定条件下，微观经济体制改革对宏观经济体制改革还起积极的推动作用。二者是相互制约、相互促进的。

企业领导体制，是微观经济体制的核心。我们现行的工、交、商、财企业的领导体制，是党委领导下的厂长（经理）负责制。这种体制早在1955年就提出来了，1956年党的八大以后迅速普及，1960年又成了"鞍钢宪法"的一项基本原则，迄今已二十余年。

从历史的观点看，党委领导下的厂长负责制对我国经济的发展确实起了一定的积极作用。但二十多年的实践表明，党委领导下的厂长负责制，作为一种企业领导体制，存在着一些在这种体制范围内很难克服的缺陷。

第一，党委领导下的厂长负责制这种表述，在逻辑上就有毛病，把领导和负责割裂了。任何一种管理体制，领导和负责都是统一的，不能分割的。领导有层次之分，企业的高中低层领导和负责都必须是一致的。不能设想企业党委领导而不负责，厂长或经理负责却不领导。当然，这只是文字表述问题，并不重要，重要的问题是在这种体制下，企业党委是企业的最高领导者，厂长或经理要在党委领导下工作，虽然他们中许多人也参加党委，但他们以厂长或经理身份出现时，只能算作第二层的领导者，而在实践中却又划不清这两个层次的领导者在领导和负责方面的范围和界限，从而很容易造成厂长和党委的关系"说不清，处不好"的状况，企业领导人在处理和协调领导层次关系上势必左顾右盼，消耗很多精力，贻误时机，难以提高领导效率，无法干净利落地领导企业的各项活动。

第二，在这种体制下，党委实际上既起决策作用，又起组织指挥作用，还起监督保证作用。这就不能建立企业的独立的有权威的灵活的生产经营管理的指挥系统。尽管中央曾一再强调企业必须有这种指挥系统，实践中也难以真正建立起来。马克思曾形象地把企业管理比喻为如同乐队的指挥一样，需要统一的指挥。列宁曾根据企业管理上统一指挥的客观必要性，提出实行一长制。这些都是正确的。现代企业的规模和生产经营管理技术都要比马克思在 19 世纪中叶和列宁在 20 世纪初看到的更大、更复杂。现代企业不只是个小乐队，简直像一个大型交响乐团，统一的指挥更是绝对必要的。只有这样，才能使企业的产供销活动快速而协调地运转。党委领导下的厂长负责制，却要么把决策和指挥混在一起，既削弱决策也削弱指挥；要么就形成多头（书记和厂长）领导，多头指挥。

这就违背了现代企业管理的规律性。

第三，在党委领导下的厂长负责制的条件下，党委是企业决策机构，但要求党委发挥此种作用在实际上是很困难的。我国的具体历史特点决定了企业党委基本上是由长期做党务工作或思想政治工作的同志组成，这些同志一般都热心于党的事业，有搞好社会主义建设的愿望和积极性，但他们中的大多数对经济工作、生产技术和经营管理是不熟悉的。据沈阳市143个县级企业领导班子的调查，大专文化程度的只占6.1%，中专、高中程度的占21.1%，初中程度的占61.8%，高小以下程度的占11%。显然，这种状况与做好企业领导工作的要求是很不适应的。再加上长期左倾路线的影响，"外行领导内行是普遍规律"的错误口号的流行，使20世纪50年代一度兴起的干部向科学进军的热潮消失了，耽误了干部学习科学技术和管理的时间，而许多有知识、有技术、有经营管理能力的同志又被排斥于党外或党委之外，党委也不习惯于征询他们的意见，因此，很多企业党委就难以作出符合经济规律的、有科学预见性的正确决策。这样，党委领导下的厂长负责制在许多企业中实际上成为外行领导内行的体制。

第四，党委作为企业的领导，也难以对它的活动实行有效的监督。党委既然是领导，又起监督保证作用，那只能是党委自己监督自己了。而自己监督自己就是靠自觉，等于没有有效的监督。有效的监督必须是来自客观的某种有独立性的组织。我们党是执政党，在长期的革命斗争中，取得了人民群众的信赖，享有崇高的威望。企业党委被认为是领导一切的，工会是党领导下的工人阶级的群众组织，多年以来一直强调党对工会的领导，但不太强调工会要维护工人群众的利益，为他们讲话。职工代表大会或职工代表会议也都在党委领导和指挥下进行活动，工青妇组织和广大职工也不便于对"党委决定"提出不同意见。在这种情况下，要对企业党委领导施以有效的监督，那是不可能的。

最后，实行党委领导下的厂长负责制，相当彻底地反掉了厂长的一长制，但由于这种企业领导体制未能正确解决和处理企业决策、指挥、监督等各种职能的相互关系问题，就必然代之以党委书记一长制。这也反映出现代企业活动指挥上的一长制是客观的必然性，想取消是不可能的。党委书记一长制与厂长一长制并没有本质上的差别，只不过是前者具有党委领导的名义而已。二者比较起来，从许多企业的实际情况看，书记一长制还不如厂长一长制对工作有利，因书记多为外行，在"党的一元化领导"的口号下，什么事情都要书记点头才能办。企业的生产经营管理，党政工青，职工的衣食住行和生老病死，都找书记解决，使许多企业的党委书记应接不暇。有个顺口溜说"办公室里找，路上拦，回家坐着一炕沿，吃饭休息难上难"，他们劳苦不堪，无法考虑重大问题，工作上的失误也必然增加。同时，如前所述，对书记的监督比对厂长的监督更加困难，因而多年来独断专行、家长式的领导作风和官僚主义不是少了而是多了，特别是在十年动乱中，由于林彪、"四人帮"的破坏，更有了恶性的发展。

从上述可见，党委领导下的厂长负责制本身存在着不适应现代企业活动要求的一些重大缺陷。目前，随着打破地区、所有制和行政隶属关系界限的企业联合化的发展，随着中外合资经营的发展，这种企业领导体制就更加不能适应了。因此，原有企业领导体制的改革势在必行，我们应为此逐步创设各种条件。

企业体制模式的几个基本问题

随着经济体制的改革，企业将逐步由各级行政机构的附属物变成相对独立的经济组织，实行独立核算，自负盈亏。它不仅有对生产资料相对独立的占有权和使用权，而且要有独立地从信贷机构取得基本建设贷款和流动资金贷款的权力，形成自己独立的资金循环和周转，在产供销、人财物各方面都有相对的独立性。

所谓相对独立，主要是指在公有制条件下企业的经营活动并不是像私有企业那样完全独立的，因为生产资料所有权在法律上是属于国家的，而不是企业所有制。企业要自觉地受社会主义国家宏观经济计划的控制，在国家限定的大框框里，在遵守国家政策法令的条件下，充分施展自己的经营技巧和本领，这与资本主义企业的独立性是不同的。资本主义国家的政府，为维护资产阶级的统治，避免社会经济大动荡，也搞"社会经济计划"，这种计划对私人企业的活动也有一定影响，但他们的计划具有外在性，即与以私有制为基础的资本主义经济规律相违背，因而很难达到预期的效果。

我们的社会经济计划是公有制经济发展的内在要求，它反映社会主义经济运动的必然性。虽然我们的宏观经济计划也应考虑市场因素，并运用各种价值杠杆，但这会有利于对微观经济活动更有效地控制。这种控制力量是资本主义国家经济计划所不能比拟的。

在社会主义商品经济条件下，企业作为相对独立的经济组织，它的体制模式也是由社会化大生产的特点决定的。现代企业体制包括：决策体系、指挥体系、监督体系和营运体系。由于生产关系性质不同，这四个体系活动的具体原则和它们的相互关系也有其特殊性。

企业的决策体系，是企业的神经中枢，它包括企业内各级决策机构和决策者，视企业规模和生产经营上的特点，大的联合企业一般应有二至三级，小企业一级就可以了。决策体系的层次应与核算的层次相一致。

各级决策者都应是一个集体，即一个委员会。因为任何高明的个人都不可能洞察和妥善处理现代企业与国家、与国内外市场、与用户、与原材料提供者和其他协作单位、与银行信贷机构、与企业内部各种组织和职工、与企业所在地政府和周围居民等多方面的复杂关系，也不可能正确地制订企业的各种计划。企业的最高决策层，应制订企业经营管理和技术发展的重大方针政策和计划，控制预算和决算，决定企业经理或厂长的人选。为使这些关系企业命运的决策具有科学性,一方面要民主决策,另一方面要严格遵守国家的法令。企业的最高决策层的成员,应由企业全体职工民主选举产生,委员会主席应由全体委员民主选举产生。这个委员会可以叫管理委员会,也可以叫别的名称,这无关紧要,重要的是,它的成员必须是经营管理或经济或技术或法律方面的专家,而且在政治上还必须有全局观念和全心全意为企业职工服务的品质。参加这个委员会各种人员的比例,应有法律规定,以保证其成员构成适应企业决策的客观需要。如果最高决策层只考虑各方面各单位的代表,只有各方面利益的代表,而缺乏必要的知识和能力,那就不能保证决策的正确性和预见性。错误的决策必定给企业带来灾难。正因为如此,我觉得把职工代表大会或职工代表会议作为企业决策机构,是值得进一步研究的。

大企业的中下层决策,是最高决策在各级各方面得到正确而全面贯彻的保证。中下层决策要以上级决策为指导,从自己负责范围的实际情况出发,通过自己的决策,把上级决策具体化,并创造性地加以实现。因此,就要允许中下层决策可以根据具体情况对上级决策加以适当的变通。至于那些最高决策不作具体规定的某些内容,更应由中下层决策自行解决。

企业的指挥体系,是企业活动的指令中心。它的主要任务,应是把决策机构的决定,在企业的生产、销售、采购、质量、采用新技术和研制新产品等各部门各环节中加以协调地贯彻,为此必须制定科学的周密的执行计划。执行计划经决策机构批准后由指挥体系独立地实施。为完成它的任务,指挥体系必须是高度集中的,同时在大企业中也必然是多层的。指令要富有权威性,做到令行禁止。因此,指挥体系必须有一个首脑,即企业的经理或厂长。他应独立地对聘任他的管理委员会负责。他的副手应由他推荐,经管理委员会批准任命,在他的领导下工作。副手要对首脑负责,以保证指挥体系本身的统一性。现代化企业既不能搞多头指挥,也不能对指挥体系横加干涉,致使指令迟迟发不出去,影响各个环节及时的衔接和应有的效率。经理或厂长是保证企业像一架精密机器那样准确运行的总控制。

指挥体系的任务要求指挥首脑必须熟悉经济、经营、技术，还要懂得法律，有高度政治觉悟和责任心，力图进取，忠于职守的人。

应当指出，指挥体系的一长制，不能理解为企业领导体制的一长制，把这二者混淆，正是我们20世纪50年代所犯的一个错误。无论从马克思和列宁的论述看，还是从现代企业活动的客观规律看，都不可以把指挥体系的一长制扩大为整个企业领导体制的一长制。否则，势必重复发生以往实行一长制时所出现过的那些弊病。

企业监督体系的任务，是对决策是否正确，指挥是否得当，企业一切活动是否协调有效，企业运行轨道是否偏离社会主义方向，各项经营管理是否合法，企业是否对社会和职工尽到了应尽的责任等问题实施监督。为了完成这样的任务，监督机构及其成员必须坚持调查研究、实事求是的原则，要有公正的立场，无私的精神，联系群众的作风。看来，企业中的党委最适宜于承担企业最高监督机构的任务。因为党委有较高的威望，直接联系工人中的优秀分子——党员，而他们分布在企业的各个部门各个岗位上，党委又历来领导着企业中的工、青、妇等群众团体，有最广泛的群众基础。企业的工会委员会、职工代表大会或职工代表会议，都应在党委领导下，同党委一道起监督作用，这些组织和会议应是监督体系的组成部分。

如果建立这样的强有力的、有威信的、有广泛群众基础的监督体系，我们企业的活动就会大大改善。

企业的营运体系，这是由企业活动所必需的计划、产供销、科研、设计、培训等机构组成的。如果说，企业的决策、指挥、监督体系是企业的神经系统和骨骼系统的话，那么，营运体系就可以说是企业的肌肉系统。所有这些体系都是内在地有机地联系在一起的。营运体系的活动综合反映上述三个体系工作的效果。

营运体系的活动，只应听从指挥体系发出的指令，不应受各种干扰。由于大企业内部决策也需适当分散化，指挥也是分级的，所以有些活动要接受相应层次指挥环节上的具体指令。但所有这些指令都必须是统一的，不能互相矛盾。否则，营运体系就不能正常发挥作用。营运体系的组织，应根据各企业的不同情况加以设置，不宜搞某种固定的公式。

比较合理的企业管理模式，只是比较适应社会主义商品经济规律的要求，不可能是完美无缺的。判断企业管理体制的优劣，归根到底要看是否能更充分地发挥企业各类人员的社会主义积极性，从而使企业不断发展。

企业领导人的积极性是决定企业经营管理水平的一个决定性因素。资本主义企业经理的积极性很高，这是在竞争的强制下，靠经济利益关系，靠个人荣誉（把企业搞垮了，是很大的耻辱，搞好了，就有更高的社会地位和更大的影响）刺激起来的。我们社会主义企业领导人的积极性并非注定要比他们低。我们正在设法使企业领导人的物质利益与企业经营结果联系起来，虽然在利害关系上难以做到像私人企业那样直接而紧密，但是应当看到，我们企业领导人的绝大多数都有建设强大的现代化的社会主义祖国的积极性，应当善于把这种政治热情引导到努力学习经营管理、学习科学技术上来。随着企业自主权的扩大，他们将获得较充分的用武之地。同时，似可考虑，随着企业自负盈亏试点的发展，对企业领导人试行基本工资加利润提成的制度，这比利润提成一部分转化为奖金，再与职工分享奖金的办法，在利害关系上扣得更紧。只要恰当地规定分段累退的提成比例和有关细则，就不会失去控制，不会有什么危险。企业领导人的工作，在颇大的程度上决定企业的兴衰，他们的个人物质利益与企业经营效果发生直接的联系，应该说是理所当然的。

改革步子要稳

由于党委领导下的厂长负责制已实行多年，目前我国宏观经济体制的改革还处于试点阶段，在调整时期也不可能采取重大的全面的改革措施，因此企业体制改革应像整个经济体制改革所要求的那样，步子要稳，不能急；改革的办法应提倡各种逐步过渡的形式，允许企业根据自己的情况去试验，去创新。

在党委领导下的厂长负责制的体制下，有些企业，特别是有些党委书记兼厂长的企业，企业领导人在多年工作中已经变成了内行，他们一时还未迫切感到原体制与扩大企业自主权以至搞自负盈亏有什么特别的不适应，企业内部领导体制在一定时期一定程度上还不能构成宏观经济体制改革的严重障碍。在这种情况下，就应当允许这些企业沿袭实行原来的体制，进行某些必要的改善，等待条件成熟后再行改革。社会主义商品经济运动规律对宏观经济体制和企业体制的改革都有决定作用，然而这种决定作用，不能简单地理解为不问企业的具体情况，搞一刀切。企业体制的改革也必须经过试点，取得经验，随着各种条件的成熟，再逐步全面推开。

（原载《财贸经济》1981年第1期）

赴日讲学观感

1981年6月22日至9月19日，我应邀去日本讲学90天，先后访问了10个城市、1个农村、6所大学、3个研究机构、3个报社、9个企业和2个港口，演讲37次，与日本经济学界、企业界、新闻界以及中日友好团体的人士进行了广泛的接触。通过学术交流，加强了相互了解、增进了友谊。

下面谈谈这次访日期间所见所闻所想的几个主要问题。

一　深感在讲学活动中需要抓住机会多做工作

此次在日逗留时间较长，与各界的接触较多，曾遇到以下几种情况。

第一种情况是，近年来在日本研究社会主义经济问题的学者中，出现一种"社会主义经济无前途论"，他们人数不多，但很活跃，影响不小。

目前，日本研究社会主义经济问题的学者，在政治倾向和研究重点上，同20世纪五六十年代相比，都发生了根本性的变化。在50年代，研究社会主义经济学的，主要是一些马克思主义经济学家，其中大多数是日共党员或其同情者，他们主要研究一些基本理论问题，至于现实经济问题，则根据我们的观点和资料加以发挥。他们的工作，对于宣传社会主义经济制度的优越性，扩大中华人民共和国的政治影响，促进两国经济关系和友好关系的发展，都起了积极作用。60年代初期，我党在国际共运中展开反修斗争，使日本研究社会主义经济学的队伍受到很大震动，发生了急剧的分化，其中少数人坚持马列；不少人表现消沉，开始转向"纯理论"研究；还有极少数人转向批判社会主义经济制度。进入 70 年代，由于"文化大革命"的影响，加上我国国民经济发展不理想，又使原来坚持社会主义经济制度有巨大优越性的一些人滋长失望情绪。但就目前的状况来看，大多数研究社会主义经济学的人，还是抱着实事求是的科学态度，主张中日友好，有些理论观点上的差别，仍属于学术探讨的领域。只有极少数人，他们专门收集中国经济中的阴暗面，并同政治体制联系起来，宣扬"社会主义经济无前途论"。

鉴于上述情况，需要我们针对一些有代表性的谬论，从理论原则上加以批驳，并且指出某些人专门从香港收集一些错误百出的资料，添枝加叶，这种做法不能认为与学者应有的科学的治学态度有什么共同之处。从结果来看，这样做赢得了绝大多数学者的赞同和支持。

第二种情况是，与一些学者的个别接触中听到一些怪论，如有的说：中国的李鸿章是个"了不起的人物"，他给外国割地而尽量少给金银赔款，割地迟早总会收回，对国家的损失要比巨额赔款小，对中国有利。这种说法一方面抹杀了帝国主义列强对中国的野蛮侵略和强加给中国的割地赔款要求，另一方面又把卖国贼说成是给后人造福的英雄。还有的说：世界上有三种类型的对外侵略，第一种是西班牙人，侵占一个地方就把当地居民中的男子杀光，与土著女人结婚生育，来巩固自己的地位；第二种是盎格鲁-撒克逊人，他们男女一起到侵占地区去生儿育女；第三种是中国人，靠文化影响和商业外侵，不容易引起当地人的仇视，云云。这些说法是十分荒谬的，但从他们整个作品和活动来看，还不是恶意攻击。这就需要通过诚恳的耐心的分析给予毫不含糊的反驳。

第三种情况是，由于我国经济调整，一些大型成套设备的引进要停要缓，有些合同要停止执行或作适当修改，再加上我方在处理这种事情上缺乏经验，存在某些缺点，这就引起日本企业界人士的不满。今年初我在日本时，见到报刊上大肆宣传中国"片面中止成套设备合同""不守信用""违反商业道德"等，给中国施加压力。此次我到日本时，这类宣传虽已基本停止，但所造成的影响仍然很深，许多日本人并不了解这方面的真实情况。实际上，凡已签订的合同，我方基本上都执行了，改变的只是极少数。而且这些要改变的，我方已多次表示承担主要责任，经与对方商谈，如果给日商造成经济上的损失，我方愿承担合理的赔偿。我国这种公平合理的立场和做法，日本报刊却毫无反应。因此，需要我们多说明真相。这不仅得到许多友好人士的赞许，还得到许多企业界和新闻界人士的同情。

看来，作为学者在国外讲学中，本着多做工作的精神，对于配合政府外交，对于维护马列主义、毛泽东思想，可以起一定的作用。

二　对日本经济管理的一点新认识

在国外，我曾与欧美一些研究日本经济的学者就日本战后经济"高度成长"的原因究竟应当怎么认识的问题，交换过意见。他们的看法虽不尽相同，但有一点却极其相近，即都比较强调日本经济迅速发展的"秘诀"在于他们巧妙地利用了20世纪60年代廉价的国际石油。我虽然不否认这是一个重要的因素，是一个很有利的条件，但并不认为是经济"起飞"的根本原因或"秘诀"。我强调在宏观方面经济发展战略符合日本特点，在微观方面企业管理较强，这是根本原因。

事情很明显，20世纪60年代的廉价石油对各个资本主义国家的经济发展都是极其有利的，但为什么唯独日本在经济发展上实现了"高度成长"？这就不能单纯从取得廉价石油上作出令人信服的回答。日本在50年代和60年代，还有一些特殊的有利条件，如日本在美帝侵朝和侵越战争中得到了大批的军事订货和贷款，稻山嘉宽也曾直言不讳地说日本发了一笔"战争财"，此外还有军费少，这些有利条件主要是表现在资金上比较充裕，资金固然是迅速发展经济的必不可少的条件，但还不能说有了资金就一定会使经济得到迅速发展。70年代的石油危机以来，日本和其他发达的资本主义国家都出现了资金过剩，可是日本的经济发展仍较其他发达资本主义国家好些，这又作何解释呢？

看来，探求日本经济发展较为顺利的根本原因，主要应从主观条件方面去找，外因（客观有利条件）要通过内因而起作用。日本在发展经济的主观条件方面，资源贫乏是极其不利的，但有两点是资本主义国家中较强的，那就是宏观经济发展战略较为符合日本的国情，微观方面的企业管理的效率和效果较好。正因为如此，日本才有效地利用了各种有利的客观条件，避开和在相当程度上弥补了自己的不利条件，实现了经济的迅速发展。

从宏观角度看，在20世纪50年代，日本政府制定了以发展重工业、化学工业为重点并带动基础设施建设的所谓"倾斜生产方式"，随着重化工和基础设施的发展，就业和人民收入的增加，就为汽车工业和家用电器的大发展创造了条件，并利用国内市场积累资金，同时，通过电子工业和自动化技术的发展，全面改造和提高了物质技术基础，为实现产品的优质、高产、低耗提供有利条件，从而以竞争能力强的产品打开了国际市场，通过国际交换，取得自己进一步发展所需要的资源和外汇。日本人把这种发展战略通常叫作"加工贸易立国"战略。应当看到，日本经济的重点发展，并不是忽视或放弃其他，而是较好地实现了重点发展和一般发展的合理结合，使重点和一般互相促进。

进入20世纪70年代以来，随着资本主义生产过剩危机的发展和国际市场上竞争的加剧，日本成功地实行了二十年的"加工贸易立国"战略遇到了难以招架的挑战，主要是靠一般出口产品即使是一般的技术密集型产品，也很难在国际市场上牢固地站稳脚跟，而在国际市场上没有能够在竞争中占绝对优势的一批产品，对"加工贸易"型国家来说，那是不堪设想的。为了适应这种情况，日本在十年前就开始酝酿和探讨新的发展战略，近几年逐渐明朗化，终于选定了"技术立国"的新战略。这种战略也可以说是"加工贸易立国"战略在新条件下的发展，但我们更应重视二者的区别，正如日本经济学家所说的，日本今天已经把技术提到了关系民族存亡的高度。

为了逐步实施新的发展战略，在1977年日本政府通产省工业技术院成立了"产业技术开发长期计划编制研究会"，着手具体研究和编制21世纪发展技术的远景设想，经过连续四年的工作，今年提出了《新的研究发展方向》的报告，针对日本在技术上长期靠引进，靠仿制和改良而没有别开生面的技术革新，忽视基础理论研究等问题，提出确立自立技术，发展产业技术，着重基础研究的方针，还规定了新技术发展的三个重点领域即"微型技术"、"信息技术"和"综合技术"。此外还拟定了一系列发展技术的制度和政策的建议。

近年来，日本特别注意发展电子和自动控制技术，加快研究、改进"机器人"的生产，目前在日本"机器人"产业已有发展成为独立产业的明显趋势。据了解，截至1981年6月，全世界已生产出的"机器人"约7万个，日本就占5万个。有些国外学者未能从经济发展战略转变的观点来看日本发展"机器人"生产，认为日本人多劳力多，"机器人"用多了会增加失业。但实际情况并非如此，把技术发展与人口多截然对立起来是没有道理的。日本用"机器人"在生产过程中顶替下来的劳动力，可被生产"机器人"的工厂所吸收，因为"机器人"的一些电子部件实际上是一种劳动密集型产品。此外还兴起了"机器人"租赁业务，也需要人。而"机器人"的生产效率和生产出来的产品质量，都较过去大大提高了。马克思关于资本主义制度下采用新技术的界限的理论并未过时，资本家愿意采用"机器人"，是由于目前一般"机器人"（有4至6只"手"）一台约值15000美元，相当于普通技术工人两年的工资，而它的效率和准确性高，使用寿命在三五年以上，它又不要各种福利和劳保。这样，对资本家来说，用"机器人"就更划得来。此外，用"机器人"还取代了一些劳动强度大从而工人不愿干的脏活、累活、单调的活，也减少一些劳资纠纷。

应当说，日本经济发展战略的上述转变是悄悄进行的，直到最近仍未大张旗鼓地宣传，但在实际上日本已经初步收到这种战略转变所带来的利益。

靠技术先进所形成的产品质量、性能和数量上的优势，使日本工业产品在国际市场上的竞争能力大为加强，出口增长很快，特别是钢铁、汽车、造船、精密机床和电子产品方面尤为显著。1981年上半年的出口额比1980年同期增加了25.5%，大批高级电子产品输向欧美，向欧洲出口的录像机比1980年同期增加124.7%，在美国市场上也比1980年同期增加121.2%。尽管西欧呼吁："不要把欧洲仅仅当作日本的商品市场，而必须把它当作日本的真正的经济伙伴"，并采取某些限制日本货进口的措施，但日本对西欧共同体的贸易顺差仍在继续上升，1981年头8个月比1980年同期增加25.3%，达70亿美元。美国也不断要求日本"向西方开放市场"，但1981年1月至8月日本对美国的贸易顺差又比1980年同期增加93%，达到74亿美元。据估计，日本在十年后"机器人"的出口至少将增加10倍以上。

由于"技术立国"战略已经给日本带来巨大的利益，从而有广泛的社会基础，这也许比任何大张旗鼓的宣传还要深入人心。我在同普通工人谈话时，他们也意识到，日本不靠技术就无法生存。似乎形成了全民族的发展技术的紧迫感。

同时，还必须注意到微观经济活动的效率和效果。只有符合国情的宏观发展战略，而无微观经济的高效率，那也不可能实现经济的迅速发展。日本企业管理较强，特别是企业的中层干部较强，这是各国公认的。日本企业管理强主要表现在产品质量好和不断创制新产品上，从而能保证宏观发展战略得以实现。过去我们在分析日本企业管理较强的原因时，比较重视"终身雇佣制""年功序列工资制""按企业组织工会"等因素的作用,这固然是重要的,但还有一个更重要的方面,就是他们有一套用人的办法和制度。日本企业各级干部特别是中层干部的遴选是非常严格的,这批人由于文化科学和经营管理的水平较高,又有一套办法特别是靠人事竞争调动他们的积极性,使他们真正发挥了骨干作用,这是最稳定的经常起重要作用的因素。而上述那些雇佣、工资等制度方面的因素,却不是固定不变的,譬如"年功序列工资制",现在已有一半左右的企业开始采取"职能工资制"了,而且这种变化正在迅速普及。因为随着人口高龄化和职工高龄化,如果采用"年功序列工资制",企业在工资基金方面的开支将越来越大,而以完成职务的能力为标准的工资体系,则对资方有利,也受到年轻职工的欢迎。但是由于管理干部较强,这种变化并未引起企业管理水平的下降。由此就可以看出,企业管理水平的决定因素不能认为是"年功序列工资制"。至于"终身雇佣制"更是名不副实,一般企业不能轻易解雇工人,主要是为了维持社会安定,也是现代生产过程的特点决定的,驾驭现代生产手段的工人需要一定的培训,并非从劳动力市场上买来新的劳动力就可以胜任的,因此,资本家权衡利弊,还是不愿轻易解雇技术工人。这种情况,在欧美也大致相同。因此,这一条也难以说成是日本企业管理水平较高的决定因素。按企业组织工会,无疑对劳资纠纷的解决有方便之处,但它毕竟不是企业管理本身。看来,在研究日本微观经济效率问题时,应特别注意研究他们的用人制度。

三 日本经济发展中一个潜在的危险

世界发达资本主义国家都无法从根本上摆脱生产过剩危机,日本也不例外。但日本经济发展较其他资本主义国家顺利些,近年来的增长率也较高,1981 年可能还有 6% 的增长率,失业率在 3% 以下(日本失业率的算法是:失业者与有就业要求人口之比,而不是与达到就业年龄人口之比，日本妇女一般不工作，不算失业），1981年上半年消费品物价指数上涨6%，而名义工资增长7%，这在资本主义国家中确属情况不错的。然而有些外国的经济学家就据此认为日本似乎在某种程度上摆脱了资本主义的痼疾。这种看法是很浅薄的。其实，日本经济中潜藏着巨大的危险，主要是流通领域过分膨胀。

我们知道，流通作为生产与消费的中间环节，它对生产和消费都有重大作用。在现代经济运动中，如果流通不发达，流通机构少，渠道单一，就会使流通阻塞，从而不能使产品尽快地进入消费领域，无法使产品最后完成（马克思把进入消费的产品叫作产品的"最后完成"）；同时也不能及时向生产领域传递消费者对产品的评价和要求，这对生产和消费都是不利的。反之，如果流通领域过分膨胀，流通机构层次重叠，流通渠道交叉重复，流通环节累赘过多，对社会经济运动来说，也是一种危险，日本经济就存在着这个问题。由于流通领域过分膨胀，必然出现以下后果。

第一，工农业产品的批发迅速而及时，但零售环节却由于销售不畅而梗塞，批发环节不断给生产以虚假的需求刺激，所谓虚假是指并非消费的需求，而是流通的需求，但真正的需求只能是来自消费的需求。这样就势必有越来越多的商品在流通领域里转来转去，流通中的商品量日益增大。这虽然在一定程度上掩盖着生产过剩的危机，就像目前日本的情况那样，可是一旦流通中的商品量超过可容纳的极限，生产过剩危机就会突然地更剧烈地爆发，造成社会经济运动的突发性中断，损失更大，后果也会更严重。

第二，各流通机构、环节、网点的激烈竞争，固然有平抑产品价格上涨的作用，但由于流通费用不断增加，特别是流通领域中工作人员和工资的不断增加，商品保管费用的不断增加，则必然使产品零售价格水平不断上涨。由于这种趋势的主导作用，日本的消费品物价指数上涨率比欧美诸国虽不算很高，但日本物价总水平却是发达资本主义国家中较高的，而且无法降下来，这就使销售更加困难了。由于滞留在流通中的商品不断增加，又会使流通领域更加膨胀和臃肿。

第三，流通领域里的竞争不断加剧，迫使各种流通企业竞相改进销售包装和服务，这又刺激流通费用上涨，同时由于购买力的相对不足，加上竞争，又不可能大幅度提高零售价格，那么，出路只有压低收购价格，从而使流通企业与生产企业的矛盾激化。日本农产品价格中，农民得到的部分已从20世纪60年代70%以上降到目前的40%左右。广大消费者对一些毫无实际作用的包装和服务也很反感。家庭妇女们曾呼吁减少不必要的豪华的包装，降低物价中的包装费用，给流通企业造成很大压力。但已经膨胀起来的流通机构根本不可能做到这一点，因此，也引起与消费者的尖锐矛盾。

第四，流通机构按西方的产业分类法属第三次产业，随着社会生产的发展，第一、第二次产业劳动生产率的提高，第三次产业得到不断发展和扩大，这又成为第一、第二次产业进一步提高劳动生产率的条件。但什么事情都有一个合理的界限，起过了限度，就会走向反面。日本在20世纪50年代和60年代前半期，流通业的积极作用是看得很明显的，它不仅促进了消费，而且通过社会再分配，即用消费者的收入又养活一大批流通领域的工作人员，对加快经济周转，减少失业，方便群众生活，迅速传递生产与消费间的各种信息，促进生产的发展，都起了积极的作用。但自从60年代后半期以来，随着资本主义基本矛盾的发展，流通领域逐渐过分膨胀，它的积极作用开始转化为消极作用，通过在某种程度上掩盖生产过剩危机，而孕育着更严重的危机。

应当指出，今日发达资本主义国家的国内外市场由于一系列新条件的出现而较以往我们估计的大为扩展了，主要是资产阶级为缓和阶级矛盾普遍采取了对劳动者的高工资高福利政策；在新技术的研究和应用方面的投资巨大，吸收一大批人员就业；石油输出国手中的大批石油美元是国际市场的一个巨大主顾；发展中国家和发展中社会主义国家实行工业化和现代化所引进的资金、技术和设备等。所有这些，确使发达资本主义国家的国内外市场容量大增，但是，正如我们在日本所看到的，70年代以来，资金、产品过剩的情况还是越来越尖锐了。不看到这个方面也是不符合事实的。

四 社会科学学术研究的商品化

日本确有不少学者治学态度严谨，自觉地抵制自己研究成果的商品化，拒绝出版商的一些有损科学的要求，但在资本主义社会里，也有不少学者为了生活和增加收入，不能摆脱出版商的控制，自觉不自觉地使自己的学术作品商品化。这是资本主义商品关系在学术领域中的一种反映。

日本出版书籍时，稿酬（版税）的计算方法是，按书零售价格的10%提成，印多少册就付多少提成，作者所得报酬的多少主要取决于印数。有的书尽管科学水平很高，字数也多，但由于印数甚少，作者所得却不多，甚至抵不了写书过程的各项开支。所以，有些科学著作要靠各种基金会的资助（补贴）才能出版。而有些时髦的小册子，粗制滥造，但印数很大，作者也就大发其财。这就是说，出版书籍完全是市场评价，而不是科学评价。在这种情况下，多写"畅销书"，即能出名又多得利，有些新冒出来的"名家"就是靠几本畅销小册子起家的。据说，出版商只有拿到可以印3000本以上的书稿，才能赢利，否则也要赔钱。因此，他们就多方设法收罗和组织有畅销希望的书稿。

一位日本经济学家1980年一年内出版了8本书。我问他是怎么写的，他生动地介绍了他的写书方法：出版商在旅馆订个房间，他下班后去那里，在吃饭喝酒中，出版商根据自己了解到的读者关心的经济问题，进行提问，他口头回答，同时录音，一夜之间书稿就有了。第二天白天出版商把录音整理成书面记录，晚上再边吃边喝边谈，出版商提出在什么地方希望作补充，在什么地方希望进一步发挥。第三天就整理出书稿，他看一遍，略加删改，即可付印。

算起来，三五天可以写出一本书。这就难怪有些日本经济学著作不讲科学概念，不讲逻辑，甚至前后矛盾，存在明显的错误了。

这种学术研究商品化的情况，已经严重损害了社会科学研究工作。对此，日本学者中不少有识之士也很反感，但又表示无可奈何。这是资本主义国家社会科学研究的危机。

（原载《经济学动态》1982年第2期）

试论技术改造问题

赵紫阳总理在五届人大四次会议上提出了我国今后经济建设的十条重要方针，其中包括"有重点有步骤地进行技术改造，充分发挥现有企业的作用"。这条方针的明确提出和贯彻执行，是我国经济发展战略实行重大转变的标志之一，在理论上和实践上都有深远的意义。

大家知道，迅速提高社会生产力是巩固和发展我国社会主义制度的迫切需要，也是"四化"建设的一项最根本的任务。提高生产力的基本途径有三，一是通过单纯增加劳动者和生产资料来实现；二是通过生产力诸要素的合理组织来实现；三是通过技术改造来实现。在一定的科学技术条件下，劳动资料、劳动对象和劳动者的单纯增加和合理组织固然是提高生产力的重要方法，但提高的可能性和提高的幅度却是有限的，而技术改造则可以使生产力得到不断的无限的提高。因此，为了提高生产力，既要适当增加劳动者人数和生产资料数量，努力改善生产力的组织，使之不断合理化，更要积极进行技术改造，不断实现技术革新和技术革命。从当前我国的经济情况看，已经是把生产建设的主要力量放到技术改造上来的时候了。

对现有企业进行技术改造的紧迫性

技术改造包括国民经济各部门、各行业的技术改造，也包括现有企业的技术改造。目前，我国现有企业的技术改造，已经成为十分突出的问题。这是因为：

第一，以往我们提高生产力、扩大再生产是以新建企业作为主要手段，这在奠定工业化基础时期是完全必要的，依靠大量建设新企业曾使我国很快地填补了许多空白，有了一批新兴的工业部门，提高了国民经济物质技术基础的水平，建立了独立的比较完整的工业体系和国民经济体系。然而在我们已经有了40万个工业交通企业的今天，物质技术基础已经达到相当的规模和水平，国民经济的门类和产品已经基本齐全，在今后一个相当长的时期内进一步提高生产力、扩大再生产就应当以对现有企业进行技术改造作为主要手段了。通过技术改造不断提高现有企业的技术水平，充分发挥现有企业的作用，与新建企业相比，花钱比较少，见效比较快，经济效果比较大。这是我国经济发展战略的一项重大转变，与这种转变相适应，现有企业的技术改造就成为关系我国今后经济发展和生产建设全局的一件大事。

第二，在生产资料私有制的社会主义改造基本完成之后，全党工作的着重点应当主要放到通过技术革新和技术革命来迅速发展生产力上面来。由于历史的曲折，工作着重点的转移却拖延了整整二十年之久，直到中共十一届三中全会以后才真正开始转移过来。中华人民共和国成立以来，我们建设了大量的企业，许多从外国引进的设备和自己制造的设备在当时还是比较先进的但是由于我们对科学技术的重要性认识不足，对技术进步的估计不够，严重忽视对已建成投产企业的技术改造，使原有技术未能得到不断的完善、改进和提高，各部门、行业、企业和地区间的先进技术转移和推广工作也未能很好地组织和推动。目前我国科学技术水平较低，特别是企业生产技术普遍落后的状况，与现代化建设的要求极不适应。因此，在全党工作着重点已经转移到"四化"建设上来的今天，党中央的主要精力用于经济工作，理所当然地要把现有企业的技术改造问题提到重要议程上来。

第三，从实际情况看，企业的技术改造确属经济技术工作刻不容缓的任务。我国现有企业设备老化、技术陈旧、测试和计量条件差的情况相当严重并且相当普遍，造成产品质量低、性能差、品种少、消耗高的严重后果。据有关部门计算，在国营工交企业约4400多亿元的固定资产中，有 1/4 左右亟须更新改造。机械工业这个为国民经济各部门提供物质技术装备的产业，其设备大部分是五十年代的技术水平，其产品约有 60% 以上是 20 世纪四五十年代的水平，30% 以上是 60 年代的水平，只有不到 5% 的产品相当于70 年代的水平。轻纺工业的设备大部分也是四五十年代的技术水平，应当淘汰的设备约占 20% 以上。冶金、化工、建材等行业由于设备陈旧一年要多耗两三千万吨标准煤。交通运输业的技术设备也很落后，一批老企业的设备腐蚀损耗严重，甚至难以维持简单再生产。一些老工业城市的企业危房较多，公用工程年久失修，严重影响生产。一些企业特别是工矿企业的安全设备不配套，环境污染严重，等等。可见现有企业的技术改造包括生产设备、工艺装备、测试和计量手段的更新已经是我国当前经济发展中的一项亟待正确解决的紧迫问题。

技术改造是一项战略措施

先从企业的角度说起。不断地进行技术改造是企业的生命线。我们知道，企业是基层经济组织，在社会主义计划经济条件下，经济发展计划能否顺利实现，在颇大的程度上取决于每个企业经营活动的结果。为了更好地完成国家计划规定的任务，适应市场的需要，不断地以物美价廉、适销对路的产品来满足生产建设的需要和人民生活的需要，每个企业不仅要努力提高经营管理水平，而且必须不断提高自己的技术水平，通过技术改造提高产品质量、降低消耗、增加生产能力，同时淘汰过时的不受用户欢迎的老产品，不断创制适合需要的性能更好的新产品。一个良好的社会主义生产企业，在生产原有产品的过程中，应当具有不断改进并使之升级换代的技术能力；还必须在大量生产原有产品的同时也能生产一部分准备用以取代原有产品的新产品，满足并诱导新的需要；此外，还应有研制和储备一批有希望的替补产品的技术能力。企业要想对不断发展变化着的需要经常保持适应能力，具有旺盛的活力，就必须有计划地不断地进行技术改造。否则，企业的生命力就将渐趋枯萎。既然技术改造是健全每一个基层生产组织的根本方法，而整个国民经济的发展归根到底又依赖于各个企业的活动效果，那么企业的技术改造就是关系我国经济发展全局和命运的一项战略措施。

再从经济过程的联系上看。企业的技术改造通过更新设备和购置新技术装备将对生产资料生产部门提出广泛的新要求，不断满足这些要求是我国机械、冶金等重工业部门的长期任务，也是当前改变重工业生产任务不足状况的主要出路。重工业基本上是生产资料的生产部门，它既要不断为自己提供更好的技术装备，又要不断为生产消费品提供新的生产资料；既要为新建企业服务，也要为现有企业的技术改造服务。而在过去由于长期片面实行优先发展重工业的方针，重视数量忽视质量，服务领域狭小，主要是为新建企业提供设备和原材料，又忽视自身的技术改造，使重工业内部结构、技术结构和产品结构很不合理，因而在经济调整中暂时出现重工业生产任务不足。生产下降是必然的，也是必要的。要使重工业转上健康发展的轨道，必须扩展重工业的服务领域，调整服务方向，把为现有企业（包括重工业企业）的技术改造服务提到首位，并按照服务目标来调整重工业内部结构和产品结构，提高技术上的适应能力。由此可见，现有企业的技术改造和设备更新不仅能够大大增加重工业的生产任务，而且还能够促进重工业内部的调整，推动重工业在国民经济发展中发挥应有的作用。只有重工业不断地为国民经济各部门提供越来越好的技术装备，才能使农业、轻工业和重工业全面活跃起来，而重工业的现状对此却是难以胜任的。因此，离开重工业内部结构的调整并使之尽快适应技术改造的要求来谈救活重工业，不但无助于问题的解决，反而可能产生一些副作用。只有为国民经济技术改造服务首先是为现有企业技术改造服务，才是重工业的振兴之路，并可促进国民经济的全面繁荣。

目前的财政困难是我国经济发展的一个不利因素，摆脱财政困难、增加建设资金的根本出路是发展生产，并且要随着生产的发展给社会带来更大的经济效益。在强调发展生产时，切不可忘记我们过去长期生产增长速度很快而国民收入增长很慢、经济效果不佳的教训。要发展生产，必须首先注意技术改造。因为企业的技术改造是增产适合需要的优质产品、降低消耗、为社会提供更多财富的基本物质条件，也是活跃和扩大社会生产资料和消费品流通的前提，而社会商品生产量和流通量的增加正是财政收入增加的基础。前一时期有些进行扩大自主权试点的企业认真抓了技术改造，一年后利润成倍增长，上交部分也大量增加。这表明我们不应只看到技术改造要花钱的一面，更要重视给社会带来巨大利益这个基本的方面。可见，技术改造是我们摆脱当前经济困难的一系列措施中一项基本的战略性措施。

最后总括起来从我国现代化道路的角度看。现代化建设要求把我国国民经济逐步转移到新的先进的物质技术基础上来，为此一方面要根据实际需要和可能新建一些采用先进技术的企业，另一方面则必须对现有企业进行技术改造，使之不断过渡到更高的技术水平上来。根据不同历史时期的实际情况和需要，摆正这两个方面的主次地位，并把二者正确地结合起来，才能少走弯路，加速现代化的进程。我国的经济发展从过去以新建企业为主改为以现有企业的技术改造为主，是一条与过去的投资用得多、见效很慢、效果也差的老路根本不同的新路子。

中外经济发展的经验证明，国民经济的现代化不应该也不可能脱离原有的工业基础去另起炉灶。新建少数现代化企业特别是填补空白门类而又急需其产品的企业，今后也还是需要的，但就国民经济整体来说，新建的企业总是极少数，社会当前需用的产品一般也基本上靠现有企业提供，况且新建企业建成投产后也就变成现有企业了。因此，我们在现代化建设中绝不可以置现有企业于不顾而把主要力量用在新建企业上。现有企业逐步实现现代化是国民经济现代化的重要基础，而只有进行技术改造才能使现有企业逐步现代化。我看积极进行现有企业的技术改造正是一条风险和曲折较小、把握较大、进展较快的路。

技术改造的总目标是提高社会经济效益

企业的技术改造当然要考虑提高本企业的经济效益，但作为社会主义公有制企业却不应以本单位的利益为唯一目标，必须兼顾行业、部门的效益，尤其要服从国民经济全局的效益。在社会主义制度下，企业的利益和全局的利益基本上是一致的，但也存在着矛盾的方面，因此在进行企业技术改造时牢固树立提高全局经济效益这个总目标，是十分重要的。

为了提高社会经济效益，必须弄清影响全局效益的关键和重点。当然，技术改造总是受主客观条件的限制，国民经济的各种联系又是极其错综复杂的，因此随着经济技术的发展，改造的重点也必将发生变化。但在一定时期内，则应把对提高社会经济效益作用最大的技术改造项目作为重点。一般来说，那些能直接地有效地克服国民经济发展中薄弱环节的技术改造，有助于尽快解决国民经济中最迫切问题的技术改造，有较大带动力和影响面的技术改造，同时又是有条件实行的、投资较少、收效较大较快的项目，才能成为现实的重点。

能源和交通运输已经成为我国目前和今后经济发展的两个重大的制约因素，亟须大力发展，因此应当把这两个产业的技术改造摆在重要地位。进一步发展消费品生产，是满足人民需要、回笼货币、扩大出口、增加财政收入的重要手段，因此应当十分重视轻纺工业的技术改造。机械工业是为国民经济各部门技术改造提供技术装备的，如果机械工业本身的技术改造没有一定的超前性，不能与其他部门的技术改造相衔接，那就必然会贻误各行业的技术改造，因此机械工业的技术改造应当先行一步。当然另外一些行业也都有令人信服的重要性和多方面的国民经济意义，但在我国当前情况下，这方面历史上遗留下来的问题太多，不可能一下子全面铺开，而必须分别轻重缓急，适当集中力量，有计划有重点地进行，因此明确技术改造的重点行业和重点企业是必要的。当然，即使是重点行业和重点企业也还要有技术改造的重点项目，而决不是一切都要立即改造；非重点部门和企业必然也会有技术改造的重点。重点中有非重点，非重点中也有重点。

看来，探讨如何划分技术改造的重点时，只用行业、企业排列法是不够的，还应当同产品、项目排列法结合起来并以产品和项目为主，这样，在实际工作中才便于掌握，也有利于提高社会经济效益。例如，我国能源利用效果低，浪费严重，全国现有锅炉近20万台，热效率只有55%左右，每年耗煤占全国煤炭产量的1/3，其中有6万台老式锅炉的热效率只有30%—40%。这与热效率为70%—80%的锅炉相比，一年就多耗煤4000万吨左右。如果先改造6万台老式锅炉，每年就可节省煤炭400万吨。通过工业锅炉的设备更新，每节约一吨煤约需投资二百多元；通过对原有锅炉的改造，每节约一吨煤需投资六十多元。而开发煤炭，每吨需投资二百多元，还不包括相应的交通运输方面的建设费用。我国运行中的解放牌载重汽车近100万辆，耗油比同类型先进汽车多20%左右，一年要多耗油一百多万吨，其价值相当于一个大型汽车厂的基本建设投资。我们每年还把大量宝贵的石油当作普通燃料烧掉，如果我们在今后十年能用三四千万吨煤炭顶出1500万到2000万吨石油，把这部分石油用于更有经济效益的方面，仅此一项就可以给我们带来100多亿到200亿元的好处。而能源的有效利用则必须通过各种耗能机器设备的技术改造来实现。

因此我们应当把能够减少生产流通过程中的能源消耗，提高能源利用效果，用煤炭代替石油的设备列为技术改造的重点。由于我国工业品的劳动消耗高，质量和性能差，品种和规格少，许多产品不适应需要，因此，那些能够降低原材料消耗、改进原有产品并使之升级换代、发展新产品并形成符合经济批量要求的生产能力的设备，以及能更合理地利用各种资源，提高对资源综合利用能力的改造项目，也应属于重点。选好技术改造的重点是实现提高社会经济效益这个总目标的重要保证。应当指出，那些为了安全生产、改进环境保护和减轻繁重体力劳动的技术改造项目，虽然不一定带来直接的经济效益，却是提高社会主义经济全局效益的必要条件，因此也应当加以重视。

技术改造要有重点有步骤地进行

我国技术水平总的说是落后的，"四化"建设又要求我们尽快提高技术水平，因此我们对技术改造应有紧迫感，应采取积极态度。但是，每一项具体的技术改造都要求具备相应的资金条件、技术基础和管理水平，而我国目前在这些方面都还有一定的困难，再加上科学技术的发展日新月异，无尽无休，技术改造必然是一个不断的无限的过程，并且有复杂的技术选择性，因此还要认识到技术改造的艰巨性、复杂性和长期性，采取慎重的态度。

技术改造应当根据一定时期的实际需要和现实的可能条件有计划地进行，要防止不顾主客观条件、不认真作可行性分析、不周密考察经济效益、一哄而起的偏向。为了有重点有步骤地进行技术改造，必须做好规划。

首先，现有企业的技术改造应成为各级经济发展计划的首要内容，把新建企业作为第二位的内容，并将二者统一安排，求得资金、物资和技术力量方面的落实和综合平衡。在制订技术改造总规划时，应当明确对国民经济当前发展和长远发展有重大影响的行业、产品和大型骨干企业的改造项目，重大基础设施的改造项目，以及必须组织力量进行攻关的重大科技课题。部门和行业的规划则要在总体规划的指导下编制，主要应确定本行业的技术发展方向和重点，妥善安排当前生产任务与技术改造的合理结合。企业的规划要具体规定改造项目，应把有关条件逐项落实，有可行性论证，有时间进度，有预想效果的具体计算，还必须充分发动职工认真讨论。

其次，我国正在进一步贯彻执行调整、改革、整顿、提高的方针，技术改造必须同经济调整、工业改组和企业整顿结合起来。行业的规划一定要适应经济调整和工业改组的要求，注意发展专业化协作，促进产业结构和产品结构的合理化。经济调整要求能源、交通运输、邮电等行业当前还需要适当安排一些新建项目，但也应十分注意现有企业的技术改造，并把二者统筹安排好。企业的改造规划一定要在企业整顿的基础上制订，准备关停并转的企业，未整顿好的企业，都不应进行技术改造。

最后，中心城市的规划应是总体和行业规划与企业规划的中间环节，对有计划有秩序地进行技术改造十分重要。我国国营工业企业大部分在中心城市特别是沿海几个大城市，中心城市在技术水平、管理水平、协作条件、技术力量等方面又有一定的优势；中心城市的一大批老企业技术落后相当严重，工厂的危房又较多，公用工程也急需改造。做好中心城市的规划并保证其顺利实施，就会把一多半国营工业企业的技术改造纳入有重点有步骤的轨道，有力地推动整个国民经济的技术改造。中心城市的规划应当充分体现全国规划和部门行业规划的要求，结合城市的具体情况，条块结合，选好重点，抓住关键，协调各方面的关系，组织各方面的力量，相互配合。技术改造的协调任务很复杂，在全国规划中不可能都具体安排好，行业规划不经过中心城市具体安排也很难行得通，因此应在中央有关部门的指导下，着力抓好中心城市的规划。中心城市的技术改造规划还应当同城市改造和发展结合起来，以便随着企业技术改造的进展，老城市也逐步得到全面的改造，并为在全国逐步形成以城市为中心的、各种不同水平的、各具一定优势的、经济合理的经济区划准备必要条件。

需要正确认识和处理的几个问题

（一）从具体情况出发，采用适用的先进技术

一般来说，技术越先进越好，但要真正使技术给人们带来经济效益，则必须具备一系列的条件。技术改造是一个不断用先进技术取代落后技术的过程，我们在采用新技术时必须从本国、本行业、本企业的具体情况出发，使之能给我们带来更大的效益。引进外国先进技术，应当首先考虑技术改造的实际需要，并且要适合我国的资源条件、技术水平和管理水平，只有这样，才能实际上有效地利用，在掌握和消化的基础上有所改进，有所创新。

我们还有自己多年积累的一大批先进科研成果，这些都需要很好地加以利用。随着科学技术从实验室向生产转移、单纯军用向军民兼用转移、沿海向内地转移、国外向国内转移，我国国民经济各部门、各企业将采用越来越多的国内外的适用的先进技术。

我国人口多，技术基础薄弱，经济不发达，因而技术结构不仅层次多，而且在相当长的时期内将保持金字塔的形状，就是说，最顶端的自动化技术和半自动化技术不可能迅速普及，机械化和半机械化技术将占重要地位，手工劳动仍有很大的比重。在目前条件下，这样的技术结构是符合我国情况的，是合理的。但这并不意味着我们在技术改造中可以忽视采用先进技术，而是说技术改造要考虑到我国技术结构合理化的要求，不能一概求洋、求新。随着经济和技术的发展，适用的先进技术的广泛采用，必将使各种水平的技术在比重上发生变化，因而会促进我国技术结构的进步。

技术改造的根本目的，说到底是为了提高劳动生产率，而劳动生产率的不断提高正是人类进步的物质基础，也是社会主义发展的物质基础。因此，我们不应当把人口多、需要安排就业人员多的情况同技术改造、采用先进技术截然对立起来。二者在一定条件下是有矛盾的，但解决这个矛盾的根本出路正在于不断提高劳动生产

率。我们知道，只有在生产规模不变的条件下，提高劳动生产率才意味着减人，而我国各种产品还远不能满足需要，生产的规模和范围必将扩大，因此在提高劳动生产率的同时，物质生产领域的工作人员也要增加。更重要的是，随着劳动生产率的提高，社会剩余产品将大量增加，从而可以大大扩展文化、科学、教育、卫生以及为生产生活服务等非物质生产部门，到这些部门就业者也会越来越多。可见，只有社会劳动生产率大幅度提高了，才能广泛开辟就业门路。如果为了安排就业而牺牲劳动生产率，那么路子就会越走越窄。从长远观点看，只要我们通过技术改造不断提高劳动生产率，严格控制人口的增长，多发展劳动密集型产业，人口多与采用先进技术之间的矛盾是完全能够克服的。

（二）调动企业的积极性，正确处理技术改造与设备更新的关系

长期以来，我们对企业考核的重点放在产量和产值的增长上，因而企业就侧重单纯扩大生产能力，甚至把应当用于技术改造的资金也挪作他用，再加上新老产品定价上的问题，有些企业进行技术改造还不如维持老产品生产有利，这就是企业从各种渠道来的可用于技术改造的资金再多，技术进步的实效却甚微的一个很重要的原因。不迅速解决这个问题，以现有企业技术改造作为扩大再生产主要手段的战略转变就不能真正落实。

技术改造这个概念应当包括设备更新。企业的技术改造在绝大多数场合要通过设备更新来实现，从这个意义上说，技术改造寓于设备更新之中。一般来说，设备更新不应是简单地以旧换新，而应当在更新中尽可能采用先进技术装备，在企业中不断地积累新技术、逐步把整个生产过程转移到先进的技术基础上来。因此，技术改造和设备更新，是结合在一起的。现有企业的现代化是一个不断积累技术改造成果的渐进过程，在量变中达到质的飞跃。

在设备更新时，要有现代的技术经济眼光，对"修旧利废"的说法应进行分析。在物资十分短缺、没有新设备或零部件供应又

不能停产的场合，对一些旧废的设备或零部件进行修补使用是完全必要的；在没有技术性能更好、节约能源和原材料消耗的新设备可资替换，只能以旧换新，同时修理废旧设备的开支又大大低于购置新设备，而经过修复的设备在精度和效率上又与新设备一样时，为维持生产不致中断，修旧利废也是必要的。离开这些具体条件，不宜在技术改造中笼统地加以提倡。

设备是否应当更新的唯一标准是看经济效益，不能简单地从设备的役龄长短上决定。我们要在充分利用原有设备潜力的前提下，争取尽快用新设备更换技术落后、精度差、能源和原材料消耗高的旧设备。有的设备虽然出厂不久，但浪费能源严重，三五年浪费能源的价值甚至超过购置节能的新设备，应予更新；有的设备服役时间虽长但尚有良好技术经济效果的则可暂不更新；有的设备继续大修在经济上已不合算，精度、性能和效率已大为降低，继续使用时技术故障必然增多，这就不如更新。企业首先应当更新关键设备，以带动工艺方法和工艺流程的革新。按照科学技术发展的趋势，一步一步地实现全面的技术改造。不可能也不必要把全部设备一下子更新。

（三）合理安排资金渠道，积极利用外资

现在企业的技术改造资金除国家预算内拨款外，还有以下资金渠道：企业折旧基金；企业留成中的生产发展基金；银行贷款及其他自筹资金；借用外国资金。当前，把从各种渠道来的资金管好用好固然是十分重要的，但同时也应研究调整资金渠道的问题，使之更有利于企业的技术改造。

国家预算内拨款有其必要性，但这条渠道不能越开越大，应当逐步缩小，因为这部分资金归企业无偿使用，缺乏从经济上对使用效果的监督。我们在基本建设投资方面由国家拨款改为银行贷款的试点已经取得了良好的效果，技术改造的资金也应当逐步这样做，创造条件逐步增加通过银行贷放的部分。银行贷款应鼓励技术改造，实行优惠利率银行还应协助企业作技术经济效果分析，并监督贷款的使用方向和效果。只有那些盈利不大甚至近期没有盈利的技术改造项目如基础设施等，为提高整个国民经济效益，应当由国家用预算内直接拨款兴办。

现行的工交企业固定资产折旧率平均只有 4.2%，是偏低的，对更新改造不利。由于我国固定资产折旧率包括生产设备以外的厂房等折旧在内，不像西方国家只限生产设备本身、再加上经济体制和经济技术水平不同，所以在折旧率上不宜不加分析地要求向工业发达国家看齐。但即使按照西方的口径计算，我们的折旧率也不过是 5.85%，仍然偏低。在目前国家财政有困难，不可能把折旧率普遍提高的情况下，可考虑先调整个别行业和一些关键设备的折旧率。鉴于科学技术的发展很快，固定资产的精神损耗和物质损耗都有加快的趋势，适当提高折旧率势在必行。现行折旧基金的管理办法也需加以改进，应逐步把当作财政收入的折旧基金全部返还企业，作为过渡办法似可先把留给企业的比例（目前为 50%）酌予提高。

在目前我国资金不足、技术改造任务又十分繁重的情况下，积极利用外资不仅是可能的，而且是十分必要的。采取合资经营、合作生产、对外加工、补偿贸易等多种形式利用外资改造我国现有企业的办法，在一些中心城市已经取得了良好的效果。这比引进大型成套设备既省钱，效果又好。在经过充分经济技术论证的前提下，积极利用外资进行企业技术改造，可以更好地发挥现有各种条件的作用，几乎没有什么大的风险。

（四）改进计划管理，保证技术改造的顺利进行

以往各级国民经济计划主要是生产计划，按生产指标分配物资，技术改造被忽视，培养科技人才和充实发展科研设计机构也难以进入计划。而我们是计划经济，不列入计划的事就很难办成。近两年计划工作已开始改进，应进一步从资金、物资、科技力量等方面加以妥善安排，切实保证技术改造的需要。

目前国家固定资产投资的主要部分已被在建的成套引进项目所占，但也应尽可能多安排一些技术改造资金，包括充分利用企业、地方和部门的自有资金和银行贷款。充实和建立一些必要的科研设

计机构是技术改造的迫切需要。新产品试制费应有可靠的来源。

目前多渠道分配有关技术改造资金的做法也值得探讨。科技研究实验和新产品试制费用、生产费用、使用单位购买新产品的费用，这三者分口下拨，互相脱节，不利于研究试制、生产和推销新产品。如果把这几笔钱包括拨款和贷款，交由主管生产部门按规定统筹安排使用，并对新产品的销售实行卖方信贷，那么就可能使资金用得更好，并且可以避免使用单位把应当购买新设备的资金花到其他方面去。不妨先选几种节能设备试行这种办法。

在计划上还要保证技术改造所需物资的落实及其同资金的平衡。物资的分配，不仅应按照计划在数量上优先满足技术改造的重点企业和重点项目的需要，而且应当在质量上把最新的设备和原材料分配给使用单位。我们常说的"清仓利库"是针对物资仓库长期大量积压有用产品，为防止浪费和物尽其用，要加以清理和利用。但在实际工作中，有时借"清仓利库"之名，把技术落后的设备分配出去，甩包袱，而把技术先进的设备储存起来，这样"推陈储新"对技术改造十分不利。技术先进的设备只有及时使用才能带来效益，存起来不用就会变成技术落后的东西了。应当报废的技术陈旧的设备可以回炉炼钢，据计算，如用废钢代替铁矿石炼铁、炼钢，可节省能源97%，空气污染可减少86%，水污染可减少76%，还可减少运输量。如果继续使用它们就会造成不利后果。因此，国家应对旧设备层层下放的做法加以严格控制和管理。

应当指出，技术改造中要考虑各个行业的特殊情况，不能一刀切。在对外经济贸易关系中要保护我国工业特别是机械工业的发展。

总之，技术改造是一项复杂而艰巨的长期任务，需要协调多方面的关系，统筹兼顾，综合平衡，有条不紊地进行。我们相信，通过技术改造一定会加速我国国民经济物质技术基础的转换，促进经济振兴新时期的早日到来。

（原载《经济研究》1982年第3期）

加强实现战略目标的经济结构对策研究[*]

党的十二大报告确定了我国经济发展的战略目标，为了按照党中央的战略部署，完满实现预定的任务、经济科学应该积极进行多方面的研究工作，其中一个重要的课题就是经济结构对策的研究。

党的十二大报告提出，在"六五"期间要集中主要力量进行的工作之一是继续调整经济结构，在"七五"期间还要继续完成各方面经济结构的合理化。这是把经济结构的逐步合理化，当作前十年打好基础、积蓄力量并为后十年的经济振兴创造条件的一项十分重要的工作提出来的，合理的经济结构是取得较大经济效益和较快发展速度的一个重要条件所谓合理的经济结构，应当是既能促进当前的经济发展，又有利于将来经济发展的结构，它既包括生产力方面的结构，也包括生产关系方面的结构，为了保证战略目标的实现，所有这些结构都应该很好地研究，并提出有科学根据的结构对策。

关于产业结构，产业结构的合理化，是国民经济按比例地协调发展的基础性条件，这就要善于选择发展重点，自觉地使某些部门的发展具有超前性，以带动经济全局的党的十二大报告关于农业、能源和交能，教育和科学等经济发展战略重点的规定，不仅为当前调整产业结构提出了明确要求，也为今后20年内产业结构的合理化指明了方向，我们应当在近几年调整产业结构取得重大成绩的基础上，研究今后我国产业结构变动的趋势，探索不同发展阶段上的

---

[*] 首都部分经济理论工作者笔谈学习十二大文件的体会。

产业结构对策、使农业、轻工业、重工业、交通运输业、建筑业、商业、服务业等等部门间的结构，成为有利于实现战略目标的最佳结构。

关于产品结构和技术结构。工农业总产值翻两番，要在不断提高经济效益的前提下实现。党的十二大报告强调指出这一点，对于防止和克服单纯追求产值增长的现象，把全部经济工作转到以提高经济效益为中心的轨道上来，具有十分重要的意义。增加产值是比较容易做到的，但是，要使产值所代表的使用价值在质量、品种和规格上适应不断发展变化着的国家建设和人民生活的需要，却是不容易做到的、工农业总产值翻两番，并不意味着现有各种产品产量都翻两番。有的产品，如能源和某些原材料不可能翻两番，而另外一些产品，如机械电子产品和石油化工产品则可能会有几倍、十几倍甚至几十倍的增长在一个行业内部，各种产品的增长情况也必定是千差万别的这就需要研究产品结构对策，以便在实物形态上保证部门间和部门内部的发展有利于社会经济效益的提高。

关于技术结构实现战略目标主要依靠技术进步，有计划地推动大规模的技术改造，在生产中采用各种适用的新技术、新设备、新工艺、新材料和新的计量、测试手段，这是不断提高产品质量，增加花色品种的迫切需要，也是不断降低能源和原材料消耗的根本途径。根据我国劳动力多、生产技术水平较低的情况，要研究全国的技术结构对策，使自动化、半自动化、机械化、半机械化和手工操作有一个合理的比例，并研究其在各发展阶段上的变化，制订科学的对策，以利于在扩大就业的同时不断提高劳动生产率，提高技术水平。

关于所有制结构，党的十二大报告在论述坚持国营经济的主导地位和发展多种经济形式的问题时，已经科学地确定了我国所有制结构的各项基本原则，明确了社会主义全民所有制的国营经济、劳动人民集体所有制的合作经济、农村和城市劳动者的个体经济这三种形式，指出了它们在社会主义经济生活中的地位和作用。由于不同的经济形式体现不同的生产关系，而生产关系是由生产力的水平和性质决定的。因此，随着生产力的发展，国营经济的主导地位必然不断加强，合作经济也会不断健全和发展，这两种社会主义公有制经济形式的不断完善，是我们实现战略目标的基本依托劳动者个体经济作为公有制经济必要的、有益的补充，也会在国家规定的范围内和工商行政机构的管理下，得到适应的发展。党的十二大报告要求多种经济形式的合理配置和发展，以繁荣城乡经济，方便人民生活。这也就是要建立合理的所有制结构。因此，研究与不同阶段上生产力发展状况相适应的所有制结构对策，使之正确发挥促进生产力发展的积极作用，无疑也是经济科学面临的一个重要课题。

经济科学的研究任务是多方面的，也是极其艰巨的。只要我们深入学习和正确领会党的十二大文件的精神，并贯彻到各项研究工作中去，把理论和实际密切地结合起来，到实际经济生活中去进行艰苦的调查研究工作、努力发现新情况，研究新问题，勇于探索，勇于创新，坚持真理，修正错误，就一定能够为全面开创社会主义现代化建设的新局面做出自己的贡献。

（原载《经济学动态》1982 年第 12 期）

长江综合开发利用考察报告[*]

中国生产力经济学研究会、中国经济学团体联合会、交通部长江航务管理局，根据中央领导同志最近关于开发利用长江的重要指示精神，共同发起并组织的考察组，对长江水系进行了一次历时52天的调查研究，目的是向党中央和国务院提出综合开发利用长江水系，特别是振兴长江航运的一些政策性建议。

参加考察的有中国社会科学院、国家计委、经委、交通部、铁道部、水电部、农牧渔业部、中国人民大学、四川省社会科学院、湖北省社会科学院的专家、学者、科技人员36人。考察活动自5月20日从四川省乐山市开始，至7月10日在上海市结束，途经云南、湖北、湖南、江西、安徽、江苏六省，考察了重庆、武汉、长沙、南昌、芜湖、南京、上海等25个港口，踏看了金沙江、岷江、汉江、赣江、秦淮河、京杭运河、鄱阳湖等支流和湖泊，行程7000多公里。

这次考察活动的指导思想是，紧紧环绕实现20世纪末战略目标这个中心，宏观与微观相结合，以宏观为主；经济与技术相结合，以经济为主；航运与水能综合利用相结合，以航运为主；政策建议与具体措施相结合，以政策建议为主。

长江在振兴我国经济中具有特殊的地位和作用。长江流域面积180多万平方公里，人口占全国五分之二，工农业总产值占全国

---

[*] 长江综合开发利用考察组。主持人为孙尚清，参加撰稿的有：薛永应、周明镜、石铭鼎、张思平、陈栋生、唐国英、陈关顺。

40%左右，气候温和，资源丰富。重庆、武汉、上海三大经济区，文化发达、技术先进。长江水运条件尤为优越，干流横贯东西，支流沟通南北，通航里程总计70000多公里，其中干流通航里程2800多公里，是我国交通大动脉之一。利用长江外贸港口直达外洋的便利，向外可以挟流域内经济力量，开拓海外市场，引进外资和技术；向内可以沟通沿海与内地、东部与西部、先进地区与落后地区的联系，将来沿江势必逐步形成我国最大的一条产业密集带，促进全国经济的繁荣。

中华人民共和国成立三十多年来，长江水系在防洪、灌溉、发电、航运等方面取得了很大成绩，但在综合开发利用方面存在的问题也相当严重。特别是长江水系多数航道基本上仍处于自然状态，港口码头落后，船舶陈旧，运力不足，再加上闸坝碍航等原因，使航运发展远远落后于国民经济发展的需要。

长江开发利用得不理想，首先是对长江水系在发展我国经济中的地位和作用认识不足，对综合利用水资源的重要意义认识不足，在处理航运和其他方面的关系时往往忽视航运。其次是条块分割、多头管理的体制限制了长江水资源的综合利用和航运的发展。最后是国家在政策上对长江航运事业支持不够。我们认为，对长江水系的综合利用，必须合理协调长江水资源的各种功能之间的关系，求得最大的社会经济效益。只要指导思想正确，体制得当，政策对头，长江水系的巨大潜力一定会得到比较充分的发挥。

一 航运落后，恶性循环，亟待振兴

（一）航运现状

长江水系的航运在全国占有举足轻重的地位，1983年完成的货运量和货运周转量分别占全国内河的78%和85%。但是，全国内河航运量占全国总货运量的比重，却在不断下降。据长江流域川、鄂、湘、赣、皖五省统计。这一比重已经从1957年的42%，下降到1979年的21%，二十三年下降了一半。近几年比重稍有回升，但仍无根本性变化。

长江水系的航运条件极好，但利用程度很低。长江干线的利用程度只及美国密西西比河的七分之一，其运输能力只相当于一条3000公里长的铁路。如果长江干线达到密西西比河的利用水平，则其运输能力可相当于2万多公里铁路；如果全水系都达到这个水平，可相当于10万公里铁路。

长江水系航运的落后状况，主要表现在以下七个方面：（1）干支航道缺乏统一标准，航道不成网；（2）港口设施落后，基本上是笨重的手工操作；（3）船舶陈旧，船型机型复杂，木质船和水泥船占运力的30%左右；（4）通信手段和供应设施落后，地方船舶基本上没有通信设备；（5）水运工业的产品质次价高，修造船周期长；（6）缺少必要的航道、港口和运输法规；（7）管理体制不合理，经营水平低。

（二）航运落后的原因

第一，综合利用水资源的方针未能很好贯彻，忽视航运的发展。由于人们对内河水运在生产建设发展中的重要作用认识不足，导致工业布局不注重利用航运条件优越的长江；而水资源的片面利用又恶化了许多主要支流的天然通航条件，从而促使修建沿江沿河铁路，以解决货客运输紧张状况；沿江沿河平行铁路的不断修建，反过来又进一步取代了内河运输；这样，就形成一种恶性循环。

在"以粮为纲"的那些年，许多地方不顾航运的要求，修建碍航水利闸坝。据1983年统计，长江流域十省一市在通航河流上共建有水利闸坝1707座，其中碍航闸坝753座，占44%，共切断通航里程1万多公里。有的闸坝虽建有过船设施，但往往标准过低，运转不灵，严重限制了航运的发展。

第二，在产业布局上忽视沿江沿河建厂。沿江沿河建厂，既便于运输，又便于供水，对于运量大、用水多的企业特别有利。美国从1952年到1979年，沿江河新建和扩建工业企业11000多个，总投资达到2000多亿美元。美国内河运价只及铁路的五分之一至四分之一，只及公路的二十分之一。我国却忽视沿江沿河建厂。即使一些建在江边的工厂或运量不大的工厂，也弃水走陆，大修专用铁路，造成内河航运货源不足，使航运运量大、成本低的优越性无法发挥。

第三，在政策上忽视发展河运。在投资政策上，铁路一律由国家投资，而内河航运除通航一千吨级以上船舶的航道由国家投资外，其余航道国家只给部分补助。1949—1978年的三十年中，全国内河航道投资仅占全国基本建设总投资的2%，只及铁路总投资的2.5%。"六五"期间，河运总投资只及铁路的5.3%。由于投资太少，使内河航运只能维持简单再生产，有的甚至逐年萎缩。看来，投资政策上的失误，是同理论上的误解相联系的。交通运输作为社会基础设施，具有两重性。一方面是生产性。它完成原材料和产品在空间的位移，是生产过程在流通过程中的继续。因此，要讲求盈利，讲求经济效益。另一方面是公益性。作为国家给公民提供的一种生活和工作的便利条件，则不能讲求盈利。如不认清这种两重性，在部门之间进行投资分配和盈利水平比较时不考虑这一特点，航运和公路建设是难以顺利发展的。

在物资供应政策上，铁路全部使用低价油（"直供油"），而河运，除交通部直属企业外，地方企业只能使用高价油（"商供油"和"议价油"，价格分别高出"直供油"一至二倍）。铁路车辆建造由国家投资，而内河船舶建造则要贷款。有了贷款，还不能保证按计划价调拨钢材。

总之，这些政策，加上经营管理不善，造成航运反倒成本高、运价高，从而不能用运价低的优势去弥补运时长的劣势，根本无法同铁路竞争，长期处于落后状态。中共十一届三中全会以后，中央领导同志多次提出要重视发展内河航运的正确方针，但至今尚未得到具体落实。

（三）到 2000 年和"七五"期间的发展设想

发展长江水系航运是保证实现总目标的一个重要条件。我国的经济发展，对外开放，开发大西南，建设重庆、武汉、上海三大经济区，北煤南运，西磷东运，都应当充分重视利用长江这条重要通道。

据此，我们设想，经过十几年的建设，到 2000 年时，在长江干流上，把航线向西延伸到金沙江下游的永善，使宜宾以下通航千吨级船队，宜昌以下通航 3000 吨级江驳，武汉以下通航 5000 吨级海轮，南京以下通航 25000 吨级海轮。在支流上，通过渠化，使湘江的湘潭以下，汉江的丹江口以下，赣江的樟树以下，南淝河的合肥以下，均通航千吨级船队。此外，还应积极进行京杭运河（北京—杭州）、两沙运河（沙市—沙洋）、芜申运河（芜湖—上海）的整治和开发。

这些工程完成之后，将形成一个以长江为主干，沟通淮河、钱塘江、珠江三大水系，通向东海和南海的庞大航运网。这个航运网的建成，不仅在国民经济上，而且在国防上，也有重大意义。

为了建设这个航运网，应当抓好六大工程：

第一，长江干线航运开发工程。包括重庆至宜宾段航道整治工程，张家洲、白茆沙航道整治工程，重庆、宜昌、沙市、武汉、九江、芜湖、南京、镇江、张家港、南通等枢纽港口扩建工程，水系航运通信网工程等。

第二，大西南航运开发工程。包括金沙江下游和关河开发工程，赤水河、乌江渠化工程，岷江、大渡河、嘉陵江整治工程。

第三，两湖航运开发工程。包括湖南"北水工程"（指湖南省北部湘、资、源、沣四水的中、下游和洞庭湖区航运开发工程），两沙运河开发工程，汉江航运开发工程等。

第四，赣粤航运开发工程。包括赣江航运开发工程，信江航运开发工程，昌江渠化工程等。

第五，江淮航运开发工程。包括江淮运河开发工程，芜申运河开发工程等。

第六，长江三角洲航道扩建工程。包括京杭运河扩建工程，张家港疏运航道扩建工程，苏申内外港航道扩建工程，杭申、湖申航道扩建工程，上海油墩港航道续建工程等。

以上设想，可分两步完成。第一步，力争"七五"期间完成上述各个项目的第一期工程。据初步估算，约需投资 35 亿元，贷款造船 29 亿元。第一期工程完成后，长江水系的货运量可望从目前的 2.5 亿吨增加到 1990 年的 3.8 亿吨，增加 52%；货运周转量从 600 亿吨公里增加到 1100 亿吨公里，增加 83%。完成的货运量可相当于 10000 公里铁路。我们认为，这是一个投资少、效益高的战略措施如果靠新建铁路来运输上述新增的货运量，至少需要投资 120 亿元，还要占用土地 15 万亩。第二步，从 1991 年到 20 世纪末，全部完成上述开发工程。每年约需国家投资 8 亿元。

（四）几点政策建议

第一，对航道和港口实行分级建设和分级管理。通航 300 吨级以上（含 300 吨级）船队的航道，由国家规划和投资建设；通航 300 吨级以下船队的航道，由地方建设，必要时国家补助。内河以发展货主码头为主，国家只对外贸码头、水铁中转码头、重要客运码头和枢纽港口进行投资和建设。国家航道，由交通部负责规划建设和管理。航道和港口对所有航运企业开放，一视同仁。

第二，以航运部门为主进行的河流渠化工程，枢纽由国家投资，电站部分由航运部门贷款或集资建设。电费收入免税，还清贷款后可用于航道治理，实行"以电治河，以电养航"的办法。

第三，作为一种扶持措施，银行向航运企业发放低息造船贷款，促进船舶技术改造；物资部门按计划价格分配造船材料。

第四，制定油耗标准，按每年完成的客货周转量分配直供油指标。

第五，放宽政策，允许并鼓励航运企业从单一运输型向产运销联营型发展。

二 防洪是综合利用的前提，必须抓紧五项工作；发电要着眼"西电东送"

（一）防洪

近两千年来，长江中下游平均十年发生一次洪灾。1954 年的特大洪水，淹没农田 4700 多万亩，使 1800 多万人受灾，30000 多人死亡，经济损失巨大。今后像 1954 年那样大的甚至更大的洪水仍有可能出现。据长江流域规划办公室调查估算，今后如再遇 1954 年那样的特大洪水，直接经济损失将达 200 亿元。因此，必须及早采取对策。

目前主要依靠堤防抗御洪水。三峡水利枢纽即将动工兴建，建成后对防洪的作用是十分显著的。但是，如果今后遇到特大洪水，三峡水利枢纽也不能完全控制。因此，无论三峡工程建成前后，都要重视发挥长江中下游堤防和分蓄洪工程的作用。我们认为，在长江防洪方面亟须解决以下问题：

第一，加高加固荆江大堤等重要堤防，结合航道建设，对河道进行必要的整治，扩大泄洪能力。

第二，落实分蓄洪措施，严禁围垦湖泊；已围垦的，要尽可能退田还湖。

第三，积极研究、规划和兴建干支流水库，但要防止重犯兴一利废一利的片面性，应特别注意兼顾各方，取得综合效益。

第四，加强排涝工程建设，适当提高排涝标准。

第五，加强非工程性防洪措施（如气象预报、洪水预报、水库合理调度、分蓄洪区管理、群众安全转移等）；适当组织防洪演习；在研究和引进现代化的非工程性防洪手段方面要肯花点钱。

（二）发电

长期以来，北煤南运是解决长江中下游地区能源问题的主要途径。随着长江流域经济的发展,煤炭需要量将大幅度增加,煤炭运输问题也将日趋尖锐。据预测,仅华东地区 1990 年煤炭调入量将达 8000 多万吨,2000 年将增至 1.2 亿吨。为了更好地解决长江流域经济发展中的能源问题,减轻对铁路和航运的压力,必须在保持必要的北煤南运量的同时,开发长江的水力资源,逐步实现"以水代煤",提供量大价廉的水电。长江水力资源 80% 集中在上游的干支流,在这些地方建立大的水电基地,实现"西电东送",可为长江中下游地区的经济振兴提供能源。同时,对于开发大西南也具有战略意义。

为此,建议采取以下措施:

第一,适当加快三峡水利枢纽的建设。要把兴建三峡水利枢纽作为"西电东送"的战略起点。三峡工程建成后,对川江回水区的通航条件也会有较大改善。但必须充分注意拟建的配套船闸和升船机的规模和质量,在技术上一定要反复试验,做到确有把握,杜绝后患。我们考虑:(1)三峡工程的航运通过能力应不小于葛洲坝;(2)应采取有效措施,保证施工期正常通航,保证大船和地方中小船舶都能安全通过;(3)在正常蓄水位 150 米方案实施后,从长寿到石宝寨之间的回水变动区内,约有 86 公里的 17 处宽浅河段可能产生严重淤积,有碍航行。建议国家督促有关单位及早提出解决这个问题的措施,并认真落实。

第二,抓紧做好大规模建设长江上游地区大型水电基地的前期工作。特别是增加西南地区水电水利方面的勘测、规划、设计的技术力量,加强基础处理、超高压输变电设备、缩短工期等方面的科研工作,充分掌握水文、地质等方面的基础资料,把水电建设与整个大西南建设的总体规划结合起来。

第三,采取多种渠道,多方集资,尽早开发中下游地区的水力资源。这样可以弥补三峡水利枢纽建成之前水电建设上的空当,满足这一时期用电负荷增长的需要,同时,利用来煤之便,有计划地沿江建设几个大型火电站,以弥补水电之不足,特别是弥补枯水期水电发电量减少时对电力的需要。

第四，对长江上游水力资源也应实行综合开发的方针。把开发水电同整治航道、防洪建设很好地结合起来。

第五，改革移民安置办法。必要时采取特殊政策，尽可能把移民安置同库区建设结合起来。

三 逐步建设一条横贯东西、带动南北的产业密集带

三峡水利枢纽的兴建，揭开了长江开发利用的新篇章。利用长江能源之便、舟楫之利、流域矿藏丰富和现有工农业基础，逐步建设起长江产业密集带，这是一个大的战略性布局。它将在实现战略目标和更长远的发展中，发挥重大作用。

我们设想的长江产业密集带，是这样一个产业地域综合体：它以长江沿岸经济发达的上海、武汉、重庆等大城市为中心，辐射联通各自腹地的中、小城市与广大农村，包括沿干、支流的工业走廊，沿太湖、鄱阳湖、洞庭湖的产业圈，以及商品率较高的各种农业专业化地带、旅游区和高技术产业密集区。

（一）有利条件

第一，长江干流横贯中华，众多支流和六条纵向相交的铁路连接南北，是我国经济重心之所在，恰居全国产业布局之中轴。

第二，长江流域地跨三大经济地带（沿海经济发达地带、内陆地带、西部经济不发达地带），下游地区是沿海对外开放前沿地带的中心，上、中游腹地广阔，为我国实现由外向内、由东到西的经济技术转移，实现外挤内联、外引内移、东靠西移的经济措施，提供了最便利的条件，也为大三线企业的调整、改造和发挥作用提供了有利条件。

第三，长江上、中游地区水力资源、矿藏丰富，下游科技、人才、资金、信息等资源雄厚，凭借长江黄金水道，可以互相交流，取长补短，形成经济优势。

第四，三峡电站建成后，现有华东、华中、川东电网将联结成为全国装机容量最大的一个电网，可为长江产业密集带的发展提供可靠的动力。

（二）发展构想

长江产业密集带的发展方向应该是，以重庆、武汉、上海为依托的三大经济区同上中下游一系列各有特色、相互补充、产业衔接的中小经济区相结合。

上游云、贵和鄂西地区，发挥磷矿、铝土矿与能源丰富的优势，应建成为全国最大的磷肥基地和重要的铝、铁合金基地；中游湘赣和安徽，是著名的有色金属之乡，可建成铜、钨、锑和铅锌基地；中下游上海、南京、合肥、武汉等大城市，智力、技术较密集，有条件发展一系列新兴产业，建成几个具有中国特色的"硅谷"和"筑波"。

沿江可配置一系列大运量、大耗水、大耗电型的企业：利用南下东运的北煤，沿江建立几个大型火电基地，可与长江干支流梯级开发中的水电站配合调节；沿湖鱼米之乡，宜发展食品、饲料等农产品加工和农用工业，形成若干经济合理、各具优势的中小产业圈。

上中游地区以面向国内市场为主，同时以各种原材料、初级或中度加工的产品供应下游地区，进行深度加工，形成"一条龙"，以提高产品附加价值和出口竞争能力；下游地区重点发展知识技术密集型产业，面向国际市场，同时以先进技术设备和高档消费品供应国内市场，积极引进国外先进技术，经过消化、创新，快速向中、上游地区转移，在迎接新技术革命的挑战中发挥先锋作用。

（三）几点政策性建议

第一，为使建立长江产业密集带的构想顺利实现，应该把现有产业的调整和改造同新建项目的布局结合起来考虑，把综合运输网、电力网向其他产业的布局，以及城镇、港口、铁路站场的布局,协调起来,统一规划,通盘安排,以避免零敲碎打,孤立布点,造成失误。

第二,提倡和鼓励沿河建厂。对沿江宜于布厂的区段,由国家统一征用土地,有关部门负责"五通一平",创造良好的投资环境,以优惠条件吸引沿江布厂。

第三,长江干流武汉以下江宽水深,江海船舶可以直达,建议继沿海一批城市开放以后,再有步骤地对外开放长江中下游一些有条件的城市,如武汉、九江、芜湖、南京等,以加快引进先进技术和利用外资的步伐。

四 改革水资源管理体制和航运管理体制是一项紧迫任务

从航运、防洪、发电以及其他几个方面的实际情况看,水系的管理体制如不改革,水资源的综合利用是搞不好的,航运的振兴也无从谈起。据我们观察,长江水系有两个方面的管理体制亟待改革,一是整个水资源的管理体制,二是水系航运的管理体制。

(一) 水资源管理体制

同我国其他方面的情况一样,长江水资源的管理也存在着条块分割的弊病。同用一江水,各管各的事。水电部管防洪、发电;交通部管内河航运;农牧渔业部管水产养殖城乡建设环境保护部管水域防污;旅游部门管沿岸风光。有关的省、市、地、县也是切块管理。这种"九龙治水,群龙无首"的管理体制的弊端是:

第一,不能综合开发,水尽其用。由于条块分割,各部门、地区之间追求的目标和利益不同,他们往往从本部门的利益出发,难以做到统筹兼顾,综合利用水资源。

第二,沿河投资分散,综合效果很差。同水资源有关的单位,往往是各要各的钱,各办各的事,对综合效益不加考虑或考虑不够。由于投资渠道不同，在投资不足的情况下，主办部门往往砍掉与自己无关或关系不大的配套项目。从三十年的实际情况看，被砍掉或被压低标准的，常常是同航运有关的项目，造成水资源的片面利用。

第三，各自为政，政出多门。有关的部门、地区，都争当河流的"主人"，都喜欢把自己摆在"老大"的位置，以致矛盾丛生，使一些本来很容易办到的事情也久拖不决。

根据以上情况，我们认为，长江水资源管理体制改革应该注意以下几点。

第一，改革生产关系、上层建筑不适应生产力发展的环节。首先要采取措施，打破条块分割的局面，从体制上保证水资源的综合利用。同时，在科学研究的基础上，做好统一规划，对河流逐条进行综合治理和开发，避免只顾一时不顾长远，只顾一方不顾他方的情况出现。

第二，把好投资审批关。凡是应该综合利用而没有综合利用的项目，一律不予批准。对于已经损害其他方面利益的工程，应尽量挽回损失，受益部门要主动协助解决问题。

第三，制定有关水资源的各种法规，强调依法办事。法规的制定要充分听取各方面的意见。

由于我们这次未能对水资源管理体制的改革进行深入研究，建议国家体制改革委员会组织有关部门，在系统调查研究的基础上，提出全面的改革方案。

（二）航运管理体制

长江航运管理体制几经变化。从今年元月起，长江干线已实行港航分管。初步收到成效。但是，整个水系的航运管理体制仍然存在很多问题。主要是条块分割，政企不分，港口、航政、码头不分，使货不能畅其流，船不能便于行。

我们认为，长江水系航运管理体制的进一步改革，应当考虑以下原则。

第一，从有利于社会化大生产，有利于商品经济发展出发，把政企分开，港航分管，进一步打破条块分割，打破垄断，克服"官商"、"官运"作风，真正做到按水上运输的客观规律办事，鼓励江海直达、干支直达和跨区航行，减少中转和倒载。

第二，在国营经济为主的前提下，逐步形成多种经济成分、多层次、多渠道的航运结构，鼓励和扶持集体航运企业和运输专业户的发展。港口面向水系，为各家船舶服务。

第三，航运的行政管理工作，要大的集中统一，小的放宽搞活。要建立一个统一指导全水系航运的管理机构，实行统一领导，分级管理。要及早制订航道法、港口法、船舶运输法和船舶安全法。

第四，航运和装卸企业都要打破两个"大锅饭"，开展同行业竞争，鼓励各种形式的联合。

第五，按照建立自觉运用价值规律的计划经济体制的原则，把过去几乎全由计划安排运输改变为国家指令性物资运输，由计划安排；非指令性物资运输，通过航运贸易中心洽谈安排，价格可在20%幅度内浮动。

（原载《中国社会科学》1985年第1期）

大力开展跨学科的综合研究

产业长期规划研究属于跨学科的综合性研究，我想对这种研究发表一点个人的看法，不对的地方请大家指正。

一 当前我国面临着如何大力组织和发展跨学科综合研究的任务

我国社会主义建设的伟大实践，不断地向我们提出大量的、需要多学科合作研究才能回答的综合性的问题，国民经济各产业长期规划编制方法问题，就是其中之一。我国的社会科学工作者如果不能很好地回答这些问题，那么其自身存在的价值就值得怀疑了。与此同时，社会科学本身的发展，也要求我们把发展跨学科的综合研究提到重要的地位上来，因为社会科学各学科之间的相互交叉，相互渗透，以至社会科学与自然科学两大科学门类之间的相互交叉、相互渗透，已经成为不可阻挡的发展趋势。如果我们不去适应这个趋势，就必然会在实际研究工作中碰到越来越大的困难。所以从事跨学科综合性研究，既是实践提出的要求，又是社会科学本身发展规律的要求。当然，我们强调综合性跨学科研究，并不意味着否认科学的发展还存在着另外一种细分化的趋势。因为随着科学的发展，有许多从未被人类认识到的社会现象或自然现象，正不断地成为人们新的研究对象，这也是一个客观规律。迄今为止的科学史表明，综合化和细分化这两种发展趋势是并行不悖的。我们不能强调一个方面而否认另一个方面，然而就当前我国科研工作的现状和社会主义建设的客观要求而言，综合化的趋势居于主导地位。对此国内外学者曾广泛地交换过意见，大家的看法基本上是一致的。

二　为了适应这种趋势，我们必须做好以下几件事

（1）打破按传统学科进行封闭式研究的状态。我国社会科学的传统分科法，有着长久的历史，数量经济学的历史短一些，但也已经开始形成一套自己的东西。因此要冲破传统学科的界限，难度很大，因为我们的机构设置，研究人员的素质，研究课题的选择，科研经费的拨发，在中华人民共和国成立三十多年来基本上是按照传统学科的封闭模式来组织和管理的。今天报纸上发表了《中共中央关于科学技术体制改革的决定》，就我个人理解，也包含了强调科技问题的综合研究，改革传统的做法。

（2）从中国社会科学院的现状来看，我们痛切地感到，研究人员的素质对于综合性跨学科的研究还有许多不适应的地方。不同学科的学者，隔行如隔山，共同语言甚少，而发展跨学科综合研究恰恰需要研究人员具有更广博的知识，特别是对邻近学科具有多少深入一些的了解。因此，现有在职研究人员的培训，知识的更新问题，就紧迫地提到日程上来了。为此，我们打算很好地组织现有人员的培训，根据胡乔木同志的指示，在培训工作中要注意学习现代的科学方法——系统论、控制论、信息论。同时学习现代数学，还要学习掌握现代化的研究手段，特别是掌握运用微电脑。实践证明，结养人才要及早下手，我们研究生院的硕士、博士研究生的训练，不应该局限于传统的方法。目前在培养硕士生、博士生的许多领域内，苦于找不到导师，苦于缺少明白人。我们还要更多地向国外派人。向国外派人要解放思想。像邓小平同志讲的那样，打一点损耗，不要害怕这点损耗，因为我们得到的好处是主要的。我们要打开多种渠道，用多种方式向国外派留学生。当然国外学到的某些东西也不见得我们都用得上，有些我们根本不能用，但是为了了解

国外各学科的实况，为了比较，为了批判背离马克思主义原则的东西，都需要了解它，研究它，否则我们的批判也只能是隔靴搔痒，打不中要害。

三 为了适应发展综合性跨学科研究的需要,我们中国社会科学院近期内还准备采取一些具体措施

（1）准备试行综合性课题研究的"基金制"。过去由于科研人员被各部门分割，这类研究很难组织起来。现在我们打算先试办几个综合性题目，由不同单位的人员在自愿的基础上自由结合起来进行研究。由国家拨付专门资金加以支持。由于财力有限，加上没有经验，目前只能先试搞三四个课题，改变一下目前这种科研经费"大锅饭"的现状。

（2）采用与传统学科不同的办法来评价综合性研究成果，使综合性研究课题的每一个参与者和组织者的贡献都得到公正的评价，正确反映他们的劳动成果：第一，同聘任职称挂钩，第二，实行物质鼓励。现在已经有了几种奖励基金。首先是社会科学国家奖金，正在由国家科委草拟条例并将设立评奖机构，其次是我院的几种办法：院里正研究设立院长基金，各研究所和各个刊物也建立了奖励基金。再有就是各种奖励基金会，如经济学方面的孙冶方经济科学奖励基金，语言学方面吕叔湘同志捐款建立了青年语言学家奖金，考古学方面夏鼐同志捐款建立的考古学奖励基金等。各省也在搞。我们把综合性跨学科研究的成果，通过专家委员会评选，向有关方面推荐。

四 我们希望这次产业长远规划方法讨论会,能为跨学科综合研究创造一些好的经验

自1982年我们强调跨学科综合研究以来，真正做得好的并不

多，所以我们希望通过这次会议以后的切实工作能创造出这方面的好经验，推动我们社会科学研究工作水平的提高。谨祝会议圆满成功！

(原载《数量经济技术经济研究》1985年第8期)

关于所有制改革的几个问题[*]

一 所有制问题的研究有突破性进展

我国所有制问题的研究,随着中共十一届三中全会以来经济体制改革的前进,我觉得可以说已经取得了突破性的进展。在体制改革中,原有的利益关系发生了一系列新的变化,职工吃企业大锅饭、企业吃国家大锅饭和资金供应大锅饭都受到很大冲击,这就必然带来各方面利益关系的大幅度的调整和改变,而所有制实质上是体现财产关系或利益关系的,所以在改革中出现所有制关系的复杂的、迅速的各种变化就是很自然的了。

据世界银行的材料,发展中国家人均国民生产总值在250—1200美元这个时期,是处于产业结构急剧变动的时期。我国目前不仅处于这个阶段,而且还正在进行经济体制的改革,因而我们在这个时期内也是所有制变化最剧烈的时期。

所有制的变化这几年有"爆炸"之势。概括起来可这样说:实践推动着理论研究的发展,理论反过来又指导实践,从理论与实践的关系上看,所有制问题研究上这几年的主流是一种良性循环。

我认为,近些年我们在所有制研究方面取得的突破性进展,主要表现在扬弃了传统的不切实际的凝固的社会主义所有制模式。这个模式的特征是:①只承认社会主义社会有两种公有制即全民所有

---

[*] 本文是作者1985年11月21日在一次讨论会上的发言。

制和集体所有制,而不承认各种横向联合的公有制形式;②笼统地规定全民所有制是社会主义公有制的高级形式,集体所有制是低级形式;③社会主义社会不可能长期建立在两种公有制基础上,应当尽快把集体所有制提高到全民所有制的水平。

根据实践的检验,这三条存在的问题是:①简单化倾向。一般来说,社会主义公有制有全民和集体两种基本形式是对的,但不应该武断地排除其他派生出来的公有制形式,因为社会主义的实践正在向前发展,所有制形式也必然发生变化。②概念化倾向。研究所有制模式象研究其他经济问题一样,必须从实际出发,不能从概念出发。判断所有制的高级或低级,优点或缺点,只能从它们对现实的生产力水平和状况的适应程度来衡量,而不能片面地以其公有化程度的高低、公有化规模的大小来衡量。③导致实际工作中盲目地追求"一大二公",急于过渡的倾向。这是简单化和概念化必然带来的实践后果。

可见,传统的所有制模式的要害是脱离生产力的状况和水平来看待所有制问题,而这恰恰是不符合马克思主义基本原理的。这些年对所有制问题的理论探讨,在一切从实际出发,实事求是的马克思主义思想路线指引下,对我国改革实践中出现的新情况和新问题能较为及时地加以概括、分析,摆脱了传统的所有制模式的束缚,取得了一些创新性的理论成果,对所有制改革起了积极作用。

二 我国所有制多样化的实践,不是1957年对私有制社会主义改造以前的多种所有制并存局面的简单复归

从历史发展的经验看,当某种新的生产方式取代旧的生产方式时,适应并促进生产力发展的新的所有制有极强大的生命力和爆发力,因而它对原有的阻碍生产力发展的旧的所有制形式具有很强的"吞噬"力。我国在1957年以前的公有制就是如此。在这种时候,要求人们冷静地清醒地考察,随着生产力的发展,各种所有制形式

究竟是阻碍还是促进生产力的发展，并据此来考虑和调整所有制的结构。

我们现在的所有制形式多样化，是适应经济发展及改革的需要而出现的；我国对私有制社会主义改造前的多种所有制并存却是旧社会遗留下来的，只新增加了公有制形式。当时非公有制形式虽然处于被迅速改造的地位，但"谁战胜谁"的问题尚未解决；而今则是在公有制已据统治地位条件下的多种所有制形式并存，历史的政治经济的条件都已经发生了根本性的变化。因此不能说我们今天的所有制现状是1957年前所有制状态的简单复归。事情正好相反，我们正处在一个新的发展阶段上。当然，事物在螺旋式上升中会有某些旧因素的再现，这是由于现阶段我国生产力的多层次性和不平衡性决定的，因而应当视为在新的条件下新出现的新情况来加以研究。

所有制形式多样化在相当长时期内不会改变，这是由于决定这种多样化的基本因素不是短暂起作用的。诸如：生产力发展的不平衡，发展社会主义商品经济也要求所有制结构的多层次和多样化；在现阶段，单一的所有制不可能更好地满足人民的千差万别的需要；在社会主义商品经济条件下，要搞好企业的自主经营，独立核算，自负盈亏，开展横向的经济技术协作，发展第三产业，都在客观上要求所有制结构不能单一；其他许多建设事业也都要求国家、集体、个体一起上。个体经济在理论上讲是我们社会主义经济的必要补充，既然如此，哪里有"空白点"，有不足之处，它就应当在那里起"补充"作用。但在不同经济水平和领域，它的发展在量上如何掌握，值得进一步探讨，也有待实践经验的积累。此外，我们还应该看到，所有制形式的多样化对进一步解决城乡就业问题也有积极作用。我们在政策上早已提出就业的渠道要多样化。原来的就业政策无法适应新生长的劳动力的就业压力，弄得许多国营企业人浮于事，劳动生产率下降。1978—1984年间平均每年要安排就业的劳动力约为1300万人，需要在各种所有制形式中实行多种就业方式。以上这些因素都不是短暂起作用的,因而决定了所有制形式多样化将是长期的。

三 全民所有制的内部结构问题

我们社会主义社会的所有制结构,以公有制为基础这一点是决不动摇的。在研究全民所有制内部结构的变动问题时,首先要有正确的方法论。过去,人们通常把所有制问题只看成生产资料归谁所有;这种过于简单的理解,很容易把全民所有制在社会主义阶段内部结构的变化问题给否定了。这种传统的理论观点没有看到所有制关系除了生产资料在法律上和理论上归谁所有以处,还有生产资料的占有权、支配权、使用权,即经营权问题。把所有权和经营权混在一起,并且把这说成是一种优越性的观点,实践证明是站不住脚的。研究全民所有制的所有权与经营权之间的关系问题,还涉及国家与企业,中央与地方,地方与地方,企业与企业之间非常复杂的关系。尽管在法律上所有制关系是相对稳定的,但与经营权相联系的方面却可以在所有制法律关系不变的条件下经常处于变动之中。中共十二届三中全会《关于经济体制改革的决定》中,讲了政企分工,讲了所有权和经营权的分离,这就给我们分析全民所有制提出了一个新的科学的方法论。用新的方法论来分析所有制,可以看到全民所有制内部关系是十分复杂的。应当指出,所有权和经营权的分离,并不是社会主义经济制度下特有的,而是社会化的商品经济条件下较为普遍的现象。资本主义国家所有权和经营权也有分离,分离的形式千差万别,在同一个资本主义国家里也是多种多样的。我看似乎可以说,所有权和经营权的分离是与商品经济发展相伴随的现象,这种现象可以超越社会经济制度的差别,但由于社会经济制度的不同,所有权和经营权分离的形式和内容则会有自己的特点。

关于全民所有制内部结构有许多重要问题需要深入研讨。在这里我想只对股份制问题谈一点个人不成熟的意见。当然这个问题并不是全民所有制改革的主要方向和突出问题，但这个问题却引起了理论界的兴趣。

改革中有的地方搞了股份制的试验，据了解主要有两种形式：一是向社会发行股票，超越本企业的范围；二是只向本企业职工发行股票。出现股份制试验的背景大致有两个方面：一方面是改革中要求打破资金大锅饭，要求企业有作为相对独立的商品生产者和经营者的活力，有自我发展的能力，有正当的自筹资金的积极性；另一方面由于近些年我国经济的巨大增长和产业结构的调整，在实际经济运行和社会经济生活中又出现了客观的需要与可能。地区、行业、企业间资金互相渗透，已成为开展多种经营、取得更大效益的一个资金渠道，一些存在不同程度资金短缺而又有生产适销对路商品能力的企业，可以找到一种补充资金的方式。

与此同时，随着经济的发展，城乡居民的储蓄这几年也有了巨大的增长。据统计，城乡居民储蓄已达 1300 亿元左右；据估计，没有存到银行的手头现金还有 700—800 亿元。我们现在居民个人在银行的储蓄主要用于流动资金贷款，这也是支援国家建设，但是个人存款随时可以提取，不能大量用于较长期的贷款；同时目前的经济发展水平，在新旧经济体制转换时期，居民存款有很强的"待购"性质，对现存的卖方市场是一种潜在的然而随时可以变成现实的威胁。在对居民储蓄疏导和适度消化的时候，有限制地向有购买力的居民适量发行股票，也不失为一种方策。股票与储蓄不同，不能退股，从而也就可以解除一部分对市场的压力。所以，向居民适当发行一点股票也是吸收个人储蓄转化为建设资金的一种形式。

目前，人们对实行股份制有种种担心，例如担心股份制会不会改变全民所有制的性质；是否会分散国家财力和增加宏观控制方面的困难，股份制派生出来的某种投机性是否会危害社会主义等。我认为，上述各种担心都是有一定道理的，但我们知道，任何事物都有两重性，有利有弊，要利弊相权，跟上必要的措施，使有利方面充分发挥，不利方面给以最大约束。

由于实行股份制，原来的单纯的国家所有制就变成了国家和持有股票的单位和个人的混合所有制。这在理论上是不可否认的，但从实际情况分析，如果我们搞的股份制只占国营企业固定资产的 1/3 以下，股票持有者实际上不能决定企业经营方向和其他企业行为，而股票持有者又是其他国营或集体企业以及作为生产资料主人翁的职工，这种关系与资本主义股份制是有根本区别的，我们只是在国营企业中加上一点合作的因素，而不是如某些同志所说的加上了私的因素。在国营企业之间互购股票，实际上是属于横向的经济技术协作，是一种资金上的协作。因此，只要把股票额控制适当，例如占企业固定资产的 20%—30% 的范围之内，企业的全民所有制性质就不会改变，企业行为也不会偏离社会主义轨道，并没有什么危险。至于是否会分散国家财力，冲击银行信贷计划的问题，也需要从实际情况出发加以分析。现在我们一些试行股份制的企业在有关的规定和具体办法中并没有完全按照股票的性质去实行股份制。我们知道，股票的一般性质是承担风险的有价证券，股票的红利水平取决于企业的经营水平所决定的利润水平。因此，股票利息或红利既可以大于银行储蓄利息，又可以小于银行储蓄利息；股票作为一种有价证券原则上是可以转让或买卖的，是资金市场买卖的内容之一。股票的价格取决于该企业经营状况、固定资产价值和社会信誉等多种因素，而不完全取决于股票的票面价值。但股票一经出售就不能退股。而我们的一些企业，为了集资，不顾股票的特性，在出售股票时加了很多优惠条件，除了按股票分红利外，还保证不低于同期银行储蓄的利息，有收回股金即退股的自由等，这就和股票的性质背离了。在这种情况下，买股票者既可取得高于银行存款利息的收入，又不承担任何风险，岂不成了旱涝保收的"股票"吗？这是铁饭碗的遗风！如果不按股票的性质去发行股票，那肯定会造成分散国家财力等弊端，如果按股票的性质实行股份制，再加上根据我国具体情况需要的有关规定，上述问题就可以避免。防止股票派生出来的投机性问题，归根到底也取决于我们的有关管理制度和立法是否跟得上、配合得好。

在国营企业中有选择地、有条件地实行股份制，是经济体制改革的内容之一。其他社会主义国家的有关经验也值得我们参考和借鉴，例如，罗马尼亚在1982年10月通过一项法律，规定国营企业的本企业职工可以入股，入股总额不得超过该企业固定资金的30%。每人入股的限额最少为1万列伊（约合人民币1250元），最高不得超过5万列伊，年终分红的多寡取决于企业的盈利水平，但最多不得超过股本的8%。如企业经营不善，没有盈利时，就不分红，在这种情况下只给相当于银行储蓄存款利率6%的利息。匈牙利在经济改革中也实行了股份制。

我认为，我们在"七五"期间可考虑再选定一些企业试行股份制，以积累这方面的经验。实行股份制的企业应选经营管理水平一般的，在近期又没有转产或倒闭危险的，资金严重不足的。在选些这样的企业试点的同时，不断完善有关的规定和立法。红利水平的最高限要有明确规定（例如高于银行个人储蓄利息率的一倍左右），这在价格体系尚不合理的情况下尤为重要，但最低限似可不做规定。这样，既体现它的鼓励性，又体现它的风险性。

我们要进一步发展社会主义商品经济，必须建立和完善社会主义的市场体系，包括商品市场、技术市场、劳务市场、资金市场。在现实经济生活中除了银行系统的信贷关系外，还有部门、地方、企亚相互之间、各种所有制相互之间的与资金横向流动相联系的信贷和合资经营等，在个体户中也出现了小量的信贷关系，再加上一些试行股份制企业，所有这些关系都可以看作社会主义资金市场的萌芽。

最后附带提一下，"七五"期间全民所有制企业内部改革问题中还有一个租赁制的问题。租赁制在国际上已经成为一种很重要的贸易形式。租赁制实质上是把经营权以租赁的形式转交给集体或个人，而所有权是不变的。因此是属于所有权和经营权分离的问题，而不是所有制本身的变化。不过在租赁制下,承租期间所有权和经营权分离得比较彻底。带来的问题是,承租期内以自己的新的积累购买的设备和生产资料归谁所有。在理论上说这些东西和租赁出去的原来的东西有别。但是,我们实行的社会主义的租赁制,除了租赁的对象要有明确界限外,集体或个人承租期内新购置的生产资料等,实际上不存在归承租者所有的问题,只不过是新增收益要归承租者。只要在有关规定、法律(包括税法)和合同中加以说明就可以了。购置新的生产资料是新增加收益的条件,为了增加收益,该购置的生产资料,承租者还是要购置的。

适合搞租赁制的,首先是国营小型零售商店,特别是副食品、小百货以及服务点等。由于缺乏经验,在签订租赁合同时要周密研究,慎重从事。此外我们有些企业闲置的生产资料也不少,尤其是大中型企业闲置不用的生产资料数量相当惊人。某些闲置的生产资料不一定都是马上就要淘汰的,它们对别的企业还有用处,有的甚至有大用处。允许把这些生产资料出租,可以在一定程度上辅助调剂目前紧张的生产资料市场。出租生产资料也是所有权不变。

当然,解决国营大中型企业活力不足问题需要多方面的改革,如前所述,只靠股份制和闲置生产资料出租是不能解决问题的。增强大中型企业活力和自我发展能力,首要的问题还是扩大企业自主权。目前大中型企业已基本下放到城市,所在城市不能截留,放给企业的权限要真正交给企业。大中型企业的指令性计划任务也应当根据宏观经济的条件逐步减少,扩大其活动范围和机动性。企业内部的独立核算单位也应合理划分,不能混着算、混着用。大中型企业综合利用的潜力非常之大,应使它们有条件在综合利用方面大做文章。目前我国工业大中型企业约 4600 个,但占工业总产值的 40% 左右,占上缴税利的 70% 左右。因此,在讨论所有制改革问题时,国营大中型企业的活力问题,我们应当十分重视,深入研究。

(原载《财贸经济》1986 年第 4 期)

建立新的经营机制是搞活国有大中型企业的关键

国有大中型企业是中国国民经济的骨干力量。它是否具有旺盛的活力，在相当大的程度上决定国民经济能否持续稳定发展。七八年来，以搞活企业为中心环节的城市经济体制改革取得了很大进展，企业的活力，尤其是小企业活力有了一定程度的增强。但是，也不能不看到以扩权、让利为主要内容的企业改革，并没有从根本上解决国有大中型企业的活力问题。在国有大中型企业的内部尚未建立起具有热烈的创新动机和积极的企业行为的经营机制。在目前，如何创立这样的企业经营机制已成为深化企业改革的主要内容，这是进一步搞活我国国有大中型企业的关键。

一

把搞活企业作为城市经济体制改革的中心环节，作为改革的出发点和落脚点，这个思路已被改革实践证明是正确的。为了搞活企业而扩大它们应有的经营权力，承认并给予企业一定的经济利益，是调动企业积极性的必要条件，也是企业能够并且愿意对宏观经济参数和市场信号做出能动反应并自主地调节产销活动的主要要素。但是，问题在于仅仅扩大企业的权力和让予一定的利益，并不能保证使企业具有强烈的自我积累欲望和合理的分配行为，也不能保证企业具有持久的开拓精神，甚至这种扩大了的权力还可能被用来谋求企业的局部利益，而损害社会利益和国家利益。事实表明，国家对企业的让利，虽然在改革的一定阶段有其必要性，却往往会导致企业进一步向国家争利和刺激横向的攀比行为，使企业放松从革新技术、改善管理和增产节约中增加企业收益，而是努力与国家争"基数"，与其他行业或企业攀"比例"。

所以，为了深化企业改革，切实增强国有大中型企业的活力，必须使企业能够具有真正的商品生产者和经营者的机制。这种机制，从宏观上看，要能更好地提高企业的经济效益和社会效益，能够更好地实现国家、企业、职工三者利益的统一；从微观上看，要能够使企业经营者的权、责、利真正统一和落实。为此，需要在扩大企业自主权和承认企业相对独立的经济利益的同时，通过国家所有制经营结构和企业管理体制的改革，在企业内部形成一个合理而又具体的权、责、利结构。企业决策者有自主经营的权力，工人有民主管理的权力，所有者也有监督的权力；所有者负有让经营者独立经营的责任，经营者对所有者（国家）负有增殖资产、增加利润的责任，工人负有努力做好本职工作的责任；承认并保证企业和职工的正当的局部利益和个人利益，承认并维护所有者的利益。只有在权、责、利的合理结构下，国有大中型企业才能有效地克服短期行为，创立一个自负盈亏、行为合理的企业经营机制。

二

为了搞活国有大中型企业，确实需要市场体系的完善和国家控制方式的转换来配合。但这三者究竟是什么关系的问题，还需要深入探讨。当然，这三者是相互制约、相辅相成的，任何一种单方面的改革都不会成功。在三者相互配合的前提下，在改革进程中的某一特定的条件下，其中的某一方面会成为主导的方面。这时，改革工作的侧重点也要相应变动。就目前情况看，这一主导的环节就是通过建立有效的经营机制来搞活企业。完善市场体系和国家控制方式的转换都要服务于或有利于这一主导环节。与搞活企业联系不太紧密的改革，在时间上可以稍后出台。实际上，不仅从改革策略上看，要把建立新的企业经营机制放在今年改革的首位，而且从理论上看，创立有效的经营机制也是完善市场体系和实行间接控制的微观基础。

就完善市场体系来看，市场在很大程度上反映着企业的相互关系。企业之间的交换关系、资金信贷关系和竞争关系就是市场体系的主要内容。市场调节本质上就是利用企业之间的竞争关系来制约企业的行为。所以，在商品经济发展到一定阶段后，离开企业、离开企业的行为，就无所谓市场，也无所谓市场体系。而市场机制的基本内容则是企业对市场给出的信号（价格、利率、汇率等）迅速做出有效的合理的反应，企业之所以能做出这样的反应，关键还在于具有能够真正自负盈亏和符合合理行为规范（法律的和道德的）的经营机制。如果没有这种经营机制，企业要么不能做出反应，要么不愿做出反应，从而市场机制作用的链条就会中断，市场的调节作用就会流于形式。

就国家控制方式的转换看，国家控制企业的方式依赖于企业自主经营、自负盈亏的程度。国家对企业的管理要从直接控制为主转换为间接控制为主，就要求作为控制对象的企业必须是一个有自主经营、自负盈亏和合理行为机能的经济实体。否则，企业在不能自主经营和统负盈亏的时候，国家的间接控制是不可能有良好效果的。不仅企业的不合理行为得不到有效纠正，而且会出现经济生活的失控和经济秩序的紊乱。

以上是针对目前我国的改革情况说的。至于随着企业经营机制变化到一定程度，由于进一步改革的客观要求，市场体系的问题或宏观控制的问题也可能成为一定时期改革的重点环节。当这种变动出现时，我们不应视为改革措施上章法的混乱，而应视为改革措施重点的正常交替。

三

在国有大中型企业内部创立有效的和合理的经营机制碰到了一个根本困难，就是国家所有制与企业真正的自负盈亏之间的矛盾。这一矛盾对我们并不陌生，早在20世纪30年代经济理论界关于计划与市场的争论中，有些学者就提出在公有制内部不存在真正的市场，也不存在企业的自负盈亏，对企业的经营不会有完全的硬预算约束。几十年来，人们一直在探索解决这个矛盾的正确途径。

根据中国经济体制改革实践的初步经验来看，解决这一矛盾的方法，只能从这一矛盾的特殊性中去寻找。我们既要坚持国家的所有权，同时又要创造企业自负盈亏、合理行为的经营机制，那么，逻辑的结论就只能是实行所有权与经营权的分离，即在不改变国有大中型企业全民所有制的前提下，给予企业经营者自主经营权，使经营者与职工在经济利益关系上对企业经营的盈利或亏损负责，对国有资产负有限责任，并且从经济利益上激发技术创新与资金增值的追求。

近几年的改革实践中出现了几种国有大中型企业所有与经营分开的形式，即各种形式的经营责任制，包括资产经营责任制和利润承包责任制等。这些经营责任制形式各有特点，各有所长，相互之间往往是相容的。我们正在根据不同行业和企业的情况，有选择地加以规范化并且推广。此外，股份制形式也在进行试点。要把股份制的特点和内涵弄清楚，要预计到实行股份制过程中可能出现的种种新问题。决不允许用实行股份制来损害国家财产，化大公为小公或化公为私。但不应排除股份制作为所有权和经营权分离的一种形式进行试验。

四

就经营责任制形式的选择而言，有以下两个紧密相连的问题需要加以探讨。

首先，任何承包责任制都要贯彻按劳分配，要注意拉开收入差距。但是个人收入差别的悬殊，尤其是个人承包者与一般职工间过大的收入差别，往往会影响职工的积极性，反而不利于搞活国有大中型企业。因此就需要有对个人收入进行合理调节的办法。

其次，任何良好的承包责任制都要能充分调动职工的生产积极性。职工是企业中最基本的生产要素，任何搞活企业的措施都离不开职工的努力，企业的发展归根结底是职工素质和劳动生产率的提高。所以，为了充分调动职工的积极性，促进企业经营机制的转换，应提倡国有大中型企业的全员承包责任制，这种办法不仅可以应用于利润承包制，也可运用于资产承包制。通过全员承包可增强职工的主人翁感，也可增强企业干部与群众之间，以及二级承包者之间的命运共同感和责任感，改善人际关系。

建立新的企业经营机制，是一项十分复杂的工作。我国地域广阔，地区、行业、企业之间的差别很大，特别是在价格体系尚未理顺，市场竞争条件还很欠缺的情况下，在按照所有权与经营权分离的方向，推行各种经营承包责任制的时候，必须从实际出发，具体分析、探索多种适用形式，才能逐步地把国有大中型企业新的经营机制建立起来，把企业真正搞活。

（原载《管理世界》1987 年第 12 期）

改革十年与产业结构问题

以增强市场在资源配置中的作用为基本特征的中国经济体制改革已历十载。10年来，不仅国家管理经济的方式和资源配置的形式发生了重大改变，而且作为资源配置之累积结果的产业结构也发生了很大的变化。这些变化，有些是改革的直接结果，有些虽然发生在改革背景下，但主要是经济发展的自然进程引致的；有些变化对我国的经济发展有推动作用，有些变化则对经济的成长有某种程度上的消极作用。全面和科学地研究这些变化，分析这些变化所包含的经验和教训，对于深化和完善社会主义国家的改革，对于把改革与发展更好地结合起来，具有重要的理论价值和实际意义。

一 中国改革前的产业结构

中华人民共和国是在极端落后的生产力水平上开始社会主义建设的。1949年工农业总产值466亿元，人均只有86元。除了沿海地区存在某些棉纺工业及少数矿业外，几乎没有现代工业。91.5%的劳动力从事基本上属于自给自足的农业生产。如此低下的生产力水平和落后的产业结构，以及当时所处的国际政治环境，使得中华人民共和国只能凭借国有制集中资源，把集中起来的资源通过计划分配重点配置到重工业部门，也就是说当时经济、政治环境决定了后进的中国必须走以优先发展重工业为主要特征的工业化战略。所以，从1949年到1979年这30年中，重工业化一直是中国经济发展的主线，这对中国产业结构的演进方向起着决定性的作用。

在中国共产党的领导下，经过 30 年的努力，在国民经济有了巨大发展的同时，我国也从一个落后的农业国，转变为具有独立的和比较完整的工业体系的农业——工业国。产业结构发生了巨大的变化，其突出的特点是工业在国民经济中所占比重上升。就工农结构看，1949 年农业产值占工农业产值的 70%，工业为 30%，到 1979 年改革前，这一比重分别变为 29.7% 和 70.3%。从工业内部结构看，1949 年轻、重工业占工业总产值的比重为 73.6% 和 26.4%，到 1979 年，变为 43.7% 和 56.3%。

然而，必须看到，在我国的产业结构发生了巨大变化的同时，由于在优先发展重工业的政策中片面强调"以钢为纲"，未能正确处理经济发展中工业与农业的关系，轻工业与重工业的关系，重工业内部的关系，物质生产部门与服务部门的关系，以及过度集中和排斥市场机制的经济体制不能对产品结构和产业结构进行有效的调整，致使我国的产业结构在 30 年中也积累起了一些问题。概括地说，一是片面发展重工业，造成农轻重比例严重失调；二是重工业的孤军突出和否定商品流通的理论与实践，使第三产业发展严重不足，三次产业结构严重失衡；三是由于加工工业的几次超前转换，使能源、原材料工业与加工工业的比例失衡；四是为了满足封闭条件下工业化对粮食的需求，片面强调"以粮为纲"，导致（广义）农业内部结构的不合理，林业、牧业、副业、渔业等非种植业发展不足；五是过度集中的行政型资源配置机制，排斥了市场需求对产业结构的引导，使生产结构和需求结构明显失调。

二　改革过程中的产业结构（1979—1989）

一国的经济体制，尤其是资源的集中与配置机制，是为一国一定时期的经济发展服务的。如前所述，我国过去过度集中的、排斥市场机制作用的经济体制是与优先发展重工业迅速实现中国的工业化这一发展战略相吻合的。正是在这种集中的经济体制和倾斜的重化工业的发展政策相配合下，才使得我国产业结构出现了巨大的积极变化，但同时也表现出一些问题。

然而，从1979年起，中国开始了经济体制改革，作为产业结构主要影响因素的资源配置机制也发生了很大的变化。

与资源的配置机制相联系的经济体制改革引起的新变化主要表现在以下几个方面。

（一）所有制的多元化趋势带来了资源的分散化，并使按照市场信号进行配置的资源比重增加

传统体制排斥非公有制经济的发展，这既有理论上的原因，也有发展手段上的原因，因为只有在公有制特别是在国有制下国家才能以所有者的身份支配大部分资源，并按国家计划，把大部分资源投入到重工业部门。改革后，多种经济成分的并存和非国家所有制（主要是乡镇企业和城市个体经济）的迅速发展，使国家以所有者身份控制的资源比重下降。由于影响和引导非国有经济资源配置的信号主要是价格，什么产品的价格高，非国有制经济支配的资源就流向那个部门。于是，所有制的多元化使市场配置资源的功能增强。

（二）非国营经济的出现以及国有企业的改革，使得企业的行为具有了追求利润最大化的特征，即企业按照收益最大的原则配置它所能掌握的资源

在传统国有制下，企业几乎没有独立的经济利益，也没有相应的权力，在很大程度上国有经济仿佛是一个大工厂，而各个企业不过是它的一个车间，社会资源的配置完全是根据国家认定的利益（斯大林称为高级盈利原则），即国家加速实现工业化、从而实现经济独立的政治利益。这时，生产什么、生产多少和为谁生产皆与企业的自身利益没有直接关系。改革几年来企业逐渐具有独立的利益。首先，从1979年至1982年年底的"利润留成"改革使企业经营状况的好坏与企业职工的利益有了关系。后来的"税后留利"和"承包制"改革把企业利润与职工的收入更紧密和更直接地联系在一起。同时,随着企业经营自主权的扩大,使企业能够在越来越大的程度上根据其自身利益来决定企业的生产方向和生产数量。这样,资源的配置过程也就同企业从自身利益出发调整其生产方向和生产数量的过程逐步统一起来了。

三 价格成为资源配置的重要信号

资源的配置总是在一定的信号指导下进行的。在传统体制下,这一信号就是计划。随着经济体制的改革,一方面,企业有了独立的利益和实现自己利益的权力,另一方面,价格也从过去的核算工具转变为既是核算工具又反映供求关系的资源配置信号。这样价格就开始反映供求的变化并影响企业的收益。于是价格成为企业配置资源的主要信号。产品的价格提高,企业就倾向于扩大这种产品的生产,而价格下降,企业就趋于减少生产。

正是中国的经济体制改革带来的资源配置方式的变化,使我国的产业结构也随之发生了下述变化。

(一)农村所有制变革、农村产品价格变动与产业结构的变动

我国 1979—1985 年经济体制改革在农村取得了很大成绩,这包括(1)人民公社"政企合一"的体制的解体,农民在中华人民共和国成立后第一次成为自己所掌握的资源的真正主人,并能按照自己的判断进行资源的配置;(2)农村的分产改革(最初称为农村承包责任制)使农村居民真正拥有了除土地以外的所有的资产;(3)农产品价格进行了较大调整。这些改革使我国的结构发生了以下三方面的变动。

第一,农业生产迅速发展。1978—1984 年,农业在社会生产中所占的比重不断增加。农业总产值在社会总产值中的比重由 1978 年的 22.9% 上升到 1984 年的 28.8%,6 年增加了 5.9 个百分点,农业总产值占工农业总产值的比重由 1978 年的 27.8 上升到 1984 年的 35.0%,6 年增加了 6.8 个百分点。

农业生产在工农业总产值和社会总产值中所占比重上升的直接原因是这几年农业生产的快速增长。而农业生产的超常规增长，主要是第一，农业的改革使农民的生产热情充分发挥出来，农民第一次感到他们是土地和自己劳动成果的主人，第二，农产品价格的连续提高。自1978年以来，政府连续三次提高农产品价格，使农产品价格严重低于其价值的状况得到很大改善，从而极大地提高了农民从事农业生产的积极性。再加之这时农村生产活动的空间尚限于农业生产，以及过去大规模农田水利基本建设积累起来的水利设施发挥了作用。

1984年以后，由于农产品贸易条件又趋恶化，非农业生产的收益率提高，再加之较大范围的自然灾害等原因，农业生产出现了徘徊，从而农业生产份额又趋于下降。如农业总产值占工农业总产值的比重，1988年下降为23.7%，与1984年相比，下降了11.3个百分点。这一现象既有非农产业迅速发展的原因，也有农业生产从1985年起长期徘徊的原因。

第二，农村社会总产值中，农村工业、农村建筑业、农村运输业和农村商业等非农产业所占比重提高。

中国的现代化，就其实质而言，在很大意义上是农村的现代化。而农村现代化的主要内容又是农村的非农产业化程度的提高。改革以来，大批农村劳动力从农业生产中转移出来，1983年全国农村非农业劳动者人数达到5000多万，占农村劳动力的15%左右，1987年达到8130万，已占20.8%。农村劳动力的非农产业化导致非农产业在社会总产值中所占比重的上升和农业产值在社会总产值中所占比重的下降。1954年农业产值为63.2%，非农产业产值为36.8%；1988年这一结构改变为农业产值为46.5%，非农产业产值为53.5%。

第三，农业总产值内部种植业所占比重不断下降，林业、牧业、渔业和副业所占比重不断上升。1980年种植业与林牧副渔业的比重为71.7%和28.3%，1987年则为60.7%和39.3%。

（二）消费偏好和市场作用的增强对产业结构的影响

资源的配置方式从计划配置向市场配置的转变，主要内容之一是市场导向或居民的消费偏好相对于政府计划而言所起的作用增大，消费结构的变动和市场的变化对产业结构所起的作用大为增强。首先，短缺与积压并存这一现象所反映出来的产业结构不适应消费结构的状况有了明显的改善，在1987年以前，基本取消了凭票供应，并不断开拓、投放了许多名、优、特、新商品，商品零售总额大幅度增长，1980年是2104亿元，1988年增加到7440亿元，9年增长2.54倍，几乎翻了两番。其次是耐用品消费工业的迅速发展。随着人民生活水平的提高，人民群众对耐用品的需求迅猛增加。在需求结构的拉动下，产业结构也发生了相应变化，1980—1988年间，高档消费品行业产值平均每年递增较低的电风扇为26.1%，较高的电冰箱为87.6%，远远高于1980—1987年工业总产值平均递增12.8%的速度。

第三是在工业产值结构中，重工业所占比重1978—1981年连续下降，以及轻工业产值/重工业产值（霍夫曼系数）在20世纪80年代甚至低于70年代。

对于一个以工业化为主要目标的发展中的大国而言，重工业产值在全部工业中的比重随着经济发展而逐步上升是一个客观的趋势。然而，由于市场作用和消费结构越来越强有力地影响着资源的配置，结果是与居民的市场偏好密切相关的轻工业增长迅速，工业化过程中重化工业趋势（霍夫曼趋势）停止，甚至有所逆转。首先是1978—1981年4年间轻工业迅速增长带来的霍夫曼系数的上升，1981和1982年两年，轻工业产值甚至高于重工业产值。其次是20世纪80年代与70年代相比，重工业比重有所下降。我国的重工业产值份额以1979年为界形成两个下降性"平台"。第一个平台是在70年代，从1971—1979年的9年间，重工业份额平均为56.4%。从1980年起，我国重工业份额下降到第二个平台，在1980—1988这9年间，重工业产值份额平均为51.5%，下降了近5个百分点。

（三）经济体制改革特别是服务业中非国营经济成分的较快发展，使我国第三产业发展迅速，三次产业结构有所改善

由于传统经济体制否认商品生产和忽视商品流通，加之在流通及服务领域大砍所谓的资本主义"尾巴"，结果，我国第三产业长期以来发展缓慢，"吃饭难、住宿难、行路难"比比皆是。1953—1980年第三产业的平均增长速度为5.3%，而同期第二产业平均增长速度为10.7%，比第三产业的增长速度快一倍，从而造成了第二产业，特别是制造业畸重、第三产业畸轻的格局。例如，在20世纪80年代中期除基础设施以外的服务部门产值仅为国内生产总值的17%，不仅低于中等收入国家40%的水平，甚至还低于一些典型的低收入国家35%的水平。随着对第三产业在经济发展、结构优化中的重要作用日益为人们所认识和经济体制改革的深入，第三产业发展速度明显加快。在改革的第一阶段，即1981—1984年，第一产业平均每年增长11%，第二产业平均每年增长7.5%，第三产业则平均每年增长11.5%。第三产业在国内生产总值中所占比重从1981年的20.5%上升为1987年的25.5%。

同三次产业的产值结构相同，在三次产业的就业结构中，第三产业就业比重也不断提高。1981年从事第三产业的社会劳动者为6815万，占社会总劳动者的15.6%。1987年为11613万，占全部社会劳动者人数的22.0%。

三　中国产业结构优化过程中存在的几个问题

从较长的过程来看，我国的产业结构正在从非常态向常态方向演进，经济增长过程中产业结构演进的一般规律正在我国发生作用，如揭示三次产业演进关系的配第一克拉克定律[①]，揭示轻重工

---

① 配第一克拉克趋势：在三次产业结构中，随着经济的发展和人均收入水平的提高，第一产业的劳动力首先流向第二产业，从而导致第一产业份额的下降和第二产业份额的上升。随着经济的进一步发展，更多的劳动力将转入第三产业，从而第三产业所占份额增加。

业结构演进关系的霍夫曼定律①，揭示基础工业与加工业关系的赫希曼定律②，都在我国实践中得到了证实。然而必须指出，在我国产业结构的常态化进程中，也存在一些令人困扰的问题，第一是工农业关系中农业持续几年的徘徊，第二是基础工业和加工工业失衡的加剧，第三是地区产业结构的趋同化。

（一）农业生产的徘徊

我国农业生产自 1981 年后进入一个超高速增长阶段，1984 年到达农业生产的巅峰，中国农民神奇地把 4000 亿公斤粮食和 1.25 亿担棉花从土地下呼唤出来。这样多的粮食和棉花突如其来，而加工能力与储存设施短期供给弹性又几乎为零。于是，1984 年在人均占有水平很低的情况下出现了"仓容危机"。全国各地农村纷纷出现"卖粮难""卖棉难""卖猪难"和"卖蔗难"。"过剩"的供给导致农产品价格的大幅度跌落。1984 年的高峰后，农业出现徘徊。

农业生产的收缩已达 4 年，如果现行的农产品价格和农业组织形式没有大的变化，农业生产可能还要在低谷中徘徊一个较长时期。

正是由于种植业生产的徘徊，使种植业占农业总产值的比重从 1981—1984 年的 70% 左右降到 1987 年的 60.7%，3 年下降 3 个百分点。种植业生产的徘徊也引致了近年来呈反常变的工农业产值结构变动态势的终止，农业总产值在工农业总产值中的比例由 1984 年的 29.7% 降为 1985 年的 27.1%，1986 年的 26.4%，1987 年的 25.3% 和 1988 年的 23.7%，4 年下降 6 个百分点。

农业生产的停滞不前严重影响了农村非农产业化的进程。马克

---

① 霍夫曼趋势：随着经济的发展。重工业在工业中所占份额不断上升，轻工业所占份额不断下降。

② 赫希曼趋势：随着科学技术的进步和人均收入水平的提高，工业会向以加工、组装为重心的结构发展，工业的加工程度不断深化，从而加工组装工业所占比重不断增加，而采掘及原材料工业所占比重不断下降。

思主义的分工理论告诉我们，农业（主要是粮食）生产率的提高、农村剩余产品的增加是社会分工深化的生产力基础。农村非农产业化这一结构变动过程能否稳定和迅速地发展，在很大程度上取决于以粮食为主的狭义农业能否稳定地发展。可以这样说，农村剩余粮食的规模决定着农村劳动力转移数量，农村剩余粮食的增长速度决定着农村劳动力外移的速度。如果真像刘易斯模型所假定的那样，存在着边际生产率为零的农村潜在剩余劳动力，那么在农业劳动生产率没有提高的情况下，农村劳动力的外移就只能限于这个规模较小的边际转移量。①

我国农业生产出现徘徊的原因有如下几点。

第一，土地及其依附于其上的基础设施的产权不明确使农民不愿进行长期投资。包产到户后，农户虽拥有了土地使用权，但所有权则归模糊的"集体"拥有。由于土地产权不明确，以及对未来政策预期的不稳定，农户不愿进行兴修水利、提高土地肥力等方面的长期投资，而倾向于短期的掠夺性使用。更严重的是，土地承包后，许多地方出现了农田道路失修、土地肥力下降、渠堰坍塌、泵站被毁的现象。由此引起农业抵御自然灾害能力的下降。

第二，极为分散的农户经营、狭小的生产规模，以及过剩的廉价的劳动力限制了科学技术的应用和机械化的推广。农业的发展以及在此基础上的农村非农产业化的展开，归根结底在于农业劳动生产率的提高，而农业劳动生产率提高的基本源泉是科学技术的进步和农用机械的普及。在目前的农业生产组织形式下，农业机械化遇到很大的障碍：（1）分散与狭小的地块限制了农田机械的使用。（2）过剩的劳动力阻碍着资本、机械对体力劳动的替代。亚洲国家的农业几乎全是以自耕农经营形式为主，过剩的劳动力是一个重要的原因。

---

① 在农业劳动生产率不变的条件下，这个剩余劳动力的数量主要取决于以下两个因素：（1）农村劳动力自然增长率；（2）人口增长及其他因素引致的农产品需求增长率。

如果农用机械是科学技术的硬件的话，那么生物技术（如使用新良种，应用新肥料）则是软件，软件形式的科学技术虽碰到障碍小些，也在资金上限制着它的推广和应用。

第三，农产品（尤其是粮食）价格偏低，导致农业生产与非农经营、作物种植与非作物种植收入的不均等和农业生产机会成本的提高，导致农民减少农业投入而转入非农业生产。可以这样说，农业生产和非农业生产收益的较大差异是近年来非农产业化的巨大发展动力，也是农业生产徘徊的主要原因。

第四，政府对农业投入的减少和政府行为的不规范。在劳动生产率不变的条件下，生产是否增加完全取决于投入是否增加。分散的农户经营与偏低的农产品价格导致了集体投入（多为劳动积累）的消失和农户投入的减少，而工业性投资不断膨胀和对农业生产发展趋势的过度乐观判断则带来政府投资的减少。1984年粮棉大丰收后政府改变了粮棉的购销形式，并陆续减少了对农业生产的投入和补贴。如1981年，为扶持农业生产、按优待价供应农业生产资料的补贴为21.74亿元，1984年减少到8.15亿元，下降了62.5%。为平衡国内市场而对外贸进口的化肥、农药、砂糖等五种商品亏损的补贴，1981年是88.26亿元，1984年下降为41亿元。国家财政支援农业的资金1983年曾达142亿，之后连年减少，而且这些款项大部分是用于主要河流的治理，用于直接生产方面的极少。当然，对于一个8亿农民的大国，我国决不能靠国家掏钱实现农业现代化，这是无可置疑的，但是，正视农业生产的落后和农业组织形式改变后所出现的新问题，继续增加国家对农业的投资也是非常重要的。

（二）基础工业与加工工业的失衡

在轻型化的产业政策和分权型改革的影响下，"六五"期间及"七五"前期，加工工业特别是耐用消费品制造业一直是地方和企业的投资热点，从而加工工业保持着很高的增长势头。而采掘工业、原材料、能源严重短缺，交通、邮电高度紧张，早已存在的基础产业与加工工业的不协调状态更加严重。

导致基础产业与加工工业严重失衡的主要原因：一是分权改革和加工工业价高利大，激发了各地大上加工项目的欲望；二是因国民收入分散后，没有形成相应的引导资金流入基础工业的机制。

（三）地区产业结构的趋同

第一，地区之间原料产地与加工基地的分工日益减弱。

我国的资源分布区位基本上是这样一种格局：东部资源相对贫乏，但经济、科技水平高，加工能力相对发达；中、西部地区则是资源相对富饶，中部是能源和大部分有色金属资源丰富，西部是稀有金属和部分能源、有色金属储量丰厚，但中西部（尤其是西部）经济、技术水平较低，加工能力相对薄弱。与资源的这种分布相适应，"六五"以前，我国东部和中西部经济交往的基本格局是中、西部向东部提供能源、原材料等初级产品，东部则向中、西部提供制成品。如 1985 年，东部地区集中了全部机床产量的 67%、布的50%、自行车的 79%、电视机的 69%、手表的 77%；中西部则集中了全国煤炭产量的 76%，石油的 62%，发电量的 53%。

"六五"以来，随着"分权型"改革向行政性分权的偏离，特别是统收统支的集中财政体制向"划分收支、分级包干"的分级财政体制的转变，各地财政利益的独立性大大增强。结果，过去那种统一布局、东西分工的格局借以维系的利益基础已根本改变。许多地方为了自身的利益，往往不顾本地的资源贮存、生产力水平和全国统一产业格局中的位置，争上价高利大的产品。具体来说，中、西部资源省区不再愿意把资源交给东部去加工，而是大上加工项目；东部加工省区为了保证自己加工能力的充分利用，又不得不上一些规模不经济、开采费用大和难度较高的资源项目。结果，地区间的分工关系减弱，出现一种地区结构趋同化趋势，这一趋势在投资结构上的表现就是资源省加工工业投资上升，加工省能源、资源投资比重上升。

第二，地区之间轻重工业分工不甚明显。我国 29 个省、市、自治区的霍夫曼系数平均差只有0.32。如果将山西、宁夏和辽宁3个"重"省区和广东、福建、浙江、广西4个"轻"省区去掉，那么22个省区的霍夫曼平均差就只有0.2，这表明，我国的轻重工业结构，除少数省区外，差异非常小。甚至西藏这一地区的轻重工业比值竟与北京相近（0.74和0.78）。

第三，重要产业的地区分布平均化。地区间工业结构趋同，从某一工业的地区分布看，就是工业的近乎平均的分布。我国29个省区机械工业的分布平均离差为2.31%，冶金工业则为2.34%。如果说机械工业近乎平均的分布尚可理解的话，冶金工业的平均分布则是畸形的。因为相对于机械工业来讲，冶金工业因受铁矿、供水和能源的限制，以及冶金工业特有的大规模效益，它本应重点分布于某些地区的。如果冶金工业除去辽宁和上海、机械工业除去上海、辽宁和江苏，那么，冶金工业和机械工业的分布离差分别为1.64%和1.73%。我国机械工业和冶金工业平均分布离差只有2.31%和2.34%，这意味着机械工业和冶金工业的均衡分布率高达65.3%和64.8%，从而专业化生产程度较低。

上述的我国产业结构存在的三个问题，有的是在传统体制下产生、并随着传统体制的残存而延续下来的，有的是发展中大国在发展过程中不能或不易避免的，有的则是体制改革过程中出现的偏差而加剧的。只有坚持改革并校正改革的措施，才能消除产业结构的失衡。所以，经济体制改革的深化，包括价格的调整，产权关系的改革及收入分配机制的改革是产业结构合理化的基础。

（原载《改革》1989年第4期）

产业结构:80年代的问题与90年代的调整

20世纪80年代的经济体制改革和对外开放使产业结构的体制环境发生了很大变化,从而对产业结构产生了重大的影响。这一影响既表现在产业结构的积极变化方面,也表现在因改革不深入、不配套而导致的产业结构失衡加剧方面。作者在对此做了全面系统的揭示之后,提出了消除结构失衡障碍,促进90年代产业结构调整的基本设想和改革思路。

一 20世纪80年代我国产业结构的演变状况与问题

(一)我国产业结构演变的体制环境的变化

所谓产业结构,就是资源在不同部门、行业的配置比例,及它们的相互关系。所以,产业结构的发展变化不能不与作为资源的配置方式的经济体制存在着密切的联系,产业结构的变动态势不能不留下明显的体制变革痕迹。如果说前几个十年产业结构演变的体制环境是相对稳定的话,那么20世纪80年代产业结构演变的体制环境则发生了很大的变动。与资源的配置机制相联系的经济体制改革引起的新变化主要表现在以下几个方面。

1. 所有制的多元化趋势带来了资源的分散化,并使按照市场信号进行配置的资源比重增加

20世纪80年代的改革,出现了以公有制为主体的多种经济成分,非国家所有制(主要是乡镇企业和城市个体经济)的迅速发展,使国家以所有者身份控制的资源比重下降。由于影响和引导非

国有经济资源配置的信号主要是价格,因此所有制的多元化使市场配置资源的功能增强。

2. 国有企业的改革,使国有企业的行为具有追求利润或收益最大化的特征,即企业在它所能掌握的范围内,按照收益最大原则配置资源

20世纪80年代的改革使企业逐渐具有独立的利益。80年代初的"利润留成"改革把企业收益与企业经营状况初步联系起来;80年代后期的承包制把职工收入、企业收益与企业的发展更紧密地联系在一起。这样,资源的配置过程,在一定程度上也就同企业从自身利益出发调整资源配置的过程逐步统一起来了。

3. 价格成为资源配置的重要信号

资源的配置,从而产业结构的变动和调整总是在一定的信号指导下进行的。在传统体制下,这一信号就是计划。随着经济体制的改革,一方面,企业有了独立的利益和实现自身利益的权力,另一方面,价格也从过去的核算工具转变为既是核算工具又反映供求关系的资源配置信号,并影响企业的收益。于是,价格成为企业配置资源的主要信号。

(二) 20世纪80年代我国产业结构的积极变化

正是由于体制变革,加之发展的调整和对外开放,使我国的产业结构在20世纪80年代发生了若干积极的变化。

1. 供给结构与需求结构的偏差逐渐缩小

20世纪80年代的改革,使市场成为资源的重要配置形式,市场导向或居民的消费偏好相对于政府计划而言所起的作用不断增大。以前横亘在供给与需求、企业与市场间的中间环节——指令性生产计划大大减少,企业的生产受市场直接调整的程度大为增强。于是供给开始反映需求,生产成为消费的函数,供给结构与需求结构的偏差不断减少。

2. 农村非农产业的迅速发展和农村产业结构的积极变化

其一是农村社会总产值中,农村工业、农村建筑业、农村运

输业和农村商业等非农产业所占比重提高。农村总产值中非农产业所占比重1980年为31.1%，1989年为54.9%，10年间提高了20多个百分点。20世纪80年代初，全国农村非农业劳动者人数约为4000万，占农村劳动力总数的12.5%左右，1988年全国农村非农业劳动力已达8611万，占农村全部劳动力的比重已达21.5%。1989年仅从事工业生产活动的乡村劳动力就达3256万人。农村劳动力从农业生产中的转移和由此引致的农村非农产业的发展，对产业结构的影响不仅局限于农村产业结构，它通过产品的供给和收入的大幅度提高牵动需求结构，对整个产业结构也产生了不可低估的影响。这种影响特别是表现在以农产品为原料的轻纺工业和以农村为巨大市场的消费品工业、农业生产资料工业的迅速发展方面。

其二是农业总产值内部种植业所占比重不断下降，林业、牧业、渔业和副业所占比重不断上升，农业内部结构出现多元化，农村产业结构渐趋合理。僵硬的农业生产计划体制的改变和农村非种植业产品价格的提高，使农村非种植业发展迅速，农业内部林牧副渔各业比重逐渐提高，20世纪70年代末以前的那种"以粮为纲"、各业凋敝的状况有了根本性的改变。

农业内部结构的合理化产生了以下两方面的积极作用：第一，由于经济作物的收益率较高，它们所占比重的提高推动着农民收入的增加。农民收入的增加又对消费品工业和农业生产资料工业的发展创造了需求。第二，经济作物的较快发展，为轻工业的发展提供了相对丰裕的原料基础。

（三）我国产业结构在20世纪80年代存在的问题

经济体制改革打破了传统的产业结构调控机制，但改革的不深入、不配套却使我们尚未建立起与这一改革了的体制背景相适应的和有效的新的调控机制，这样，在整个20世纪80年代，特别是在80年代的中后期，我国的结构失衡十分突出。这里既有老问题的继续存在和加剧，如基础工业与加工工业的失衡；也有一度缓解的矛盾的复发，如农轻重结构问题；也有新矛盾的出现，如地区产业结构的趋同和城乡工业结构的相似。

1. 20世纪80年代后期，农业生产徘徊不前，农业与非农产业结构失衡

20世纪80年代初的农村改革和连续几次较大幅度提高农产品价格，极大地调动了农民从事农业生产的积极性。特别需要指出的是，从信息空间、经营能力和资金限制等方面看，中国农民在80年代初的生产选择仍基本上是农作物的种植。所以，我国农业生产自1981年后进入一个超高速增长阶段，1984年达到农业生产的新高峰。农业生产的高速增长，使80年代初我国的农轻重结构出现了积极和有益的变化：由于长期执行重工业过度优先增长的战略而发展不足的农业有了较大的发展，农轻重产值比例有了明显的变动。1978年农业总产值占工农业总产值的比重是24.8%，是中华人民共和国成立以来的最低点，随着农业生产的高速发展，这一比例逐年提高，1984年为29.7%。然而，农业生产在1984年达到高峰后，就进入了一个徘徊期。正是由于农业，特别是种植业的徘徊，使种植业占农业总产值的比重由1984年的70%左右，陡降到1988年的55.7%，4年间下降了14个百分点。种植业生产的徘徊也引致了近年来工农业产值结构变动新趋势的终止。农业总产值在工农业总产值中的比重，由1984年的29.7%降到1989年的22.9%，5年下降了近5个百分点。如果说这些数字变动所反映的判断尚过于抽象的话，那么农业生产徘徊所产生的影响却直观得多。

首先，农业生产徘徊导致了农副产品的短缺和价格的上涨。由于农产品供给的减少或增长缓慢，再加上城市居民收入增加所带来的需求扩张，20世纪80年代中期逐渐宽松的农副产品市场在80年代后期又趋紧张。不仅收入弹性很高的产品如猪肉、鸡蛋恢复了"凭证供应"制度，收入弹性较低的白糖、肥皂、食油等也重新限量供应。

其次，农业生产的徘徊影响了轻纺工业的发展和财政收入的增加。我国轻工业中有一半以上是以农产品为基本原料，如纺织、食品、皮革、造纸等。农产品的紧张影响了轻纺工业的原料供应。各地为了在有限的资源中获得较大的份额，掀起了一次又一次争购农副产品原料的各种所谓大战。仅就棉花而言，全国1988年后的加工能力已达1.2亿担，但1988年的棉花产量只有8300万担，1989年只有7560万担，缺口高达4000万担。另外轻纺工业是我国创收和创汇大户，农产品的不足将通过影响轻工业而间接影响我国财政收入和创汇能力。

最后，农业生产的徘徊和种植业的萎缩严重影响了农村非农产业的发展和中国现代化的进程。对于我国这样一个农业人口约占80％的国度而言，我国的现代化在很大程度上依赖于在农业生产率不断提高、农村剩余产品不断增加基础上，越来越多的人口、资金等资源不断从农村中转移出来，进入非农产业的过程。进入20世纪80年代中后期以来，我国农村产业结构一方面表现了这一发展过程中的一般变动趋势，另一方面，从1984年以来，我国农村非农产业化却是建立在农业生产徘徊的基础上的，从而这一过程是不稳定的。从我国80年代后期的实际情况看，粮食的人均占有水平和农业生产的水平不仅已经拖住农村劳动力转移的后腿，而且也使已经转移出去的劳动力处于一种不稳定状态。在这种低生产率水平上的非农产业化势必难以维持，不是被迫提高农产品价格，以刺激从事农业生产的热情，就是以行政命令的形式迫使人们重新恢复和发展落后了的农业。

2. 轻重工业结构演进的反常和基础工业与加工工业的失衡

从中华人民共和国成立到20世纪70年代末期，我国工业结构变动的重要趋势是重工业在整个工业总产值中所占比重不断上升。其原因主要在于我国实行了一种优先发展重工业的发展战略。优先发展重工业，一方面在较短期间确立了工业自主的基础，但也严重影响了轻工业的发展。进入80年代以来（特别是"六五"期间），我国采取了优先发展轻纺工业的政策。80年代中后期以后，随着多元经济主体的出现和国民收入的日益分散化，再加上重工业大都是投资多、见效慢、利润低的行业，于是，轻工业、消费品工业发展迅速，而石油、冶金、采掘及重型设备制造业发展相对不足。这种情况表现在轻重工业结构上就是轻重工业产值结构在80年代一反过去重工业比重不断上升，霍夫曼系数（轻工业总产值与重工业总产值之比）逐渐下降的趋势，而表现出反常的超稳定状态，甚至重工业所占份额在80年代反而比70年代下降了约5个百分点。1971—1979年的9年间，重工业产值份额平均为56.4%，1980—1989年10年间重工业产值份额平均为51.5%。这10年间重工业产值份额基本稳定在50%左右，高点年（1980年）和低点年（1981年）与平均数的偏离只有1.3和3个百分点。如果说50年代的过快重工业化导致60年代轻工业产值份额的陡跌是矫正这种过度倾斜的战略的话，那么，经历了70年代的超稳定状态后，又表现为80年代的下降性平台，则意味着我国产业结构隐含着基础工业发展不足的深层问题。

在轻型化的产业政策和行政分权型改革的影响下，20世纪80年代加工工业尤其耐用消费品制造业一直是地方和企业的投资热点，从而加工工业保持着很高的增长势头，而采掘工业、原材料工业、能源工业、重型设备制造业和交通运输业（下文统称基础产业）的发展却严重不足，原材料、能源严重短缺，交通、邮电高度紧张，早已存在的基础产业与加工工业的不协调状态更加严重，1980—1989年基础产品滞后系数（1－基础产品增长率/社会总产值增长率）分别为：原煤0.35、原油0.50、发电量0.25、成品钢材0.31、木材0.56、公路铺设0.56、铁道铺设0.59。

基础产业落后，严重影响了国民经济的发展和人民群众的生活。例如，在1989年前，广东省电力缺口高达40%—50%，上海仅拉闸限电所带来的损失每年达上百亿元；铁路运输成为国民经济增长的瓶颈部门，全国因交通运力限制而损失的产值为数百亿元；

客运能力严重不足，乘客严重超载，恶性事故屡屡发生；港口吞吐能力过小，每年因不能按时装卸的罚款竟达几千万元。基础产业增长缓慢的同时，加工工业却因其产品价高利大而高速扩张。

导致基础产业与加工工业严重失衡的因素是多重的。一些一般性原因，我们将在下节分析，这里主要分析我国加工工业的两次超前转换。正是这两次超前转换加剧了我国基础产业与加工工业的失衡。

1963—1965年的调整时期，我国重工业发展的主要部门是原材料工业，特别是以钢铁工业为代表的冶金工业。但是，原材料工业的重点发展并没有解决我国原材料的短缺，因其长期消耗大量的基础产业产品而使基础产品的供给与需求陷入一种不协调状态。而"四五"时期以实现农业机械化为主要目标的机械工业的超前发展，使基础产业与加工工业的矛盾逐步加剧，原材料、能源等基本投入品和交通运输及邮电等基本服务的短缺更加严重。如果机械工业的迅速发展，能在经过国家最初阶段的保护后转化为外向型工业部门，并借外贸从国外获得基础产品的供给，那么它就是正常的和良性的。遗憾的是在那封闭的年代里，中国的机械工业并不能摆脱内向发展的道路，从而也就丧失了摆脱超前转换的机会。

如果说我国工业结构第一次超前转换的体制原因和动力主要是"条块分割"和实现农业机械化的任务，那么，20世纪80年代工业结构第二次超前转换的体制原因则是经济体制改革向行政性分权方向的倾斜，即地方权力的扩大和独立利益的加强，第二次超前转换的动力则主要是收入膨胀和国外消费方式示范效应导致的消费早熟。

消费早熟，以及若干消费项目（住房、医疗和交通等）的福利化，使我国的消费结构存在着严重的畸形。典型表现是高恩格尔系数（50%—55%）与耐用消费品高普及率并存。如果从恩格尔系数角度去考察，我国城市居民尚处于向小康水平的过渡阶段。然而，令人吃惊的是我国在如此低的人均国民收入水平上（1989年人均国民收入为1178元，按当时的汇率为314美元），却出现了西方发达国家在人均1500美元左右时才出现的耐用消费品普及浪潮，1989年我国城镇居民部分耐用消费品每百户拥有量为：照相机16.03、录音机66.96、黑白电视59.22、彩电51.47、电风扇128.68、洗衣机76.21、电冰箱36.47。

消费的畸形，拉动各种耐用消费品工业超高速发展，从而出现了以耐用消费品制造业超高速发展为主要特征的加工工业第二次超前转换。

3. 地区产业结构的趋同

我国的资源分布区位基本上是这样一种格局：东部资源相对贫乏，但经济、科技水平较高，加工能力相对发达；中西部地区则资源相对丰裕，但经济、技术水平较低，加工能力相对薄弱。与资源和加工能力的这种分布相适应，20世纪80年代以前，我国东中西部经济交往的基本格局是中西部向东部提供能源、原材料等初级产品，而东部则向中西部提供工业制成品。80年代，随着行政性分权特别是统收统支的集中财政体制向"划分收支、分级包干"的分级财政体制的改变，各地财政利益的独立性大大增强。结果，过去那种统一布局、东西分工的格局借以维系的利益基础不复存在。地方为了自身的利益，往往不顾本地的资源赋存、生产力水平和在全国统一产业格局中的位置，争上价高利大的产品。于是，地区优势无法正常发挥，地区间专业化和分工程度下降，而地区产业结构的相似程度提高。这从表明地区间分工程度的几个指标上看得非常清楚：第一，中部和东部的工业结构相似率为93.4%，西部与东部工业结构的相似率为93.5%，西部与中部的工业结构相似率为97.9%；第二，我国工农业综合区域分工系数下降，由1978年的0.18下降为1985年的0.13；第三，东部地带相对工业化水平下降，由1981年的1.10下降为1988年1.07，而中西部相对工业化水平上升，分别由1981年的0.90和0.85上升到1988年的0.94和0.86；第四，地区间轻重工业分工不明显。尤其令人注意的是，地区产业结构的趋同已不限于省际和地带间,在省内地市间也表现得非常严重。

地区产业结构趋同带来的损失是严重的,一是分工效益的丧失;二是分散生产,规模效益低;三是重复投资,资源浪费严重,无效竞争加剧。

二 消除结构失衡障碍,促进20世纪90年代的结构调整

(一) 20世纪80年代经济结构严重失衡的原因

不可否认,20世纪80年代的结构失衡与我们在工作中的某些失误有关。如农业在80年代中后期的衰退,就与我们因80年代初农业的超常规增长而产生的对农业生产的错误估计及在这一错误判断下制定的农业政策有关;基础工业的发展不足也与"六五"期间产业政策向轻、纺工业的倾斜有关;至于流通领域的膨胀、生产环节与流通环节的失衡则与那种"工农兵学商,一齐来经商"的错误宣传有着直接联系。令人高兴的是,这些工作方面的失误和政策偏差,已被党和政府充分认识,并已经或正在纠正。有理由认为,在90年代,导致产业结构失衡的这些主观方面的因素会得到克服,而导致国民经济在80年代出现严重失衡的体制因素,却值得我们高度重视。

上文曾经提到,20世纪80年代的结构变化是在经济体制改革的环境中发生的。资源配置机制和产业调整机制已成为多元经济主体在计划和价格双重信号的引导下,为了实现自己的目标而对分散的资源进行配置的过程,在这种资源配置条件下,如果满足以下条件:(1)价格是合理的,价格能反映商品短缺程度;(2)分散的收入能被金融市场有效地集中起来;(3)已配置的资源接受市场的重组;(4)国家的产业政策是科学的和有效的,那么,分散型资源配置机制也是有效的。然而,80年代的改革并没能建立起这样一种资源配置机制:第一,经济主体虽已多元化,但其收益和风

险并不对称;第二,价格不合理并未根本改变;第三,已配置的资源不能接受市场的重组,国有资产存量僵滞;第四,国家产业政策缺乏必要的贯彻手段。在这种条件下,分散型的资源配置必然带来的结果是分散的主体势必把自己所掌握的新增资源投向价高利大的加工工业。工农结构失衡是由于农民把资源投向了加工工业等非农产业;基础工业与加工工业的失衡是由于地方、企业把资源过度配置于后者;地区产业结构趋同是由于各地纷纷大上加工项目。所以,90年代在继续改革、开放的条件下,逐步消除经济结构的严重失衡,就必须建立分散型资源配置有效运转的条件。最主要的是价格改革、资产存量的调整和国民收入分配比例的适当调整。

(二) 深化改革,建立健全新的结构调整机制

要在20世纪90年代逐步消除80年代遗留下来的结构失衡,为国民经济的发展创造良好的结构基础,不可能再回到传统的集中型资源配置机制上去,而应是沿着80年代所走过的改革开放之路,建立分散型资源配置机制有效运作所需要的条件。

1. *深化价格改革,力争在"八五"期间理顺价格关系*

首先是理顺基础工业产品与加工工业产品的比价关系,理顺工农产品的比价关系,争取早日取消粮食以外绝大部分商品的"双轨"价格。

在20世纪80年代,我们一方面扩大企业自主权,允许企业根据市场变动来调节自身的生产,亦即使价格成为引导资源配置的重要力量;而另一方面,作为资源配置信号的价格却又非常不合理。在这种条件下,价格越是发挥调节作用,产业结构愈是恶化,国民经济的配置效益愈是下降。价格双轨制的初衷是放开部分基础产品,由市场供求状况来决定这一部分产品的价格,以刺激基础产品的供给能力。应该说"双轨价格"在这方面还是有其积极意义的。但由于总需求难以控制,使市场供求调节的价格严重脱离价值。在这种条件下,价格双轨制并不能真正起到调节资源配置的作用。同时,由于同一产品在同一市场上存在多种价格,这一价差就成为流

通公司追逐的对象，结果是流通领域秩序混乱，并为一些腐败行为提供了条件。从实践上看，价格双轨制已是利小于弊了。90年代的价格改革应有两项任务，一是进一步调整价格结构，二是努力为消除价格双轨制创造条件。从理论上讲，实现这两个任务有两种不同的途径，一是把基础产品和短缺产品的计划价格提高到市价水平，二是把基础产品的价格放开，并从总体上控制住需求。但从实际经验看，似乎后一种途径更为可取。第一种途径只能在一定时间内并轨，一旦供求发生变动，计划价与市场价又会发生偏离。这种偏离将是一种经常的情况，只不过供小于求时，市场价要高于计划价；供大于求时，计划价又要高于市场价。所以，要从根本上解决这个问题，还是以"放"为好，即除极少数产品外，国家不再规定计划价格，而交由供求双方议定。"放"不是不管，在这里国家主要是管好两个方面，第一，采取科学和有效的宏观经济政策，切实控制住总需求，维持总体上的均衡态势。只要国家管住需求，价格放开，不仅不会导致价格水平上升，相反还会使1988年猛涨的某些产品价格回落。第二，国家对重要的基础产品必要时实行国家定货，企业必须保质、保量、按期完成国家订货，价格则随行就市。价格放开后，国家可以调整生产基础产品厂家的税收或承包任务，以便将一部分因价格放开而增加的收入集中到政府手中，或用于补贴重点工程，或用于补贴重要基础产品的用户。

总之，近两年来的实践证明，只要控制住总需求，放开价格就不会有风险，相反，可一举获得理顺价格和取消双轨制之效益。20世纪90年代初，我们应充分利用这次治理整顿创造的良好环境，进一步深化价格改革，为90年代的结构调整创造良好的信息条件，当然，放开价格要考虑物价指数上涨的可接受程度。

2. 推进国家所有制内部资产存量的调整和劳动就业体制的改革

产业结构的调整包括增量调整和存量调整。增量调整是指通过新增劳动力和投资的部门分配比例的变化来改变产业结构格局；存量调整是指已有生产要素生产方向的改变。存量调整的形式包括：

(1) 企业的多种经营；(2) 企业生产方向的改变；(3) 企业资产的买卖和劳动力的辞退与再就业；(4) 企业的破产和兼并。前两种是温和的调整形式，后两种是激烈的调整形式。显然，与增量调整相比，存量调整是一种更为有力，也更应经常进行的结构调整形式。综观我国几十年的产业结构变动趋势，可以得出这样一个结论，我国产业的存量结构具有较强的刚性特征，部门间要素转移的障碍较多，企业现有生产要素利用方向难以改变，更缺少企业的兼并与破产。究其原因，概括地说，有以下几点：第一，在目前的部门管理体制下，国营企业隶属于某一个部门，这样，生产方向也就大致固定下来，这种条条分割妨碍了第一种和第二种资产存量调整形式的实现。第二，在国有制下，企业基本上不存在破产之虞，也没有多少被兼并的风险。本来，企业之间竞争带来的破产与兼并是维持经济系统具有活力的条件，也是产业结构自我调整的重要形式。第三，不存在劳动力市场和固定资产交易市场。劳动力是生产过程最基本的生产要素，存量调整的重要内容是指企业能够根据开工率高低来决定所使用的劳动力数量。由于我国的劳动体制基本上是一种"只进不出"的体制，不能根据生产任务的缩减来辞退工人，也不能根据需要处理闲置资产，这就严重妨碍了存量的调整。所以，90年代的结构调整，要把主要着眼点放到存量结构上来，通过深化改革，促进存量结构的优化。

首先，20世纪90年代要继续打破条块分割的体制。部门管理体制原则上应像纺织部、轻工部那样向行业管理的模式转化，允许企业开展多角经营，促进生产要素部门间的转移。同时，通过财政体制改革，理顺中央与地方的关系，用"分税制"取代目前的"包干制"，破除"地区壁垒"对存量调整的限制。相应地，在发展企业集团中打破隶属关系不变等限制。

其次，深化国有企业体制的改革，硬化企业的预算约束，保障企业间合法和有益的兼并。促进企业集团的发展，实行"破产法"，使那些濒于破产的企业资产得到再生和有效利用。

最后，改革劳动力就业体制，促进劳动力的流动。这方面的改革可能要碰到两方面的困难。第一个困难是"老少边穷"地区的人才外流。由于这些地区在社会、文化和生活等方面与东部、沿海地区存在着较大差距，所以，在"双向选择"下，人才这一稀缺资源配置的市场规律遇到了挑战。为了缓解这一矛盾，一方面要努力改善这些地区知识分子的生活和工作条件，并在政治和业务上关心他们，另一方面也要对这些地区的人才外流进行适度限制。第二个困难是"双向选择"可能会引起一般劳动力待业率的上升。为了缓解这一压力，防止矛盾激化，就要在福利、保险、救济、再培训方面建立起相应的缓冲和吸纳机制，建立健全社会保障体系。

（三）制定科学的产业政策，加强中央政府的调控能力

发挥市场机制调整产业结构的积极作用与加强中央对产业结构的调控能力并不矛盾。二者的结合点就是产业政策。所谓产业政策是指一国政府为了实现自己的经济发展战略和产业发展规划而采取的行政的和经济的政策的总和。它主要包括：（1）产业发展的总体规划；（2）各产业、部门的发展计划；（3）为了实现这些规划所采取的各项具体经济政策和行政法规。制定产业政策是为了在经济发展和结构演变过程中贯彻由政府代表的社会利益，消除或校正市场在资源配置过程中的副作用，以充分发挥发展中国家的后发优势。

20世纪90年代充分发挥国家调节产业结构的积极作用，主要应把握好两个环节：一是有一个明确的主导产业和重点产业的发展计划；二是国家要有实现这一产业计划的调控手段。中央为了在90年代逐步消除几十年积累下来的结构失衡，必须对国民收入分配结构进行适当的调整，改变80年代中央所控制的资源急剧下降的状况。提高中央所支配的收入比重基本途径有二：一是逐步取消目前的"划分收支，基数包干"的分级财政体制，改行分税制。在目前的财政体制下，地方和行业超收后，中央不多得或所得很少（近似于一种累退税）。但动作不宜过大，需要一定的准备和过渡。

二是用一种变通的办法,即提高地方和部门的包干基数或超收分成比例。如果这两条路都走不通,中央就要按财政与事权一致的原则,把能下放的事权下放,把集中起来的收入用作财政贴息,鼓励和吸引分散的资金投入重点部门中去。

三 促进20世纪90年代产业结构的合理化

20世纪90年代经济结构调整的任务,除了上文所论及的建立健全产业结构调整的新机制外,还要采取相应的政策,加快农业、能源工业、主要原材料工业、交通运输业和通讯业的发展,逐步消除工农业结构、基础产业与加工工业结构和地区产业结构的失衡。

(一)大力促进农业的发展,为我国现代化建立坚实的农业基础

农村非农产业化是我国经济现代化的重要目标,乡镇企业对于实现这一目标有重要意义。但是,这一非农产业化过程必须建立在坚实的农业生产不断发展的基础上。为了推动农村非农产业化的健康发展,就必须采取明确而果断的措施,把农业真正搞上去。

第一,要重新认识农业在经济发展中的地位,纠正轻视农业的片面工业化思想。

第二,要增加对农业的投入,改善农业的基础生产条件,增强农业的发展后劲。国家投资的重点应有以下两个方面:(1)农业生产基础设施的修建,如大江大河的治理、森林防护线的种植等;(2)扩大农业生产资料的生产规模,提高化肥、农药、农用柴油、塑料制品、农业机械的生产能力。国家投资的另一种形式,是组织、引导农民进行农田水利设施的修建,国家资金要起到组织作用。

第三,探索农业生产制度和组织方面的创新。传统农业向现代农业的转变,不仅包括技术革命,还包括组织革命,要认识到目前的小农户经营方式与组织形式是不利于传统农业的改造的。要在自愿基础上，寻找新的联合形式。在人多地少、非农产业发展较快的城郊和沿海地区可以率先进行组织创新的实验。办法可以是分散农户把土地转包给集中经营者，也可成立股份农业公司，土地入股，在此基础上实现适度规模经营。要推进农业服务的社会化，根据条件引导并推动"双层经营制"。

第四，努力提高农民素质，促进农业技术进步。技术进步是改造传统农业的关键。技术进步关键是提高人的素质。我国农村劳动力有近半数为文盲、半文盲，这是应用科学技术成果的最大障碍。要抓紧扫除青壮年文盲的工作，把农村教育与普及科学知识和推广农业先进技术结合起来。

第五，要真正搞活农产品流通。各级政府应在销售信息、销售渠道和产销结合方面发挥积极作用。农产品供给的萎缩，有些是流通不畅造成的。在农村商品化日益发展的条件下，做好农产品的流通具有不可忽视的意义。要提高农产品仓储能力，建立粮食、棉花等重要农副产品的缓冲库存，以维持价格相对稳定。

第六，结合农产品销售价格体系的改革，进一步适当提高农副产品的收购价格。这是鼓励农民增加投入，提高农业生产积极性的最为重要的措施。如果对城市居民的粮食销价提高一倍，平均每个城市居民增加的支出仅为 6 元左右，这一负担并不大。所以粮食价格改革的困难主要是一种心理上的恐慌，只要做好工作，并有所补贴，完全有可能结合物价工资改革，对农产品的购销价格来一次较大的改革，以重新恢复农业生产的生机。

（二）加快能源、原材料和交通、邮电业的发展，缓解基础产业与加工工业的矛盾

首先要控制加工工业特别是热门行业的扩张速度。（1）有关部门和机构要认真分析国内制成品市场的变动，对加工工业某些主要行业的发展实施科学的监控，定期公布相应行业的市场容量，以指导企业的投资决策，防止这几年曾经出现的乳胶手套、电风扇等生产能力过剩的现象。这种信息指导应是计划调节的重要内容。

(2) 制定严格的行业政策，明确"鼓励进入的行业""限制进入的行业"和"不许进入的行业"的目录，对"限制进入的行业"，要确定该行业的进入资格。实行许可制度，凡不符合进入条件（包括技术条件规模水平等）的项目，一律不予批准。这项权力原则上应上收中央有关部门。(3) 对热门的加工行业加征投资税。集中起来的收入由中央统一使用于基础产业。其次，要采取相应措施，加快基础工业的发展。基础工业一般具有所需投资大、建设周期长、技术要求较高并且资金回收慢、利润低的特点。这些特点决定了在我国目前的条件下，基础行业主要由企业去投资是不现实的，也是不经济的。这些项目只能靠国家投资。所以，要加快基础产业的发展，关键是一个资金集中问题。集中资金的办法，一是直接提高财政收入占国民收入的比重和提高中央财政收入占整个财政收入的比重；另一个途径是建立基金制，即把基础产品因提价而增加的一部分收入集中到政府手中，用于发展基础工业。在这方面，山东省的经验值得好好总结。山东通过能源基金、化肥基金、煤炭基金和钢铁基金的形式，将分散的收入集中起来，促进了基础工业的发展，避免了提价收入留给企业可能产生的弊病，即资金的非生产性使用和投资的分散化。总之在直接提高政府特别是中央政府财政收入占国民收入比重比较困难的条件下，基金制是加快发基础工业的一个可行的办法。

（三）转换分工形式，促进地区结构合理化

地区产业结构趋同导致的总体配置效益的丧失，以及由此加剧的分散生产和重复投资，严重影响我国经济长期发展。此种态势必须加以改变；然而又不能通过恢复高度集中的财政体制来重建全国统一分工格局。从另一个角度看，中西部仅仅充当东部资源供应者的分工格局，既不利于中西部的综合发展，也不利于降低运输成本。

中西部面积占全国面积的 2/3，人口约占全国总人口的 1/2，所以我国经济的发展不可能、也不应该建立在中西部仅提供原料、初级产品这个基础上。我国今后的发展应改变这种传统的分工格局，使中西部在保持资源优势的基础上，建立起相应的加工行业。

我国目前交通运输极为紧张。导致出现这种局面的原因，除交通投资不足以外，原料产地与加工基地的分离是一个重要的原因。在维护合理的产业宏观布局的同时，企业区位的运输指向以及减少运输成本应是加以考虑的重要因素。在不影响产业宏观布局优化的条件下，应使加工地尽量接近原料产地，最终产品尽量接近市场或需求中心；在原料产地与加工基地不能改变的条件下，应使运输物尽量减重量和减体积。所以，从这个角度出发，也需要在中西部发展相应的加工工业。

传统体制下，东部与西部、沿海与内地主要是加工环节上的分工，技术层次、行业间的分工非常微弱。这种分工格局虽然维持了全国统一的大产业布局，但是既不利于中西部的综合发展，也没有充分发挥沿海、东部地区的技术优势。所以，要兼得全国统一布局和中西部综合发展，同时克服相似结构导致的分散生产、重复投资，就需要在东部与中西部分工形式上逐步实现以下转换：第一，大力发展沿海与内地、东部与中西部技术层次上的分工。从国外引进先进技术，改造我们的传统工业、传统工艺和传统产品。将一部分制造品转移到内地去生产，把这种产品的市场交给中西部的企业，自己集中力量开发新的产品。第二，实现东部与中西部特别是沿海与内地原料来源与市场的分工，即东部沿海地区要创造条件向国外要原料、要市场，而把国内原料、国内市场让出一部分给内地。

在这种市场和原料来源双向分工战略下，东部，尤其是沿海地区率先把传统制造业及其市场和一部分资源转移给中西部，在技术更新和产品换代的基础上，大力发展以进养出的出口导向型产业，把自己的产品打入国际市场，并从国外取得国内紧张的资源。中西部则利用自己的资源优势，优先发展东部转移出来的加工行业，满足国内乃至国外对这部分产品的需求。这样，既可促进中西部的综合发展，改变单向资源输出的地位，又可避免地区之间的分散生产、重复建设，在东部和中西部分工的基础上，重新确立统一的产业布局，促进我国产业结构在地区间梯度转移基础上的现代化，并逐渐消除地区产业结构的趋同。

当然，东部与中西部在市场与资源上的这种分工不是绝对的，既不排除中西部优势制成品的外向发展；也不排斥东部某些产品的内向销售，因为这是促进东部和中西部的竞争，防止形成垄断的积极因素。

东部与中西部双向分工战略的出发点，是避免两个地带在资源与市场上的冲突。对于东部这一资源相对贫乏，而加工能力相对发达的地区来讲，要实现双向分工的战略，只能出口制成品。也只有这样，才能发挥其加工能力的优势，换回短缺的资源。从另一个角度讲，基础产业与加工工业的不协调，主要表现在东部，所以，东部率先实行进出口结构的转换，既是协调产业结构的关键，又是协调地区结构，实行双向分工的关键。

这里讲的内地与沿海在市场与原料来源上的双向分工与"国际大循环"有些一致的地方，所以需要对"大进大出、两头在外"战略谈谈看法。靠传统的集中财政来维系的统一分工格局的打破，是国际大循环战略提出的一个重要背景。如果条件许可的话，这也不失为一个恰当的战略选择。因为，通过内地与沿海，西部与东部在国内市场与国际市场上的分工，既可实现全国的生产力统一布局，消除产业结构的趋同，也可促进内地工业的综合发展，促进内地经济水平的提高。但是，这一战略至少在目前尚不能彻底推行。第一，东部和沿海目前尚不具备"大出"的能力，能够进入国际市场，且交易条件有利的只是少数产品，而这些产品大都是轻纺产品和手工制品。第二，对于我们这样一个大国而言，广大的东部沿海地区将其出口额占社会总产值的比重提高到15%—20%，就是一个很了不起的成绩了。第三，由于西部生产效率低于东部，而东部的生产效率低于国外，如果东部把市场和原料完全让给西部的话，国民生产水平就要降低。① 所以，在目前条件下，不宜完全实行这种以国际、国内市场分工为特征的东西部分工战略。

（四）调整第三产业内部结构，促进三次产业内部结构合理化

第三产业的内容十分广泛，为了讨论的方便，我们将其划分为以下几个亚类：生产性第三产业，包括交通运输、邮电通信、科技教育等；生活性第三产业，包括洗澡理发、饮食修理，即狭义的服务业；中介性第三产业，主要指与高度发达的商品经济运行密切相关的产业，如金融、保险、房地产业、商业流通等，邮电也可能属于这个亚类。文化体育、医疗卫生，（还可包括教育）属于发展性第三产业。余下的旅游业是一个特殊的第三产业，也可以列入生产性产业。我国第三产业结构面临的问题虽然都是发展不足，但原因不尽一致。生产性第三产业发展不足的主要原因是投资不足；中介性第三产业发展不足的主要原因是体制不顺；发展性第三产业发展不足的原因是二者皆有之；生活性第三产业这几年由于政策放宽，发展得较快。所以要加快第三产业的发展，主要是加强投资和调整体制，以使发展严重不足的生产性第三产业和中介性第三产业得到较快的发展。当然，流通领域的经营单位这几年迅速膨胀，必须加以整顿。

在第三产业中，旅游业是一个非常特殊的部门。它有如下几个特点：（1）它是一个收入弹性很高的部门，这里的收入水平不仅是指国内居民的收入，而且也指国外居民的收入。所以，旅游业的发展与国外经济发展水平也有密切联系。（2）旅游的需求主要是特殊的自然景观和人文景观，从而不像其他部门的需求那样与一国的生产力水平密切相关。（3）旅游永远是朝阳产业，只会有旅游热点的变化，而不会出现整个行业的衰退。（4）旅游业有很强的

---

① 让我们看一个具体的例子，假如在未大进大出前，西部生产 3 万货币单位的初级产品，东部生产 5 万单位的制成品，国民生产总值为 8 万货币单位，现在东西部实行国际、国内市场的分工，西部只能生产 3.5 万单位的产品，由于交易条件不利，东部用可生产 5 万单位的生产能力，只能换回 4 万单位的收入，结果国民生产总值为 7.5 万单位。

后向联系能力，旅游业的发展会带动交通、通信、建筑、服装、工艺、汽车、食品等工业的发展。当然同时也靠这些部门的支持。

鉴于旅游业的特点及其对国民经济的促进作用，20世纪90年代旅游业应适度超前发展。为此似应研究以下几点：第一，要明确旅游业的产业地位。在认识上把旅游业作为第三产业序列中的重点发展对象，对旅游业给予相应的发展条件和政策支持。第二，深化旅游管理体制改革和旅游企业体制改革。努力扶持大中型骨干企业的发展，增强我国旅游企业在国际上的竞争能力。第三，开征旅游税，建立旅游发展基金，以促进旅游业基础设施的进一步完善和重点风景区的开发和建设。第四，建立、健全旅游财务及收汇、结汇制度，促进旅游企业经营管理水平的提高。

(原载《管理世界》1991年第2期)

论中国人口、资源、环境与经济的协调发展

一 引言

20世纪80年代伊始,为了解决当代人类面临的三大挑战:南北问题、裁军与安全、环境与发展,联合国大会成立了由当时的西德总理勃兰特、瑞典首相帕尔梅和挪威首相布伦特兰为首的三个高级专家委员会,分别发表了"共同的危机""共同的安全"和"共同的未来"三个文件。文件中不约而同地得出了为克服危机、保障安全和实现未来都必须实施持续发展战略的结论,并提出"持续发展"是21世纪无论发达国家,还是发展中国家正确处理、协调人口、资源、环境与经济相互关系的共同发展战略,是人类求得生存和发展的唯一途径。由于"持续发展"关系到当今人们的生产和生活,关系到人类的生存和发展,关系到经济的持续增长,关系到社会的安全繁荣,这一战略的提出立即引起了世界各国和国际社会的重视与关注。

人口问题、资源问题、环境问题以及经济社会发展问题,是当今世界人们日益关注的四大问题。如何寻求人口、资源、环境与经济的持续协调发展,是联合国1992年"地球最高级会议"的中心议题之一,许多国家和国际社会对此进行了大量的分析与研究工作,我国有关部门和研究机构也开展了相应的研究工作,并取得了一些重要成果。但是,对人口、资源、环境与经济的相互关系研究还比较薄弱。现在,人们逐渐认识到,人口、资源、环境与经济社

会发展是一个开放的复杂巨系统,是一个相互关联的整体,彼此盘根错节。既相辅相成,又相互制约,处在一种动态的矛盾之中,需要从总体上对其进行综合分析与系统研究。

多年来,我们缺乏协调发展意识,"单项突出"的思想倾向比较突出,再加上条块分割,不同部门和地区普遍存在就人口论人口、就资源论资源、就环境论环境、就经济论经济的倾向。不仅如此,各部门、各行业、各地区内部的政策、法规,也存在一些不协调现象。不同政策、措施、法规间的矛盾与抵触时有发生,出现了人口日益增长、资源不断枯竭、环境日趋恶化、经济发展受阻等一系列严重问题。这四大问题是我国的基本国情,同时也是建设有中国特色的社会主义过程中我国人民面临的四大难题。

20 世纪 90 年代是我国也可以说是全人类关键的十年,党中央提出了努力实现国民经济持续、稳定、协调发展的战略目标,是一项十分正确的决策。通过对人口、资源、环境与经济社会的发展进行综合性与长期性系统研究,一方面可以及时地做出综合预警分析,帮助决策者从更高的层次对现行的政策、措施、法规进行筛选,剔除不合理因素,构筑和完善彼此协调的政策法规体系,更加卓有成效地推进我国改革与现代化的伟大实践。另一方面,开展人口、资源、环境与经济社会的系统研究与实证分析,结合对国际社会普遍关注的持续发展概念框架、理论体系、战略构想以及实施途径的研究,对于丰富和完善有中国特色的社会主义理论将具有十分重大的意义,对于国际新秩序的构筑与描绘也将产生积极的影响。

二 对中国未来发展的基本估计

中国幅员辽阔、人口众多、改革开放成就巨大,在世界发展格局中举足轻重,对世界人口、资源、环境和发展均有重大影响,因此一直引起世界的广泛关注和评论。

人们对中国未来的发展预测不同,说法不一。罗马俱乐部在《增长的极限》一书中,预测中国2000年人均国民生产总值仅达100美元,结论是令人绝望的,但事实已经表明,这种说法是站不住脚的。西德学者威廉·富克斯在《国力方程》《明天的强国》两书中预测,中国国力在1987年就等于美国加上西欧共同体诸国,并断言中国国力在2000年以后将令人惊异地发展到首屈一指的地位。这种令人"大喜过望"的乐观估计也不符合我国的实际情况。美国的综合长期策略委员会的一项报告,采用的是"购买力对等"方程式计算中国的国民生产总值,报告认为,中国的国民生产总值,1950年约有1000亿美元,到了2021年,中国将仅次于美国跃居第二位,国民生产总值为3.8万亿美元。

中国未来的发展到底如何估计?既不能悲观绝望。也不应盲目乐观,应当采取谨慎清醒的乐观态度。邓小平同志在1987年4月16日会见香港特别行政区基本法起草委员会委员的讲话中,曾做了精辟的论述。他说:"到本世纪末,中国人均国民生产总值将达到800—1000美元,那时人口是12亿至12.5亿;更重要的是,有了这个基础,再过50年,再翻两番达到人均4000美元的水平,那时15亿人口;就是说国民生产总值是6万亿美元,这是以1980年美元与人民币的比价算的,这即是大家都熟知的三步走的战略。"

邓小平同志的展望为我国未来发展勾画了大致的轮廓,指明了奋斗的目标,只要全党全民树立艰苦奋斗、稳步前进的思想,选择人口、资源、环境与经济社会持续协调发展的战略,20世纪末达到小康生活水平,21世纪中叶达到中等发达国家水平的目标是可以实现的。

三 制约中国未来发展的主要经济因素

中共十一届三中全会以来,我国坚定不移地执行改革开放政策、极大地促进了社会生产力的发展。但是，也应该看到：在我国经济发展过程中，还存在许多突出的问题，需要我们在相当长的历史阶段内，花大力气去解决。

（一）经济发展面临的人口压力越来越大

人口增长对经济发展的压力主要表现在两个方面，一是对农业的压力，二是对就业的压力。

近年来，我国的粮食总产量一直徘徊在 4100 万吨左右，单产约为 240 公斤，人均占有粮食不足 400 公斤，棉花产量始终没有回升到 1984 年的最高水平，年产量约为 400 多万吨，单产在 55 公斤左右。由于耕地面积逐年下降，每年新增人口 1600 多万，即使未来人均粮食、天然纤维占有量保持现有水平，也要求单产有明显的提高。如果农业科技没有突破性进展，单产的提高必须依靠大幅度增加投入来实现。由于农业劳动生产率太低，农业自我发展的能力有限，加上在大多数年份国家通过农业进行原始积累，使农业发展的基础比较薄弱，所以近年来国家多次提高农产品的价格，以稳定农业的发展。我国经济对农业的这种过度依赖反映了发展的脆弱性，这既不利于经济稳定，又有碍于经济发展，需要在发展的过程中综合治理，逐步解决。

就业人口与就业机会缺口增大是人口问题引发的又一经济矛盾。它不仅是经济发展的沉重负担，还直接威胁着社会安定。我国城镇显型待业率约为 3%，隐型失业率远高于这一水平，加上农村剩余劳动力转移的现实和潜在的压力，使解决就业问题的任务更加艰巨复杂。为了扩大就业，不得不增加投资，不得不在低水平上允许鼓励一些乡镇企业的发展。这就必然造成资金紧张、环境污染和生态破坏等问题。

（二）产业结构扭曲

产业结构扭曲是我国经济生活中长期存在又没有有效解决的顽症之一，在今后相当长的时间内仍将困扰经济的发展。

我国产业结构不合理主要表现在以下几个方面：第一，基础产业持续滞后于国民经济的发展，其中，交通、通信等产业的瓶颈现象尤为严重，它不仅影响现有资产存量发挥效益，还制约着农村剩余劳动力向城市和非农产业转移。第二，加工工业摊子大，水平低。由于一般加工工业进入壁垒小，国家管制松，加上价格形成机制不合理、市场组织体系不健全，随着权力的不断下放，各地扩张加工工业的冲动有增无减，造成设备闲置、资金浪费。第三，产业组织结构不合理。大多数产业和企业缺乏有效竞争、更谈不上优胜劣汰，生产要素的流动受到不应有的限制，专业化分工和协作的程度较低，规模经济效益很差。第四，第三产业在国民生产总值中的比重仅为1/4左右，无论从国际比较还是从本国经济发展的客观要求看，第三产业的发展都不适应国民经济发展的需要。产业结构扭曲不仅降低了国民经济的整体效益，也影响了国民经济的长期稳定协调发展。

（三）技术水平落后，经济效益低下

我国总体技术水平落后，大部分产业设备陈旧，装备能力和装备水平较低。长期依赖高积累、高投入维持经济增长，形成一种主要依靠物资和资金投入的经济增长格局。尽管我国的能源生产总量、钢铁产量，都位居世界前列，但我们以单位资源投入所获得的GNP远远低于发达国家的水平。稀缺资源的掠夺性开采、破坏和浪费现象十分严重。令人担忧的是，生产企业至今仍然缺乏采用适用技术和先进技术发展生产的紧迫感，科研和生产相结合的供求机制尚未建成，技术进步对经济增长的贡献远低于发达国家。在相当长的时间内，这种低水平、粗放经营的发展格局还难以改变，无疑会对本已十分紧缺的资源和资金形成更大的压力。

（四）资金短缺

资金短缺是发展中国家面临的共同问题，我国也不例外。近十年中，除1985年外，财政赤字连年不断，最近两年有增无减。与资金短缺相伴而生的是资金低效使用和浪费。由于地方分权，各地不顾条件地竞相发展本地的加工工业，低水平的重复建设、

重复引进不断发生，投资战线越拉越长，资金运用效果越来越差。

四 促进我国人口、资源、环境与经济社会持续发展的基本思路

从基本国情出发，结合对国际形势的分析与判断，提出旨在促进我国人口、资源、环境与经济社会持续协调发展的基本思路如下。

（一）牢固树立人口、资源、环境意识

过去单纯地提倡树立人口意识、环境意识、资源意识。现在看来，它们不能体现人口、资源、环境与经济社会几者协调发展的紧迫性与重要性。因此，应提倡树立人口资源环境意识，持续发展与协调发展，绝不是少数人的事，而是全体人民的事业。无论是国家领导人，还是普通公民，都应高度关切人类赖以生存的环境，充分了解人类活动与资源开发、环境保护的密切关系，并对未来发展持积极、负责的态度，自觉规范自己的行为。

（二）坚持国民经济持续、稳定、协调发展的战略方针

保持国民经济持续、稳定、协调地发展，是我国经济建设的重要原则。中国底子薄，人口多，要实现第二步乃至第三步战略目标，经济发展要有一个较快的速度。但是，又不能急于求成，对速度要求过高，以避免造成大起大落，发展不稳定。今后十年我国将保持年均6%左右的中速增长，而始终把提高经济效益作为全部经济工作的中心。这样既能保证实现第二步目标，留有一定的余地，又可避免大起大落，保持国民经济重大比例关系的协调。

（三）严格控制人口数量努力提高人口素质

在今后几十年中，控制人口数量、提高人口素质始终是解决中国人口问题的首要任务。中国人口控制的关键在于农村人口的控制、人口发展的周期性、难以逆转性和积累性，必须高瞻远瞩，未

雨绸缪，从长远的历史跨度运筹这一问题。计划生育是人口政策的重要内容而不是全部内容，中国人口政策的着眼点应当是如何为推进中国的现代化准备良好的人口条件，同时还应当考虑到中国现代化的最终目的；反过来又是为了人们全面发展，为了满足广大人民日益提高的物质和文化生活水平的需要。因此这是一个巨大的系统工程，它必须包括与之相关的产业政策、就业政策、资源政策、环境保护政策、引导消费政策、社会保障政策、户籍管理政策、城乡关系政策和少数民族政策等。同时还要提出政策实施的时间序列，找出近期、中期和长期的对策。

解决中国人口问题的根本出路还在于改革和发展，只有继续深化改革，大力发展商品经济，促进人口城镇化，加速现代化进程，才能根本改变传统的生育观，使我国人口健康发展，并与资源的开发和环境的改善协调起来。

（四）大力发展教育事业，努力提高全民族的科学文化水平

百年大计，教育为本。无论是控制人口数量，提高人口质量，还是发展科技和经济，都离不开教育。教育越发达的地方，经济发展水平越高，人口控制的难度越小。因此，必须把发展教育事业作为社会主义现代化建设的根本大计，把人的培养作为最重要的投资。增加对教育的投入，切实加强基础教育，大力发展职业教育、成人教育，巩固和发展高等教育，提高高等教育的质量和水平。在全社会范围内真正树立起尊重知识、尊重人才的风尚，形成积极向上、人尽其才、才尽其用、优胜劣汰的竞争机制。

（五）调整产业结构提高国民经济的整体素质和动态效益

调整产业结构是合理利用生产要素，有效节约自然资源最经济的措施。在未来十年中，必须大力加强农业建设，尤其是粮食生产，保证人们的生活需要；大力发展基础工业和基础设施，尤其是交通、通信产业，缓解国民经济的瓶颈制约，释放原有资产存量，并为农村剩余劳动力转移创造物质条件；坚持开发与节约并重的方针，千方百计开发富有资源，节约稀缺资源；积极发展第三产业，提高社会化服务的程度和水平，创造出更多的就业机会。

在产业结构调整过程中，应根据各地区的比较优势，统筹规划、合理分工、合理布局、努力进行技术改造，节省能源和原材料，并将技术改造的重点放在大中型企业，特别是污染严重的工业企业上。在不同的地区，建立起符合国家总体发展要求和自身特点的主导产业，促进资源的合理配置和各地区经济的协调发展。

（六）建立科技引推型人口资源环境发展战略

科学技术是人口、资源、环境与经济社会协调发展的巨大推动力，是生产力中最活跃的因素。作为一个人口众多、资源短缺、环境恶化以及经济落后的国家，要努力发展科学技术，建立科技引导和推动型的人口资源环境发展战略，推动经济与科技的结合，实现经济效益、社会效益和环境效益的三统一。第一，切实改革现行的科技体制。建立起科技进步的动力机制，使企业真正把发展的方向从高投入、低质量的粗放经营方式转到追求质量、追求效益的轨道上来。第二，加强对企业的技术改造、把投资的重点从数量扩张转移到增强素质的方向上来，通过技术更新提高产品质量，降低消耗、能耗。第三，大力发展高科技产业，带动传统产业发展。第四，发展和完善技术市场，健全知识产权保护的法律和法规，鼓励发明创造，促进科技信息的正常流通。第五，大力发展"绿色技术"，包括生态脆弱地区生态系统改善与恢复的科学研究和技术开发，污染治理技术与装备的研究和开发，以及全球环境变化的科学评价、影响评价与对策研究等。

（七）选择与建立非传统的现代化模式

纵观已经或者大体工业化国家的传统现代化道路，无论是欧美国家还是日本，都是靠以资源的高消耗，环境的重污染来支撑其经济高速增长的。作为较晚开始现代化进程的国家之一，我国正处在工业化初期，遇到了与发达国家不同的发展条件和增长机会。面对我国的人口状况、资源状况、环境状况以及经济发展状况，我们只能选择与发达国家不同的人口、资源、环境组合方式。这实际上意味着选择一种非传统的现代化发展模式，其核心思想就是实行低度资源消耗的生产体系，适度消费的生活体系，使经济持续稳定增长、经济效益不断提高的经济体系，保证社会效益与社会公平的社会体系，不断创新，充分吸收适用新工艺和新方法的技术体系，促进与世界市场紧密联系的、更加开放的贸易与非贸易的国际经济体系。

（八）加强资源管理

制定和实施包括自然资源因素在内的价格改革方案，并据以逐步修订有关方针、政策、法规、标准等内容，以期从根本上改变"资源无价、原料低价、产品高价"的扭曲的价格体系，达到资源永续利用、生态良性循环、环境质量改善、经济社会持续稳定发展的目的；实行资源所有权和使用权分离，对资源使用部门实行资源有偿使用和转让制度；并建立资源核算制度，完善国民经济核算体系；强化资源产业地位，转变产业运行机制，促进产业良性发展。要逐步转变管理职能，减少行政手段，增加经济手段，减少直接管理办法，增多间接管理办法。在计划经济与市场调节相结合的原则下，通过市场机制、采取多种形式促使资源产业产品价值的实现。转变投资机制，增强资源产业生产单位的活力，提高资源产业生产效率，实现资源产业投入—产出的良性循环，促进不同产业活动的协调发展。

（九）强化环境管理促进协调发展

经济建设、城市建设与环境建设同步规划、同步实施、同步发展，实现经济效益、社会效益和环境效益的统一，是具有中国特色的行之有效的环境管理政策，应当予以坚持和完善。同时，应当注重运用法律手段，强化环境管理，保障经济与环境的协调发展。对于城市，要把城市环境保护和城市建设、经济发展紧密结合起来，调整城市布局，搞好城市规划和建设，防止城市污染。在农村，积极开展农业环境保护工作，大力推行生态农业，合理开发利用农业自然资源，合理利用化肥和农药，严格执行环境影响评价制度；努力调整乡镇企业的产业结构、产品结构和技术结构，发展无污染的行业，不断强化农业环境保护工作的监督管理和法制建设。

（原载《中国人口·资源与环境》1991年第4期）

旅游业在中国社会经济发展中的地位和作用

中国的旅游业，自1979年国家实行改革开放政策以来，得到迅速发展，不仅形成了一个经济效益十分可观的产业，而且对许多产业产生了相当大的影响。随着旅游业规模的形成、影响的扩大，旅游业的进一步发展问题特别是如何评价旅游业在国民经济发展中的地位和作用问题，正成为人们议论的热点。

一 中国旅游业发展回顾

1978年以前，中国旅游业一直以外事友好往来接待为主，还未形成一个独立的产业。1978年以后，国家实行改革开放政策，做出了发展旅游业的决定，并对旅游业的发展给予了大力支持。1978年以来，国家相继开放了400多座城市，全国的开放地区达到600多处。国家每年还拨出专款对旅游风景区进行开发建设、修整和保护，使重点旅游省市、重点旅游线路及游览点的配套建设得到显著加强。12年间，中国旅游业在接待人数、外汇收入、旅游基础设施建设、旅游资源的开发和保护、旅游队伍建设等方面均取得了突出的进展。1978—1989年7月，来华旅游入境人数（包括外国人、华侨、港澳台同胞）累计达1.73亿人次，平均每年增长24.3%，其中外国旅游者1245.16万人次，平均每年增长16.7%；旅游外汇收入累计达124.02亿美元，平均每年增长17.7%；全国共新建、改扩建旅游饭店1585家，增加客房23.57万间，到1989年年底，全国旅游饭店总数已达1788家，拥有客房近30万间。目前，全国旅游业已形成400多亿元固定资产，160多万人的产业队伍，年创汇20多亿美元，营业收入约300多亿元（估计数）的产业规模。

旅游业的迅速发展，对我国社会经济产生了深刻的影响，其积极作用主要表现为以下几方面。

1. 增加国家外汇收入

12年来，中国旅游外汇收入已经成为国家非贸易外汇收入的重要来源，这笔外汇收入，对引进我国"四化"建设所需的先进技术和设备、弥补贸易逆差、平衡国际收支起到了积极作用。1978—1987年，外贸逆差总共为324.9亿美元，同期旅游创汇收入为96.6亿美元，弥补贸易逆差的29.7%；1988年，旅游外汇收入达22.45亿美元，占全年非贸易外汇收入总额的34.4%。旅游创汇有三个特点：一是无形贸易，不需付出很多物质产品，不需消耗很多能源，即可获取较多的外汇；二是现汇收入，收取的现汇可马上作为资金投入周转；三是换汇成本低，1983年旅游业换汇成本为1.5元人民币换1美元，仅为贸易出口换汇成本的36.5%，近年来，换汇成本有所上升，为贸易出口换汇的2/3左右。

2. 经济效益显著

旅游业的经济效益明显高于工业、商业等产业，是国民经济中经济效益比较显著的产业。统计材料表明，1987年全国旅游业系统全员劳动生产率高达32626元，人均实现利税10455元，同期工业企业全员劳动生产率和人均实现利税分别为20947元和3391元，商业全员劳动生产率和人均实现利税分别为16889元和1428元。正是由于旅游业有如此高的经济效益，促进了旅游业的蓬勃发展。旅游业发展起来后，对于活跃地方经济、富裕群众生活起到了明显的促进作用。

3. 促进和带动相关产业和地区的经济发展

中国旅游业在发展过程中，显示出很强的关联带动功能，最为明显的是对交通运输、对外贸易、建筑业的促进和带动作用。据有关部门测算，旅游业每直接收入1元，可以给国民经济相关行业带来3.7元的增值效益。1978—1988年间，旅游外汇收入增长8.3倍，同期民航客运周转量增长6.6倍，外贸出口额增长3.9倍，建筑业总产值增长2倍。这些与旅游业密切相关的产业增长速度明显高出工业、农业的增长速度。

我国旅游业对地区经济的发展也起了很大的刺激作用。辽宁省兴城市1983年以前工农业产值不到1亿元，1984年确立了以发展旅游业为中心，带动贸易、工农及其他各行业发展的战略方针后，全市面貌发生了巨大变化。到1986年，仅3年时间，工农业总产值增长近4倍。广东省中山市旅游业的发展则取得了一业兴百业旺的效果，1987年工农业总产值比1979年增长了4.5倍，农村人均收入增长4倍。一批具有独特旅游资源的老、少、边、穷地区，通过发展旅游业，开始走上了致富之路。

当然，上述行业和地区发展较快的原因还有许多，但旅游业的促进和带动作用是一个重要因素。

4. 回笼大量货币，缓解市场供求紧张的压力

国内旅游通过提供劳务性服务，回笼了巨额货币，根据有关方面测算，1985年国内旅游收入达80亿元，是当年全国货币增发量的40%左右；1987年国内旅游收入达140亿元，是当年全国货币增发量的近60%；近一两年估计可达到1/4左右，这就在一定程度上减缓了市场压力。预计到2000年国内旅游消费将占社会居民总消费的15%左右，旅游业回笼货币缓解国内供需关系的作用将更不可忽视。以上这些分析仅是国内旅游业。而国际旅游收入的外汇实质上是国外社会物质财富向国内的转移，从而增加有效供给，对稳定国内市场起到积极作用。

5. 容纳大批劳力，提供就业机会

通过发展旅游业。吸引了大量劳动力，开辟了劳动就业的一个新门路。任何行业的发展都可以为社会提供一定的就业机会，但发展旅游业可以比其他行业提供更多的就业机会。按照国际经验测

算，旅游业直接就业与间接就业的人员比例大约是 1∶5。1989 年全国旅游直接就业人数 168 万人，加上间接就业人数，约达 1000 万人，占全国就业人数的 6% 左右。另一方面，旅游业不需要太多的机器设备，人均占用固定资产较少，要求从业人员的素质层次也较多。这对于人口众多、劳动力素质较低、建设资金短缺的中国来说，发展旅游业可用较少的资金提供较多的就业机会。因此，旅游业已成为中国解决劳动就业的一个重要途径。

6. 促进产业结构优化

中国是一个能源相对贫乏的国家，近几年来一直致力于产业结构的调整，其内容之一是尽力压缩那些耗能大、效益低的产业，鼓励发展耗能低、效益高的产业，如第三产业。从旅游业的特点来看，不仅它自身是一个低耗能、高效益的产业，它的发展还直接带动了第三产业的发展。从国内外产业结构变动的历史看，第三产业的发达程度是经济发展水平和产业结构合理化程度的一个重要标志。近几年来，旅游业的蓬勃发展促进了交通运输、邮电通信、商业、饮食服务业、金融、保险以及文化卫生事业等相关行业的繁荣和发展，对优化产业结构起了积极的作用。1983 年，中国第三产业总产值占国民生产总值的比重为 20.3%，到 1988 年上升为 26.7%，平均每年上升 1.28 个百分点，这个比例还有不断上升的趋势；就业人数 1978 年占 11.7%，1988 年上升到 17.9%，预计到 20 世纪末将占 1/3 左右。在这个过程中，旅游业的发展无论是现在还是将来都是不可忽视的因素。

7. 改善投资环境，促进对外开放

旅游业是对外开放的一个窗口，通过这个窗口，有利于使世界了解中国，使中国走向世界。来华旅游者从其耳闻目睹的亲身经历中加深了对中国的了解，同时也带来了大量的经济技术等方面的信息。许多外国投资者正是通过旅游了解中国，然后才来华投资的。这种民间的友好往来，对促成中外经济、文化、科技合作，具有特殊的效果，有时甚至比官方的正式渠道更为便利和有效。统计数字表明，旅游业比较发达的地区也是引进外资比较多、外贸出口创汇额比较大的地方。因此，旅游业的发展对我国对外开放和国际经济交流合作的积极作用是十分明显的。

此外，旅游业还具有调整消费结构（由单纯购物向部分购买服务转变）等作用。

旅游业的发展，确实对中国社会经济发展起了积极的影响。但是，旅游业在发展过程中同样也带来一些消极影响。如对国内居民消费的刺激作用，加剧了"超前消费"的心理；许多地方的旅游景点开发后保护措施没有同步跟上，造成旅游环境污染，一些地方的自然景观和生态平衡受到破坏。此外，在国外旅游者大批涌进的同时，也带来一些不适合中国国情的生活方式和价值观念。

二 中国旅游业的性质与国民经济其他产业的关系

中国发展旅游业最主要的目的是促进国民经济发展，我们必须树立旅游业是一个产业的意识。国际旅游收入的是外汇，外汇收入的实质是外国物质财富的流入。从这个意义上讲，国际旅游业是生产性的创汇部门。我们讲旅游业是一个产业，这一点是没有疑问的；但从消费者角度看，旅游消费有很大一部分是文化性消费，可是，绝不能因为旅游消费带有文化性而混淆了它作为产业的经济性。

旅游业作为国民经济的一个产业，在中国的基本国情下，具有三大特征。

一是旅游业又垄断又竞争。有一些自然和历史资源如中国的长城、故宫、兵马俑，都是唯中国独有，是无可替代的，始终可以保持垄断地位；而一些人工开发的旅游资源如大型游乐场、高山滑雪旅游、山林狩猎旅游等，这些非垄断的领域往往形成比较激烈的竞争。在其他行业中，长期垄断的可能性微乎其微，只有在新技术严格保密的情况下才能短期垄断；而旅游景观的垄断性则是敞开大门，欢迎参观，仍然能保持其地位，这是天然的禀赋。正因为如此，一个国家天然赋予的越多，旅游发展潜力就越大，就越具有长期的、持续的吸引力。

二是旅游产业与国民经济其他产业的关系既依存又游离。所谓依存，就是没有其他行业的发展，各种景观的建设和抵达景观游览观赏的条件就受影响，旅游饭店、购物商店等各种设施的效益就难以实现；所谓游离，是指旅游者前来旅游，其兴奋的中心和消费的主体目标是各种自然和人文景观，一般来说，自然景观是可以永续利用的，旅游者花费了时间、金钱和精力，增长了知识和阅历，带走的是美好的回忆。这就使旅游产业可以消耗较少的原材料和物质资料。旅游业的发展，虽然也要依赖于其他产业的发展来支持，但可适度超前。这是因为，旅游业不像工业生产需要那样大量的能源、原材料、资金、技术，才能形成生产能力，所以旅游业的超前发展比其他产业客观上较为有利。其他产业的发展，从产业关系要求出发，有的产业，有的时候，也需要适度超前发展，如交通业、能源工业、原材料工业等，并在政策和资金上倾斜；而旅游业的适度超前不需要同比例的大量投入，更多的是政策的倾斜，给予适当扶持，开发中更应强调"软开发"，即对现有的旅游资源和其他社会经济文化资源的综合利用。总之，从根本上说旅游业比其他行业投资较少、效益较大。

三是旅游经济发展应该更加注重市场调节。旅游者的旅游行为带有很大的自发性和随意性，而中国的经济运行机制是计划经济与市场调节相结合。从宏观角度看，旅游业的发展要有计划地进行，不能全面开花，一哄而起，反对盲目性，避免造成浪费。也就是说，旅游供给方面要强调计划性。然而，供给归根到底要受需求的变化所左右。旅游消费是通过旅游者向旅游景点的运动或转移实现的，而不是物的运动。旅游消费和其他消费的区别非常明显。旅游者感兴趣就来，不感兴趣就不来，计划是管不了的。再加上国际性的竞争，旅游作为外向型产业，与市场经济的大环境密切相连，只能靠旅游业的质量、价格、资源的吸引力等来争取更多游客。所以旅游经济运行特别要注重市场调节，根据市场需求和供给的可能来组织和推销产品，这就需要建立特别灵敏的市场信息反馈系统和强有力的宏观调控机制。

三 旅游业的发展前景

旅游业随着一个国家和整个世界经济的发展、人民收入水平的提高和闲暇时间的增加而高速发展。恩格斯曾经把人们的生活资料划分为生存资料、发展资料和享受资料。从旅游消费的特性看，它不是一般地维持人的生命延续的生存资料，而是满足人们发展和享受的资料。旅游消费具有发展资料和享受资料两重性，二者的侧重点则根据各国经济发展水平和国民生活水平的高低而变化。国际上有这样的经验统计，当一国人均国民生产总值达到 800—1000 美元时，居民将普遍产生国内旅游的动机；达到 4000—10000 美元时，将产生国际旅游的动机；超过 10000 美元时，将产生洲际旅游动机。这反映了经济发展与旅游消费需求相互关系的一般规律。目前西方一些发达国家经济发展已进入发展资料充裕，享受资料全面进入消费的阶段，旅游消费已开始成为人们生活的基本需要。中国目前尚处于社会主义初级阶段，人均国民生产总值 300 美元，生存资料和发展资料都不很充裕；预测到 2000 年，中国人均国民生产总值将达到 1000 美元左右，那时的消费模式将是生存资料充裕，发展资料有所增加，享受资料局部进入消费；再经过几十年努力，相信中国也将逐步达到发展资料充裕，享受资料全面进入消费的阶段。到那时，旅游消费也将成为中国人民生活的基本需要。

从整个社会经济发展趋势看，随着新技术、新材料、新设备的不断产生，有一些产业发生变化从而使整个产业顺序产生更迭，比如钢铁业，目前是我国重点发展的产业，但有些发达国家却正在逐步收缩，成为"夕阳产业"；有些产业已经完全消失了。这种产业更迭也是经济发展的一种必然趋势。但旅游产业则非常特殊，随着经济的发展和人民生活水平的不断提高，旅游作为高层次的消费方式和生活的一项内容，而成为人类生活的基本需要将是历史发展的必然趋势。另外，旅游业是其他产业无法替代的。因为旅游是眼、耳、鼻、舌、身的全面感受，这是欣赏电视风光片和阅读各种游记都无法替代的。更何况旅游活动还有增加阅历、知识、陶冶感情、锻炼身体等一系列其他功能。

以上分析，可以看出中国发展旅游业具有非常广阔的天地，旅游业作为一个产业也必然是一个永不衰亡的、永远朝阳的产业。鉴于中国在世界上的文化历史地位和自然条件，加上我们继续坚持改革开放的方针，考虑到国际市场的走向，再经过10多年的努力，相信旅游业可以成为我国出口商品和劳务中的一个大产业。那时旅游业对整个国民经济的贡献就更大了。

四 适度超前的总体发展战略

鉴于旅游业的发展对国民经济的促进作用，以及旅游业发展受制于国民经济各有关部门的实际情况，根据我国旅游资源十分丰富，发展潜力大，具备大力发展旅游业的诸多条件，应采取适度超前的总体发展战略。

这里所提的适度超前是有前提的，即是在整体国民经济协调发展前提下的适度超前。适度超前包含以下五个方面的基本含义：

第一，发展速度超前，旅游收入的增长速度要快于同期国民生产总值、工农业总产值的增长速度。要实现党的十二大所制定的到20世纪末我国国民生产总值翻两番的目标，今后10年平均每年增长6%。如果按照适度超前的旅游发展战略，到20世纪末，旅游业年平均增长速度应为11%—13%，略高于国民经济和工农业的发展速度。

第二，发展水平超前，旅游业的管理水平、经济效益水平、技术水平和服务质量要争取超前于国民经济其他产业的水平。到20世纪末，中国主要工业领域的技术水平将达到西方发达国家20世纪70年代末80年代初的水平；同期旅游业的管理水平、经济效益水平、技术水平和服务质量均应要求达到当时的国际水平。中国旅游业将跻身于世界旅游发达国家的行业。

第三，人才培养的超前，从业人员必须培训成具有更高的政治素质和业务素质。旅游业是一种国际性产业，要达到国际服务水准，必须建立一支熟练掌握现代化管理技巧和操作技能，适应国际旅游要求的政治上也相当强的队伍，要建立这样一支队伍，人才培训教育方面应超前于其他行业。

第四，适度的超前，不是也不应该过度超前。超前到什么程度？首先，必须与旅游业密切相关的产业，如民航、铁路等产业的发展相协调，不能盲目超前。据民航部门规划，1990—2000年，全国民航运力年平均增长速度为14%左右，这个速度与旅游发展速度大致协调。其次，还要根据各地实际情况把握，切不可不顾旅游资源条件和经济发展水平，盲目超前。只有那些旅游资源丰富、配套设施相对完备、可进入性强、商业价值高、经济效益比较好、发展旅游比较利益显著的旅游城市才能超前发展。从时间上看，相当长的一段时间内总体水平的适度超前，不排除某些年份的滞后；从地区上看，不是所有地区一律超前。

第五，旅游业适度超前并不意味着它是中国国民经济的支柱产业，只是在对旅游者有支付能力的需求及旅游市场的发展变化加以科学分析和预测的基础上，在与国民经济发展相协调的前提下，将旅游业的发展速度适当提高，而不是要把它的发展速度列为国民经济各部门之首。当然，也不排斥国民经济其他产业的适度超前发展。

由于历史的原因，在中国，旅游业在国民经济中的地位和作用在社会上尚未达成共识，由此产生了许多错误的认识，如认为旅游业是一个吃喝玩乐的消遣性行业，因此把旅游饭店这种创汇型企业视同消费性的"楼、堂、馆、所",这种认识上的偏差,对中国旅游业的发展产生了极为不利的影响,有必要尽快予以纠正。

我认为,旅游业是中国国民经济中的重要产业之一,我们国家大,情况复杂,不可能像一些小国,可以"旅游立国",成为支柱产业,但在中国可以成为第三产业中的重要产业,也不排除有些条件好的地方旅游业可以成为当地经济的支柱产业。随着旅游业的进一步发展,旅游业的产业地位将不断地提高,旅游业对社会经济的积极影响也一定会越来越大。

(原载《财贸经济》1991年第3期)

提高市场学的研究和应用水平
促进社会主义有计划商品经济发展[*]

一

市场学作为一门学科是伴随商品经济高度发展而逐步形成的。它是一门为商品经济发展服务的应用性较强的学科。市场学的研究对象是通过对市场的分析，揭示市场的发展变化规律。与此相联系，市场学要研究如何适应市场环境，并根据市场需求的变化来组织生产和进行有效的经营活动。随着世界范围内商品经济的发展，市场学也不断发展，并在实践中得到广泛的应用。

首先，我国正在大力发展社会主义有计划商品经济，这不仅为市场学在我国的发展提供了广阔的天地，同时也向我们提出了如何创建有中国特色的市场学的任务。我们一定要深入研究市场学，使之更好地为我国"四化"建设服务。

大家知道，根据市场学的基本原理，企业必须按照市场规律办事，要根据市场需要组织生产经营，并为消费者提供良好服务。这种市场营销观念，是市场学的核心问题，也是一个极为重要的主导思想。这种市场营销观念同我国的具体情况相结合，就能对我国经济的发展起到良好的促进作用。

---

[*] 此文是孙尚清同志于1991年3月28日在中国市场学会成立大会上的讲话，本刊发表时略作改动。

社会主义生产的目的是最大限度地满足人民群众不断增长的物质和文化生活的需要,这与市场营销观念并不矛盾。如果我们每个企业都能注重市场调查和预测,正确制定企业的发展战略,做到按照市场需要组织生产和经营,不仅可以减少和避免生产的盲目性,促进企业生产经营的健康发展,而且也有利于合理调整产品结构和产业结构,优化资源的配置,促进我国经济的持续、稳定、协调发展,从而更好地实现我们社会主义生产的目的。

其次,正确运用市场学所阐明的营销理论和策略,是强化企业竞争能力,促进企业发展的重要条件。企业是社会基本生产单位,社会经济发展归根结底是要通过企业的生产经营活动才能实现。为了使企业在激烈的市场竞争中求得生存和发展,一方面需要大力改善企业的外部条件,促进市场发育、完善市场机制,建立统一的社会主义市场体系,为企业创造良好的营销环境;同时要进一步深化企业改革,逐步做到政企职责分开,所有权和经营权适当分离,使企业真正具有发展生产和积极自主经营的活力和动力。中共十一届三中全会以来,我们在这方面的改革取得了很大进展。但是另一方面,也是很重要的方面,就是企业必须牢固地树立适应商品经济的营销观念,强化自己的竞争能力,即从研究市场消费需求入手,根据自身的经营条件和经营能力,确定自身为之服务的目标市场,进而通过对目标市场的分析,制定相应的经营战略和运用适当的灵活的营销策略,争取在市场竞争中占据主动地位。国内外许多著名的企业之所以取得成功,在很大程度上应归功于营销的成功。在我国去年市场疲软的情况下,有的企业却可以一枝独秀,产品在市场上供不应求,其中一个重要原因就是成功地运用了市场营销策略。现在已经有越来越多的企业认识到市场营销的重要性,这对于市场学的应用与发展将是一个有力的推动。

最后,研究与应用市场学也是适应改革开放,开拓国际市场的需要。改革开放的10年,我国的外向型经济得到了长足发展,众多的工商企业已经参与了国际经济活动,进入国际市场。而国际市场上的竞争与角逐是十分激烈的。我国的许多企业要实现由内向型向外向型的转化，就必须在经营指导思想、经营观念、经营战略与经营策略等方面作出重大的调整，必须强化商品经济意识、强化市场观念和竞争观念，必须十分注意国际市场信息和提高应变能力。这一切都需要充分发挥市场学的指导作用。

二

由于历史的原因，我国对于市场学的学习和研究起步较晚。近10年来，由于实行对外开放、对内搞活的方针，确定了社会主义经济是有计划的商品经济，这才为研究和发展市场学提供了有利的政治环境和经济环境。随着改革开放的不断深入，我国在市场学的传播、研究和应用得到了迅速的发展并取得了可喜的成就。市场学教学、研究的专业人员，从无到有、从少到多，目前已拥有一支数以千计的专业人员队伍；全国设有管理系、科的高等院校和高等成人院校，普遍开设了市场学课程，其中有些师资力量较强的院校还建立了市场学专业，有的还招收了以市场营销为研究方向的研究生。随着教学的发展和研究的深入，在学术交流与学术著作、教材的编著出版方面也取得了丰硕的成果，据不完全统计，目前已正式出版的著作不下百种，发行量数以百万计。在各地几十所院校的共同努力下，由中国市场学会筹备组组织编写的我国第一部大型市场学著作《现代市场营销大全》已经正式出版。各地还纷纷开始筹建市场学会，以组织、推动市场学的研究与应用。目前已有20个省市成立了市场学会或筹备组。特别是中国高等院校市场学研究会自1984年1月成立以来，在促进学术交流、传播市场学知识、推动市场学发展方面做了不少有益的工作。

市场学原理在应用中取得的成效，使这一学科受到经济管理部门和企业界的重视。许多企业的厂长经理，通过各种形式努力掌握市场学知识，并在实践中加以运用。为了有效地开展营销活动，不少企业还设立了专门从事研究、制定和实施市场营销策略的机构。值得注意的是有的大型企业集团，甚至有的部委也准备成立本系统专门研究市场营销的群众性学术团体。他们已经提出了要求希望将来能加入中国市场学会。

在肯定已经取得成果的同时，我们也应该看到，我们研究市场学的时间毕竟还比较短，还存在着各种局限和差距。首先，从总休上看，无论是广度还是深度都还不能适应社会主义有计划商品经济发展的要求。目前国外的市场学的研究范围，已由一般的工商企业向各行业发展，对于工业、农业、旅游业、餐馆业、保险业、银行业等专业市场营销都有一定深度的研究；对非营利组织的市场营销研究也正在发展中。而我们的研究基本上还停留在基础市场学阶段，这就限制了市场学的应用范围。其次，学术交流的规模还较小，交流的水平也亟待提高。目前我国虽然已经拥有一定数量的市场学专业教学与科研人员队伍，但由于种种原因这些专业人员之间的学术交流和科研合作开展得并不普遍。在研究工作中，还在一定程度上存在理论与实践相脱离的现象。最后，由于我国目前正处在新旧体制交替时期，市场发育还不完善，市场机制还不健全，相当一部分企业还未能真正做到自主经营、自负盈亏，也无力自我发展并缺乏自我约束的机制，从而削弱了企业与市场的联系，企业也缺乏应有的活力，而缺乏活力的企业是不会在市场营销上下功夫的。在我国的经济管理部门和广大的工商企业中，有一些同志还比较习惯于旧体制下所形成的那种经营思想、经营方法。他们不大了解如何运用市场学的原理去开拓市场，因此在激烈的市场竞争面前感到无所适从。

总之，在从事市场学教学、科研的理论工作者和从事市场营销实践的企业家面前，共同面临着如何进一步促进市场学的发展和应用的问题。正因为这样，近年来不少同志一再建议，尽快建立有代表性的、包括从事市场学理论工作和从事市场营销实践的各方面同志在内的全国性的学术团体——中国市场学会。大家认为，建立这样一个全国性的学术团体，不但有利于促进理论与实践的结合，提高市场学的学术研究水平；也可以更有效地组织、协调与市场营销有关的各方面力量，广泛地传播市场学知识、介绍国内外市场学的研究成果和实践经验，提高企业的营销管理水平。另外，有了这样一个全国性学会，也有利于开展高水平的学术交流。经过两年多的筹建工作，在各方面的关心与支持下，现在中国市场学会终于成立了。下一步工作就是如何使学会更好地发挥作用了。

三

中国市场学会作为一个全国性的学术团体，它的宗旨是：坚持四项基本原则，坚持为改革开放服务、为教学与科研服务、为企业服务的方针，团结和组织从事市场学教学、研究的专家学者和从事市场营销实践的管理干部、企业家，按照计划经济与市场调节相结合的原则，理论联系实际，对我国社会主义的市场体系、市场机制、市场营销环境以及企业市场营销理论和实践问题进行研究和探索，开展学术交流，总结、推广企业成功的营销经验，促进我国市场学的理论研究与应用水平的不断提高。

市场学会的主要任务是：

1. 积极开展学术研究、学术交流。这是学会最基本的任务。组织这项工作，要因地制宜讲求实效，在学术问题上要坚持百家争鸣的方针，提倡不同学术观点的自由讨论。（1）根据我国有计划商品经济发展的需要和经济改革的实践，开展调查研究，为建立和健全我国社会主义统一的市场体系，促进市场机制的完善和企业市场营销环境的不断改善献计献策。（2）深入研究总结、交流适合我国国情的市场营销理论科研成果和成功的实践经验，促进企业的营销管理不断趋向科学化。（3）逐步扩大研究领域，相机开展对于不同产业和行业的专业市场营销的研究。（4）通过多种途径，逐步建立并扩大市场学的学术交流和宣传园地，努力向社会传播市场学知识和介绍学术研究成果。

2. 根据市场学作为一门应用性很强的学科特点，市场学会应充分利用自身联系面广的优势，大力开展旨在促进市场学应用与发展的各项咨询服务。其中包括：为开拓国内外市场所需的各地区、各行业和各企业的发展战略研究、市场调研、沟通市场信息，扩大地区之间的经济合作以及为发展中外企业之间的民间贸易往来和经济技术合作等提供咨询服务。

3. 通过多种形式，逐步开展国际的学术交流，为学科发展服务，通过交流互相学习和借鉴，为促进市场学的发展作出我们应有的贡献。

4. 采取多种形式培训各类市场营销专业人才。

（原载《财贸经济》1991年第6期）

关于消费政策的几个问题[*]

今天我匆忙中赶来，是想听听大家的高见，未及听得很多，但颇受启发，我想从当前消费政策研究的角度提些问题，共同讨论。

我国经济理论界关于消费问题的研究，已开展多年。而较深入较具体的研究，是在中共十一届三中全会以后开始的。由于党中央国务院制定了新的经济发展战略和改革开放的政策，于是，消费问题就提到日程上来了。20世纪80年代以前对消费问题的研究，一般是在抽象理论上，探讨生产、流通、分配、消费的关系，作为政治经济学研究中的一个内容。消费问题在经济科学领域里作为一个相对独立的学问来进行研究，应当说是在中共十一届三中全会以后才开始的，我国关于消费经济学的主要论著，都是80年代出版的，这反映了党和国家对消费问题的重视，也反映了把发展与改革同人民生活水平的提高结合起来了。我们搞改革，改革不是目的，改革是为了发展，发展是为了提高人民物质文化生活水平。因此，消费问题就是一个很重要的理论问题和实际问题。在当前，经过三年的治理整顿，国民经济总的情况是进一步向好的方向发展，深层次的一些矛盾尚待解决，其中就包括消费问题。

（1）由温饱向小康过渡中我们的消费政策和引导消费的具体目标问题。大家知道，到20世纪末，我国的经济发展战略要求要达到小康。现在一些地区已经达到了小康的人均收入水平。当然，

---

[*] 此文是孙尚清同志在中国消费者协会召开的"社会主义消费理论讨论会"上的讲话，根据录音整理，征得作者本人同意在本刊发表。

这个问题还有争议，有的同志认为，国家整体居民生活达到小康水平才是发展战略第二步要达到的目标，不可以分地区讲。另外，一些同志认为，一个地区确实达到小康的收入水平和生活水平，是可以讲的。这个争论的实质是小康水平究竟是什么水平？小康水平提出多年了，但我们说不具体。小康水平的吃、穿、用、住、行应该是什么样子，我们现在只能说丰衣足食，生活比较富裕。从制定政策的要求来说，这是远远不够的。例如说住得比较好了，是什么标准？人均平方米怎样，住宅质量怎样，还有房子里的各种设施、设备怎样，都应尽可能有一个量的规定性。我们理论界和实际工作者曾经做了一些工作，但迄今为止，还没有一个描绘被大家认为是比较合理、比较可行的。小康水平有了一个大概念，就是人均国民生产总值达到 800 至 1000 美元（1980 年美元），人均国民生产总值并不等于人均收入，到 20 世纪末人均收入水平怎样，到那时的货币购买力怎样，都需要进行科学的研究和预测。"小康"一词来自中国的古书，要具体化必须从国情出发。研究我国居民生活达到小康水平的各种消费的标准，消费的各种规定性，本身就很复杂。这个问题是我们制定消费大政策时，首先要探讨的，要进一步解决的问题。

（2）当前我们经济生活中存在大中型企业明亏损 30% 左右，暗亏损 30% 左右，真正有盈利的也是 30% 左右。我们扭转企业亏损收效不大，亏损面和亏损额难以有效控制。党中央和国务院非常重视搞好国营大中型企业的工作，增强它们的活力。因为这不单纯是个经济问题，还是一个政治问题。作为社会主义经济基础的全民所有制大中型企业，是国民经济的骨干，而这些骨干企业如果经营管理不善，效益不好，那么，就要影响人们对社会主义优越性的看法，影响社会主义公有制固有的生命力的表现，所以说这也是一个政治问题，涉及社会主义公有制的形象。中央大力抓这一项工作，最近中央工作会议上，在原来国务院颁布的 11 条的基础上又增加了 9 条，共 20 条办法，其中 12 条讲怎样改善企业外部经营环境，

8条讲如何改变企业内部经营机制。在内部经营机制方面，有一个很突出的问题就是国民收入初次分配，严重地向个人倾斜，工资性收入的增幅大大超过了劳动生产率提高的幅度，超过了生产发展的幅度，这是难以为继的，坐吃山空是不能持久的。没有生产出那么多财富，却把更多的财富分给个人，这是违背经济规律的。记得在1988年，国内有一种意见，认为出现国民收入超分配问题，有的同志不赞成这种观点。我们曾到北欧国家考察，结果，即使是"福利国家"也不能搞国民收入超分配，瑞典和挪威的个人收入的增长，也不能超过劳动生产率的增长。现有一些国营大中型企业在这个问题上失去了控制，原因非常复杂，与承包有关系，与收入增长刚性特点也有关系。企业效益不好，而城镇居民储蓄在迅速增长，城乡储蓄存款金额达到8000多亿元，手持现金还有近2000亿元。在这种情况下，我们研究消费问题时，必须考虑到在经济增长，劳动生产率提高的同时，个人工资性收入，个人可支配的货币收入的增长幅度要保持合理。如果文章做到不合理的基点上，那就失之毫厘差之千里了。就要求我们深化改革，在宏观上通过一系列的调控手段把国家、集体和个人的利益关系理顺。理顺这个关系就意味着个人收入增长的幅度和国民收入增收的幅度，生产增长的幅度要相适应。所以，我们研究今后的消费政策，必须和收入分配政策联系起来考虑，同时还应和税收、价格联系起来考虑。西方资本主义国家，他们对居民储蓄的利息和遗产一律视为非劳动收入，非劳动收入就要课以高税。我们现在储蓄利息还没有加税。我们的利息率，扣除物价的上涨因素，实际利息并不像名义利率那么高，如果再收很多税，居民是否承受得了，是否会严重影响居民储蓄的积极性，是值得很好研究的。从原则上讲，我们社会主义讲按劳分配，非劳动收入应当课以重税，这样对分配不公问题，也是一个缓解。

（3）我国人口绝大多数是农民，80%的人口在农村，改革开放以来，农业有巨大发展，农民收入也有很大提高，这是我们社会稳定的基础。农产品丰裕，市场上商品多，民心就稳定，这是多年的经验。近几年，由于多方面的原因，农民为收入陷入一种徘徊的状态，城乡居民的收入差距拉大了，工农产品剪刀差实际上有所扩大。在这种情况下，我们研究消费政策时，农民的消费问题应认真考虑。农村人口的收入和生活水平无论对于我国达到小康水平，还是对于现在尚未完全解决温饱问题的少数地区实现温饱，都具有重大意义。因此在考虑消费政策时，必须考虑到农民的收入怎样随改革的深化和生产的发展有合理的提高，农民的消费质量也需要科学的分析。例如从统计上看农村人均居住面积已超过十平方米了，这当然是一项了不起的成就，农村住宅比过去茅草屋、土坯屋好多了，但许多农村住房的设施仍很落后，质量不高。今后十年，宏观政策上要缩小工农业产品剪刀差，农产品价格要有合理调整，使农民货币收入有一个合理的提高。

（4）人民消费的重点消费品，前几年出现了从老三大件到新三大件的转换，我们理论界称为排浪式消费。这种排浪式消费形成的原因，主要是大家原来都处于平均主义的低收入水平上，随着收入的增长，收入水平增长幅度也大体相同，当达到一定收入水平时，大家几乎同时形成对某种消费品的购买力。排浪式消费给生产带来重大影响，由于在改革中，许多权力下放给地方，地方看到排浪式消费的热点，比如彩电，他们就快速发展彩电，现在全国已有100多条彩电生产线，经过国家计委和经委审批的大概只有7条。彩电生产能力一下子提高到年产2000万台，国内市场容量，顶多为1000万台，准确一点说为900万台左右，生产能力大大超过国内市场的需要。已经造成了社会财富的很大浪费。按调整结构的要求，应关掉一半生产线，可关掉哪家的呢，彩电生产已属成熟技术，都是引进的，技术水平也差不多。在这种情况下，结构调整受到地方利益和部门利益的制约，资产存量的调整很难。不仅彩电，电冰箱、洗衣机也大体如此，生产能力都闲置50%左右，洗衣机闲置的更多，大概60%以上。

有的同志在考虑，今后是否会出现新的排浪式消费热点。这几大件不行了，居民收入提高以后，下一步将冲击哪几大件。我想，新一轮排浪式消费将难以出现。为什么呢？因为基本生活需求得到满足以后，进一步的消费往往会出现差别，即出现个性化的消费特点，日本人管它叫"分众式"的消费。有的同志说新几大件必然出现，比如买房子、买汽车、空调器等。我认为，由温饱向小康过渡中消费方面出现个性化，这是一个客观规律。在出现个性化过程中，并不排除哪种产品需求量更大些。然而，不会出现像前些时候那样，一窝蜂地买彩电、录音机、电冰箱的购买浪潮。到了更新时，当然要更新，但由于受收入水平，生活习惯和配套设施的限制，不会出现像以前出现过的那种消费高潮。我们研究消费政策时需很好考虑在温饱向小康水平过渡中，消费的个性化趋势及其对消费品生产的影响。消费是由生产决定的，但消费也可以创造需求，对生产有重大影响。归根到底，未生产出来的东西是无法消费的。因此，研究消费政策时不能脱离生产孤立地进行研究。

我们在实行计划经济和市场调节相结合的经济体制和运行机制的条件下，对于消费趋势的科学研究，对于宏观经济的调控，大的比例关系的安排，各个行业的发展速度的安排至关重要。离开了大比例关系协调，国民经济就会大起大落，消费也必然会出现大的波动，任何好的消费政策也不能实现。

（5）在中国具体国情下，居民消费应有什么特点。它应当正确反映我们国家的社会主义性质和民族的历史文化背景、自然条件。消费有一些一般的要求，例如产品优质可靠、舒适性、实用性、有效性等。但是中国的消费模式应有自己的特色。消费有许多共性的东西，这是毫无疑问的，但在研究中国的消费政策时，应当从国情出发。准确把握其特点。现代化的消费并不意味着大家都是一个模式，在许多共同点的基础上，应有各自的特殊性，至于这个特殊性是什么？我们在探索这个问题时，应避免20世纪60年代初我们研究消费问题目光短浅、思路单一的毛病。这就是说，我们研究消费特点时，要吸取过去的经验，应充分考虑到科学技术进步对产品生产的巨大作用，不应限于低经济水平上的简单思考。中国由于改革开放以来居民收入增长比较快，外国消费品进入中国市场比较猛，80年代初中国消费起点就较高。起点高也有好处，和发达国家的差距缩小得快些，不好的方面，就是在某些局部超越了整体的经济水平。我们要科学地总结我们自己的成功的和失败的经验，坚持从我国的国情出发，实事求是地制定我国的消费政策。恩格斯在《反杜林论》里说过，到了共产主义，阿尔卑斯山的居民和其他地方居民的需求也不会一样。这对我们研究消费模式的特点和制定消费政策都有指导意义。

（6）消费品质量问题。现在我们生产的消费品在国际市场上反映还比较好，主要是中、低档，价格适中，比较受欢迎。但同时存在质量问题。即使是中、低档的，质量也应该是好的，而不能中低档消费品质量也是中、低档，就是再低档的东西，质量都应是好的，高档货应该好，中低档货也应该好，这是消费者最基本的要求。所以我们要保护消费者的利益，就必须十分重视消费品的质量，使消费品市场能够健康地开拓和发展。近三年的治理整顿，在前一时期市场疲软的条件下，逼着企业不得不狠抓质量，这也是坏事变成好事。但从总体来说，我们中国产品的质量问题尚未完全解决。

日本产品战前人们叫"东洋货"，过去中国人心目中的"东洋货"意味着好看不耐用。战后日本推行了全面质量管理法，北京内燃机总厂在20世纪70年代末就引进了全面质量管理法。美国人说，日本的全面质量管理是美国教授戴明发明的，日本拿去以后就认真推开了，可是在美国反倒没有日本搞得好。现在日本产品靠质量在世界市场上赢得了信誉，有很强的竞争力。我记得1978年中国经济代表团访日时，当时日本财界头面人物稻山加宽就介绍说，日本的经济发展就是靠高质量、低成本、新产品开发，现在看起来，低成本已经做不到了，原料基本上靠进口，工资也上去了，已接近美国的水平，低成本没有了。现在他们主要抓科技和质量。质量问题是综合反映我们工业企业的素质和科学管理的水平，不应看作孤立的问题。现在工厂的一般管理、基础管理有松弛的倾向，有些工人可以不按操作规程的要求干活，也不按图纸要求施工，这怎么能行。所以，调动主人翁的积极性，加强科学管理，才能提高质量。目前消费品质量不好，仍是消费者协会接到投诉最主要的项目。我们研究消费问题时，必须涉及消费品质量问题。

另外与消费品质量相联系的，是新技术的采用和新产品的开发。努力采用新技术，开发出适销对路的产品，才能在市场上站得住。市场疲软时，我们许多企业，受到市场压力，为了求生存，产品结构调整上有进步。千万不要因为市场销售回升而有所放松。我们是社会主义国家，我们要对消费者更加负责。"八五"期间，技术改造投资有明显增加，因为，没有技术改造，新品种和质量问题很难保证。在引进先进技术时，一定要利用好、消化好，要有改进、有创新。可见，我们从政策上思考消费问题，的确是非常广泛的一个领域，我们的消费经济学的研究和消费政策的研究应该更好地结合起来，使我们在走向 21 世纪过程中，消费既合理又科学，同我们整个战略上的小康水平相适应。

最后，我想提出一个观点。这个观点我想了好久，但没有把握。就是引导消费的问题，消费引导当然是不能忽视的。但是，我主张不要去人为地刺激消费，消费政策温和些，不要震动过大比较有利。这样，有利于在治理整顿的基础上，国民经济向调整结构和提高效益的轨道转移，有利于国民经济持续、稳定、协调发展。我这样说，决不是放弃对消费的必要引导。引导首先要把各相关宏观经济关系理顺，同时要尊重居民的自主消费的权利。

提出以上一些问题，就教于各位专家、学者。

（原载《消费经济》1991 年第 6 期）

关于加快发展第三产业的几个问题

一　关于第三产业在国民经济中的地位与作用

众所周知，前几年理论界对第三产业的问题曾有过几次大规模的讨论，其中一个根本性问题是"生产劳动"与"非生产劳动"之争。一些同志认为，只有物质生产部门是创造价值的部门，从而这些部门的劳动是生产劳动。而第三产业则既不创造社会总产品，也不创造国民收入，因而第三产业是非生产部门，这些部门的劳动则是非生产劳动。另一些同志则认为第三产业的劳动也是生产性劳动，第三产业也是生产部门。应该说，有些地方和部门由于把整个第三产业都看作非生产性部门，从而把第三产业的投资也都看作非生产性投资，是导致第三产业投资不足的一个认识上的原因。但是对这一理论问题，在此不拟多谈，只想从实际出发，讨论一下第三产业在国民经济中的地位与作用的问题。

第一，可以更好地满足人们的物质文化生活需要。

第二，可以缓解就业压力。不仅就我国的资金不足、就业压力大的情况来看，第三产业具有吸收劳动力就业的巨大潜力，而且就经济发达国家来看，就业问题的解决也日益更多地依赖第三产业的发展。

第三，可以增加国民生产总值，直接为社会提供积累。

以上三点是比较直观的，是发展第三产业的直接作用。但是我认为如果仅仅认识到这三点还是不够的，还必须把第三产业的发展放在更高的战略地位上来认识。

首先，第三产业的发展是产业结构高级化、现代化的重要内容。一方面产业结构的高级化、现代化有赖于第三产业的充分发展，另一方面，第三产业的发展本身就是我国产业结构高级化、现代化的重要内容。

其次，是我国深化改革的需要。我国 10 余年改革实践经验证明，没有第三产业的发展，没有发达的流通部门以及交通运输、邮电通讯、金融业、保险业等，就难以建立健全的市场体系，就难以实行计划经济与市场调节相结合的社会主义有计划商品经济的运行机制，深化改革也就难以取得实质性进展。

最后，是保证国民经济迅速发展，实现稳定、协调的重要条件。第三产业作为国民经济的有机组成部分，其发展状况不仅影响到第一、第二产业，而且直接决定着国民经济结构是否协调。没有在第一、第二产业劳动生产率不断提高基础上第三产业的充分发展，也就难以实现国民经济的加速发展、登上新的台阶，同时，第一、第二、第三产业之间的协调和相互促进，是提高经济运行效率和提高社会经济效益的前提。

此外，还应看到，第三产业的发展对我国当前搞好国营大中型工业企业的工作有着重要的影响。其一，第三产业的发展可以为搞好企业创造良好的市场环境。例如，如果物资和仓储业有一个大的发展，物资流通社会化，大中企业的储备资金占用就会大为降低，资金利用率和经济效益就会大为提高。其二，为企业改革劳动用工制度创造有利条件。当前打破国营企业铁饭碗、铁交椅、铁工资和大锅饭已经势在必行，这就要求第三产业中的社会保障、保险业的加快发展，以缓解矛盾，另一方面第三产业的发展又可以吸收大量的企业冗员。

综上所述，可以看到，第三产业在国民经济中占有极其重要的地位和作用。从我国当前的实际情况来看，这种重要性就更为显著。

二 我国第三产业发展的成就与问题

20 世纪 80 年代，我国第三产业扭转了长期徘徊和走下坡路的局面，取得了较好的发展。

第一，产值在二次产业中的比重明显上升。1989 年，我国第三产业产值达到 4185 亿元，占国民生产总值的 26.5%，1990 年产值增长到 4733 亿元，占国民生产总值的 27.2%，虽然还低于 1952 年占国民生产总值 28.6% 的水平，但与 80 年代初占 20% 左右的水平相比有了较大提高。

第二，就业人员不断增多。1980—1989 年，我国新增就业人员为 12968 万人，其中第三产业就吸收了 4585 万人，占新增就业人员总数的 35.36%，已经成为吸纳新增劳动力最多的行业。

20 世纪 80 年代，第三产业的发展也有力地促进了第一、第二产业的发展，取得了显著的成绩，但是，还存在一些问题，这些问题可以概括为：

1. 总量相对不足

从国内来看，一则比重尚未恢复到"一五"时期的水平，二则还不能适应第一、第二次产业和整个国民经济发展的需要。从国际比较来看，由于我国总量的分类标准与其他国家有一定差异，再加上"企业办社会"、价格不合理等因素，第三产业的实际比例可能高于目前的统计数据。但是，用现行数据与国外比较，就可以发现，目前，在经济发达的资本主义国家中，第三产业占国民生产总值的比重为 50%—60%，有的甚至更高。中等收入国家占 30%—50%，低收入的发展中国家一般在 30% 以下。如 1987 年美国第三产业占国民生产总值的比重为 68.8%，日本为 56.7%，菲律宾占42.8%，1986 年印度和印度尼西亚分别占了 45.9% 和 42.4%，而我国 1989 年才达到了 26.5%，是除乌干达以外最低的国家。再从劳动力就业结构来看，目前，经济发达国家第三产业人数占整个就业人数的比重为60%左右,美国达70%以上,英国占69.4%,日本占58.5%,我国1980年为12.6%,1989年才达到17.9%。可见,我国第三产业的发展是很不足的,发展潜力是巨大的。

2. 结构不合理

主要是:第一,交通运输业发展缓慢,严重制约着国民经济的发展。1949—1978年30年间,铁路里程平均每年增加937公里,公路里程平均每年增加2.65万公里,而1979—1988年间,平均每年仅增加铁路里程388公里,公路里程1.33万公里,分别相当于1949—1978年间的41%和50%。1984年工业生产与货物周转量的增长速度之比为1∶0.72,已低于正常水平,而1988年则进一步降为1∶0.35。交通运输部门已经成为国民经济发展的瓶颈行业。

第二,生产性服务行业发展不足,严重阻碍生产的专业化、社会化进程。(1)企业流通方面,随着商品经济发展加快,存在的问题越来越突出,如市场发育不完善,市场割据严重,市场化程度低,等等。商业流通的不发达直接增加了对流动资金的需要,严重降低了企业的资金效益。据世界银行测算,流动资金对固定资金的比率。我国为57%,远远高于其他国家15%的水平。大量资金被占用在流通环节。前几年的市场疲软,原因是多种多样的,但商业不发达不能不说是原因之一。(2)信息咨询方面,为企业提供各种信息和咨询服务的新兴行业发展不足,信息在部门之间相互封锁,信息闭塞和信息失真给企业的发展带来了不好的影响。(3)金融保险业虽然有了较大发展,但仍远不能适应当前经济发展的客观要求,以至一方面国家财政紧张,资金短缺,另一方面大量社会资金闲置,资金得不到有效利用,等等。

总之,从整个国民经济发展的战略角度来考察,第三产业发展不足带来的问题是很严重的,必须大力加快第三产业的发展。

三　加快第三产业发展的政策思路

第一，在思想上，正确认识第三产业在国民经济中的地位与作用。并通过各种宣传工具，让全社会都认识到第三产业的滞后给国民经济带来的损失，认识到加快第三产业发展的重要意义。

第二，在制定第三产业及其各行业发展方案时，应从政策上鼓励和扶持第三产业的发展。这方面国务院有关部委已经做了大量卓有成效的工作。这项工作是非常有意义的。尤其是流通和生产、生活服务领域的行业政策，直接关系到促进市场发育和发展劳动密集型经济，直接关系到第一、第二产业能否健康运行和发展。第三产业中的旅游业应作为重点发展的行业。

第三，继续解决第三产业价格偏低的问题。由于对马克思劳动价值论的片面理解，在一个时期里，错误地认为劳务服务不是商品，不创造价值，在价格管理中一直把劳动服务商品价格称为"非商品收费"。我国第三产业中交通运输价、邮电资费、医疗收费以及饮食、服务、修理等长期统一定价、统一管理，收费标准几十年一贯制，其价格既不反映价值，也不反映供求关系。近几年虽然做了适度的调整，主要还是补偿性的，许多重要行业仍然无力依靠自身求得发展。这是我国第三产业发展缓慢的重要原因。要解决这个问题，就必须以价值规律为依据，进行价格体系和价格体制的改革。

第四，转换第三产业经营机制，改革社会福利"供给制"，实行第三产业商品化经营。例如，目前已经开始的将社会福利供给制改变为国家、企业、个人三者合理负担，加快养老保险制度的改革，加快住房制度改革等。对有条件的第三产业单位，应尽快过渡到企业化经营，把第三产业的发展纳入社会主义有计划商品经济的轨道。这项改革，不仅有利于第三产业的健康发展，而且也是整个经济体制改革的一项重要内容。

第五，通过全面深化改革，解决第三产业发展的宏观环境和体制问题。目前，流通体制上的一些问题限制了与物资和商品流通有关的商业的发展；财政金融体制方面的问题也限制了与资金流通有关的金融、保险、租赁业的发展；企业体制方面的问题，使得为企业技术进步和经营管理服务的技术市场、各种咨询业也难以迅速发展；投资体制方面的问题，使得第三产业发展必需的资金来源没有保障，等等。这些问题的解决有赖于全面深化改革。

（原载《管理世界》1992 年第 6 期）

新时期制定产业政策需要研究的几个问题

我想就产业政策研究和实施中的一些问题谈几点个人的看法。

一 市场经济体制下要不要产业政策

在市场经济体制下，需不需要产业政策，需要什么样的产业政策，是一个存在争议的问题。从国际经验看，既有运用产业政策推动经济起飞和发展的成功案例；也有产业政策运用不当，影响经济发展的典型；还有一些国家实际上并没有明确的产业政策。在比较成功地运用产业政策的国家中，由于经济发展水平、本国资源条件的不尽相同，其具体措施也各有特色。产业政策的有无及其特点，是由一国的经济发展水平、经济运行机制和政府管理经济的职能等因素决定的。

我国要在20世纪末实现经济发展的第二步战略目标，并为21世纪的经济腾飞打好基础，必须要有符合中国国情的产业政策。从市场作用来看，即使在发育成熟的市场经济体制下，市场对社会资源的自发性分配也不可避免地存在一些缺陷。比如社会效益高于经济效益的产业、垄断性较强和规模经济效应明显的产业、公共性较强的基础产业等，仅仅依靠市场的调节往往出现偏差。这就需要政府在这些领域对市场活动进行积极的引导和必要的干预。我国正在由计划经济向市场经济过渡，部分产品价格偏离价值而不符合价值规律的现象和价格脱离供求关系而不符合供求规律的现象必然存在；市场的发育还不成熟、不配套、不完善；市场信号还不能完全正确地反映客观经济规律。因此，在体制转换的过程中更需要有正确的产业政策来指导和干预资源的流动和配置，以利国民经济的有序运行和健康发展。

二　产业政策与短期宏观政策的关系

产业政策与一般短期宏观政策有着明显的区别。第一，从政策的基本目标看，产业政策着眼于经济发展，从属并服务于国民经济的总体发展战略；而短期宏观政策则把经济稳定作为其主要目标，把稳定货币、控制通胀、追求充分就业放在首要地位。第二，从层次上看，产业政策侧重于调整经济结构，包括产业结构、企业组织结构、技术结构、外贸结构等方面。通过对稀缺资源分配的指导和干预，求得结构的优化与升级。而短期宏观政策主要关心经济总量，通过货币政策和财政政策调节国民经济的总供给与总需求，使之保持基本平衡，减少经济波动。第三，从时限上看，产业政策是一种中、长期政策，是一种动态的、阶段性的政策；而短期宏观政策是一种时限较短的政策。第四，从对国民经济活动的作用上看，产业政策是一种供给管理政策，通过选择先导产业，培育支柱产业，带动其他产业的全面协调发展，力求以最少的资源投入在政策的有效时限内得到最大的产出，从而提高资源配置的效率；而短期宏观经济政策则是一种需求管理政策，通过调整政府的支出和税率的高低，控制货币和信贷总量，调节社会总需求，使之与总供给保持基本平衡。显然，产业政策与短期宏观政策是政府干预经济活动的两个相辅相成的政策体系。尽管它们都以财政、信贷、税收、汇率等作为基本政策工具，但各有侧重点。两者相互关联，相互补充，既不能混为一谈，又不能截然分开。只有明确了上述差别和联系，才能够正确地选择政策工具，实现二者的恰当配合，在保持经济稳定的基础上，促进经济的持续协调发展。

三 产业政策与地区、部门政策的关系

在制定国家级产业政策的同时，需不需要地区产业政策和部门产业政策，这也是有必要深入讨论的一个问题。

我的看法是：第一，产业政策应该有国家产业政策、地区产业政策和部门产业政策之分。地区产业政策和部门产业政策既不能违背国家产业政策，也不能成为国家产业政策的翻版。在确定产业政策的目标、规划先导产业和支柱产业时，必须从长远利益、全局利益出发，坚持国家产业政策的统一性和权威性。一方面，国家产业政策要充分考虑各地区的特点，根据因地制宜、合理分工、各展所长，优势互补原则，进行合理的地区布局；另一方面，各地区也需要参照国家产业政策，根据本地区的经济实际。确定既符合国家产业政策的总要求，又能充分发挥本地区比较优势的地区产业政策。使国家产业政策与地区产业政策协调配套。第二，产业组织政策必须由国家统一制定。各地区不应有自己的政策。这是因为产业组织政策是一种鼓励有效竞争、防止垄断的经济政策。如果允许不同地区制定和运用不同的政策。很容易造成地区封锁、非正当竞争、行政垄断、规模经济效益低下等不良后果。第三，各专业部门，有必要在国家产业政策的指导下，根据本部门或行业在产业政策中的地位。及其地区分布格局，制定本部门或行业的产业政策。把国家产业政策具体化，落到实处。

四 产业政策与转变企业经营机制、转变政府经济管理职能的关系

产业政策能否有效地发挥作用，取决于两个重要的方面一是企业的经营机制，二是政府的经济管理职能。

与成熟的市场经济体制下的产业政策不同，我国现阶段的产业

政策应该具备双重功能。一方面，产业政策应能弥补市场机制自身固有的缺陷，消除其消极影响；另一方面，产业政策还要有利于社会主义市场经济机制的形成和发育。产业政策要能取得预想的成效，在很大程度上取决于企业的经营机制是否健全，企业是否具有活力。在公有制为主体的社会主义市场经济条件下更是如此。经验表明，如果企业不能根据市场信号及时调节其经济活动。不能自觉而有效地参与市场竞争，即使人为地干预资源的分配，有意识地对企业加以保护，也很难使资源的配置得到优化。在我国前一阶段产业结构调整过程中，政府鼓励发展的产业始终滞后于国民经济的发展，而限制发展的产业却纷纷上马，重复投资，重复建设，浪费严重。这就充分证明，制定和贯彻产业政策必须与转换企业特别是国有大中型企业的经营机制紧密结合起来，使科学的产业政策建立在充满活力的企业经营机制的基础之上。

产业政策作为一种政策，不仅需要由政府制定，也需要由政府来贯彻执行。总结以往执行产业政策的经验，人们普遍感到，产业政策的实施存在许多困难。我们既要把产业政策同传统的计划体制区别开来，改变那种把产业政策作为分项目、分资源的行政性手段的管理办法；又要确保产业政策能真正落到实处，成为干预资源分配，调节产业经济活动的有效政策工具，不至成为一纸空文。这就要求宏观经济管理部门，包括各专业部门真正转变经济管理职能。凡是国家法令规定企业行使的职权，政府不应干预。下放给企业的权利，政府不得截留。对于企业的经济活动应通过统筹规划、科学预测、发布信息、组织协调、提供服务等方式进行管理和指导，同时要加强监督，适时适度地调整政策的范围和力度，对企业的经济活动施加影响，纳入规范化、法制化的充满生机的轨道。

（原载《宏观经济研究》1993年第8期）

改革开放与生产力研究*

现在是生产力研究和中国生产力发展的较好的时期，因此，生产力经济学研究会的活动也处于最好的环境。在好的形势下，要振奋精神，团结各方面的力量，和生产力的直接组织单位——企业团结在一起，真正把中国的生产力提上一个新台阶。我们要这样提出自己的主要任务。

小平同志的讲话，全国上下受到鼓舞，有不同看法，绝大多数人拥护，有不同看法的人也在转变。我们的会员应该跟得上，找差距，先找头脑中的差距，生产力经济学既是理论科学，又有较强的实践性，应从这两个方面做工作。

经济过几年上一个新台阶，是有约束条件的，即要稳定，又要有效益。如果只看到上新台阶，而不注意约束条件那是不行的。不能全国齐步走，走得快的不能抑制他，条件不够的不一定也要大干快上。总量必须平衡。货币发行、信贷规模、固定资产投资规模要控制。一定要把稳定发展把握好。要注重效益，质量不好、没有市场的不能搞。要把结构调整好，结构的优化是效益的基础。改革和发展的关系要处理好。改革当然不是目的，现在机制不灵，因此必须把改革放在首位。

要把理论问题搞得更清楚些。实践丰富了理论，理论又为实践服务。我们的理论研究工作，要选好题目。从本地的实际出发，扎

---

* 本文系孙尚清同志在中国生产力经济学研究会第五届常务理事会第一次会议上的讲话。

扎实实地研究本地生产力的发展，不在本地生根，就没有生命力。每个会员都要根据自己的情况去发挥作用。

学会也有一个对开放的问题。要吸收人类的一切优秀成果，不交流如何吸收？不开放如何交流？东南沿海也可以组织与港澳台的交流。内陆沿边地区的开放也要进一步扩大。阿拉木图盖旅馆，要中国人去盖，中国人盖得好。他没什么可以和我们交换的东西，他有马，我们草原上的马也多，最后决定给地皮，要我们去合营办商店，他们的商店原来空空如也，我们带着商品去，享受免检的优惠。

生产力学会也有一个改革的问题，除定期召开年会以外，还可以多开一些小型会，专题会，讨论得更深一些。

（原载《生产力研究》1993 年第 10 期）

关于建设长江经济带的若干基本构思

一 长江流域在中国经济和社会发展中的重要地位

长江是中国的第一大江，全长 6300 公里，流经 10 个省、市、自治区。长江水系丰富，干流横贯东西，3600 多条支流沟通南北。流域面积达 180 余万平方公里，占中国总面积的五分之一。全流域拥有大中小城市数占中国大陆总数的 33%。全流域的人口、耕地面积与工农业总产值分别占中国大陆的 36%、25% 与 40%，水稻产量占大陆的 70%。全流域既有丰富多样的气候资源和生物资源，又有品种齐全的矿产资源，尤其是水利资源极为丰富。据统计，干支流水能的蕴藏量达 2.75 亿千瓦，可开发量 1.97 亿千瓦，占中国大陆的 52.1%。干支流水道网通航里程达 7 万多公里，占大陆的 65%。

自古以来长江流域就是中国的经济、政治、文化和科学技术发达的地区，是中华民族的发祥地。当前也是中国大陆经济、文化、科学技术发达的地区。改革开放以来，尤其是上海及其浦东对外开放的大步前进和三峡工程的启动，以浦东为龙头的长江开发问题更加引起了国内外的广泛关注。几占半壁江山的长江流域的扩大开放和加快发展，不仅将深远地影响着中国整体社会经济的发展，同时也必将对亚太地区乃至世界经济产生重要影响。因而，如何建设长江经济带是当前的一项重大课题。

二 长江经济带的构想要点

第一，1984年与交通部合作，我曾率20余名专家、学者首次对长江开发，特别是对经济和航运进行重点考察。通过这次历时40天的考察，我曾提出"建设长江产业密集带"的构想。1986年基本上由原班人马又对长江南北主要支流湘江和汉水进行了第二次考察，使我进一步丰富了建设长江产业密集带的思路。

后来一些学者和专家提出的"长江经济带""长江工业走廊""长江黄金水道""长江商业走廊"等与"长江产业密集带"的内涵是基本一致的。因为"产业密集带"包括第一、第二、第三次产业。

我认为，建设长江经济带应当从实际出发，按照世界各国现代流域经济的发展规律办事。要基础设施先行，信息流和物流通畅，为第一和第二次产业的发展创造有利条件。同时必须重视和保护生态环境，发展流域农业和开拓农村市场，发展科技、教育和文化事业，使经济、环境和社会协调发展并建立起良性循环的机制。

第二，长江经济带的建设应以流域为整体，上、中、下游相互配合，合理分工，以城市为依托，突出各地区的优势和特点。

长江流域上、中、下游地区都已有相当经济实力和工业基础，但没有充分体现地区的资源和科技优势。应分工协作，各自发挥优势，优势互补，通过传统产业的技术改造和高新技术产业的加速发展，促使产业结构优化和升级。上游可以重庆为中心，宜以矿产资源为主，重点发展钢铁、有色冶金、建材、电力、机械、化工和食品工业；中游以武汉为中心，重点发展机电、汽车、轻纺、造纸、冶金、原材料加工和食品工业；下游的上海及其浦东要起带动长江飞舞起来的龙头作用，则应重点发展金融贸易和电子信息等高精尖产业。

建设水火电并举的能源体系。能源紧缺一直是中国大陆经济社会发展的严重障碍。长江流域中上游水能资源丰富，应积极开发，但因长江流域降水量季节性强，发电量波动大，因之电力建设应水火并举。中上游地区以发展水电为主，先建设投资少、见效快、生态环境优良的水电站。火电建设应以下游为主。这样，既可减少输电网的负担和损耗，又便于从海上进入原煤原油，缓和能源和运力的紧张。

建设四通八达的综合运输体系，是市场经济发展的必要条件。长江流域有得天独厚的水运优势，但是浅滩、险滩、急滩和弯道多，应大力清理长江水系航道并发展水运。同时，必须重视铁路、公路、航空和管道等综合运输体系的建设。只有这样，才能适应长江经济带建设中物流急剧增长的需要。

建设专业化商品化的农产品基地和生态农业或立体农业体系。农业是国民经济发展的基础，中国大陆人口80%在农村。因之，重视发展流域的农业才能为工业发展提供条件，开拓广阔的农村市场。长江流域农业资源极其丰富，但人均耕地不多，因地制宜地建设专业化、商品化名特产品基地，建立生态农业或立体农业体系，依据现代科学技术，发展农村经济是建设长江带的一个必须十分重视的方面。

建设沿江商业走廊。这是上海的有关方面提出的一个应引起高度重视的问题。有流通，就不可能发展生产。随着社会主义市场经济体制的建立和完善，长江商业走廊应成为长江产业密集带这个系统的有机组成部分，也是中国大陆统一开放、竞争有序的市场体系的有机组成部分。

建设具有区段特点的生态环境保护体系。长江可以说是中国人民的生命线。但是，长江流域的水气污染，水土流失，耕地减少，各类自然灾害日趋严重。充分重视长江流域生态环境的保护和治理，不仅是经济社会发展的需要，更是子孙后代生存的需要。长江上中下游区段都要充分重视生态环境的保护和治理。上游区段重点要抓好造林、植草，防止水土流失；中下游区段重点要抓好污源处理。在产业布局和规划方面，要考虑必要的间距和适度的规模，以利用天然自净能力，利于污源治理。

（原载《管理世界》1994年第1期）

回顾历史，面对现实

——评战后日本与东亚地区经济合作关系

一 第二次世界大战后日本与东亚地区经济合作关系的回顾

1. 东亚地区经济长足进展的动力主要是内因

第二次世界大战后，继日本的经济高速成长之后，韩国、新加坡、中国台湾、中国香港也先后实现了经济起飞。20世纪80年代以来，泰国、马来西亚等国也迅速崛起。据统计，过去20多年，东亚地区整体经济平均增长率为8%，远远高于同期世界发达国家3%和发展中国家4.3%的增长率。普遍认为东亚地区是当前和今后相当长一段时间内世界经济成长的重心。那么，东亚地区经济高速增长的动力是什么呢？有一种观点认为，主要是由于东亚各国（地区）与日本的经济关系紧密的结果，强调日本对东亚经济发展的贡献。诚然，战后50年来，由于日本经济实力的迅速增强，与东亚地区的贸易和投资关系日益紧密，确实是刺激一些国家（地区）经济快速增长的因素之一。但是，东亚各国（地区）的经验表明，它们的成功主要取决于各自内部经济体制改革，实行有效的产业政策，积极振兴民族工业，扩大出口等方面的努力；再加上国民的文化教育水平，高投资率和高储蓄以及较高的产品出口比例等。因此，应该说，主要动力来自各国（地区）内部，外因是一种必要的条件。

2. 日本与东亚地区的国家（地区）的双边或多边贸易促进了经济的发展

东亚七个国家和地区（韩国、中国大陆、中国台湾、中国香港、新加坡、泰国、马来西亚）与日本的贸易总额占日本 GDP 的比例，1962 年仅为 0.84%，1972 年略有下降，为 0.73%，但在这之后迅速提高，1992 年高达 1.52%，远远高于对其他发达国家。从贸易构成来看，以东亚四小龙及泰国、马来西亚、印度尼西亚等七国（地区）的情况为例，这些国家（地区）的制成品出口额占整个世界出口总额的比例，1962 年为 0.1%，1980 年为 0.4%，1990 年为 1.5%。但与同期整个商品出口占出口总额的 1.5%、2.2% 和 2.4% 相比，却始终处于较低水平。与此相反，日本的制成品出口在上述三个年份分别是 7.8%、11.6% 和 11.8%，都远远高于整个商品出口的 5.0%，7.0% 和 9.0%。日本的贸易结构与其他发达国家相比，制成品进口比率低，制成品出口比率高。由此可以得出这样一个结论：即战后日本与东亚地区的贸易关系发展的主要特征是：东亚各国（地区）为日本经济发展提供了大量资源性商品，而同时又是日本工业制成品的广阔市场。

3. 直接投资加强了日本经济与东亚地区经济之间的相互依存关系

20 世纪 50 年代到 60 年代，亚洲各国以进口替代为战略目标，一方面对进口课以高关税，另一方面对国内生产予以优惠。因此，日本企业为了适应这种情况，力求在东亚地区设立加工组装基地。以扩大零部件的出口。直到 70 年代中期以后，由于日元升值的影响，为了降低生产成本，提高日本产品的国际竞争力，才出现了将东亚地区作为生产基地以求扩大面向美欧市场出口的倾向。在 70 年代到 80 年代这个阶段，以满足当地消费需求的组装加工方式的东亚战略发生转变，东亚地区被当作了日本的生产基地。由于日本对东亚地区直接投资的日趋扩大，进一步加强了日本与这些国家（地区）经济的相互依存关系。截至 1993 年年底，日本面向东亚地区（包括印度）的直接投资约占世界直接投资总额的 1.47%，远远高于美国的 7%。日本成为东亚地区最大的投资国，并进一步导致了相互之间贸易规模的急剧扩大。从直接投资的产业结构来看，日本对东亚地区的直接投资有 42.6% 集中在机电、化工、冶金等制造业，其次为矿业、服务业、金融保险和商业。从最近几年直接投资的推移来看，由于泡沫经济的崩溃、不动产投资的急剧降温以及主要发达国家的经济不景气等原因，日本对东亚地区的投资在 1989 年达到最高点以后，1990 年、1991 年略有下降，但是从 1992 年到 1994 年持续回升。这段时期面向中国，印度尼西亚和香港的投资增幅较大。总之，日本面向东亚地区的直接投资发挥了一种资源互补作用，强化了双方的经济合作，不但促进了东亚地区的经济起飞和繁荣，同时也给日本带来了巨大的经济利益，加速了日本国内产业结构向技术密集型产业、服务型产业倾斜的过程。

二　影响日本与东亚地区经济合作关系健康发展的主要因素

随着日本和东亚地区经济的发展，双方的合作关系逐渐加强，相互成为投资和贸易的重要伙伴。但是在日本与东亚地区经济关系中也存在着一些不稳定因素。

1. 日本政界一些要员掩盖日本军国主义发动侵略战争的性质，不进行深刻反省，影响日本与东亚地区经济合作关系发展

东亚地区各国（地区）在第二次世界大战期间，普遍遭受过日本的侵略，蒙受了巨大的损失。日本侵略军的暴行给东亚地区千千万万的人民留下了深刻的战争创伤，使人们至今对此记忆犹新。但是长期以来，日本一方面在教育等方面掩饰过去发动侵略战争给各国带来的灾难。另一方面也有一些势力，包括政界要人歪曲历史事实，否认日本所进行的侵略战争，否认日本在侵略战争中对亚洲各国人民所犯下的罪行。这些行为严重地伤害了亚洲各国人民的感情，使东亚各国对日本抱有不信任感和戒心。虽然由于日本与东亚的经济合作关系经历了较长时间的发展，给双方都带来了经济利益，但是，这些国家对日本的侵略罪行并未忘记，对日本政府迟迟不能在过去的侵略问题上明确向蒙受侵略之苦的国家和人民表示谢罪表现出强烈的不满。如果日本在侵略战争问题上继续坚持暧昧态度，就难以取得各国的信任，最终必然会影响到经济和其他领域的合作。

2. 过分强调"产业空洞化"的消极作用会失去重新调整产业结构的极好机遇

近年日元的大幅度升值，促使日本企业用进口和海外生产替代国内生产，从实物型生产转向非实物生产等过程加快。国内资本和技术大量移向东亚地区或其他国家，造成国内生产比例下降。这种现象被一些日本学者称作"产业空洞化"，并对其将给国内就业等带来的影响表示担忧。

对于这种现象必须从大局和动态来考察，特别是应该把这个问题与东亚地区的经济分工关系联系在一起考虑。当然，随着制造业的生产据点转向海外，国内生产相对减少，也许会失去一些国内的投资和就业机会，同时在短期内为了增加进口和海外投资而进行的结构调整也会遇到一定的困难。但从长远的观点来看，制造业特别是机电、化工、冶金等重化工产业向海外转移，会促使国内的产业结构的升级，使生产移向海外而解放出来的资源重新配置，转移到高技术、高附加价值的生产领域，国内生产整体的效率会提高。东亚地区各方为了维持本国（地区）的高增长率，积极改善投资环境，在加强经济合作吸引外国资本方面创造了较好的条件。在这种条件下，如果过分强调产业空洞化的消极影响，甚至以此为理由限制资本、技术、特别是高技术产业向东亚地区转移，将使日本经济失去机会，且对日本与东亚地区经济合作关系产生不利影响。实际上，担心扩大对东亚地区的投资会加重日本国内产业的空洞化是没有根据的。例如日本将投资重点转向东亚之前曾经向美国等发达国家大举投资,不但没有减少反而增加了日本同这些国家的贸易顺差。另外,即使在海外投资增长幅度较大的 1993 年,日本的对外直接投资也只占到国内总投资的 2.6% 左右。这表明对外直接投资和所谓的"产业空洞化"并无必然联系。应该清醒地认识到结构变化的趋势,因势利导,而不能逆行。

3. "雁行模式"不应该成为限制面向东亚地区技术转让的理由

日本与东亚地区的国际分工正在由垂直分工向水平分工转化,各国(地区)逐渐地将自己的比较优势产业由过去的劳动密集型产业转向资本技术密集型产业,并摸索着通过提高产业构造层次和资本集约程度,在技术和经济效率方面追赶日本等发达国家的途径。这本是大势所趋,历史的潮流。然而,有些人仍然坚持所谓"雁行模式",认为日本处于头雁的位置,生产高附加价值的资本、技术密集型产品,而东亚各国(地区)是追随其后的群雁,生产初级产品和劳动密集型产品。日本与东亚地区的经济关系,应该长期保持这种格局。在这种思想的指导下,日本为了保持其与东亚各国(地区)之间的技术差距,保持其自身出口优势和经济利益,向东亚地区的技术转让远远落后于向其他发达国家的技术合作。如果日本对东亚地区的投资和贸易活动仅仅局限于资源性产品开发和劳动密集型加工业,不仅不能适应国际经济技术水平迅速提高的要求,而且会削弱这一地区在吸引投资和发展贸易方面的竞争力,最终会降低双方经济合作的健康发展和效益。由垂直分工向水平分工的过渡必然要打破"雁行模式",这是东亚发展中国家经济走向成熟的反映,不能也不应该以保持过时的结构长期存在为目的,采取限制转让先进技术的办法。日本与东亚地区各国(地区)今后应在新兴产业和高技术、高附加价值的产业开发方面进行积极合作,这将有利于推动整个东亚地区的技术进步和经济发展。

三 日本与东亚地区经济合作关系的前景

1. 东亚将继续成为世界上经济增长最快的、各种经济活动最活跃的地区，也将成为世界上最大的投资和贸易市场

据世界银行预测报告称：从1994年到2003年的经济平均增长率，东亚为7.6%，大大高于发达国家的3%和发展中国家的4.8%。有人预计到2000年，东亚地区的国民生产总值将由1991年的占全球约25%的规模上升到1/3左右。而亚洲的贸易额的增长，将会占全球贸易额增长的一半。亚洲将成为全世界的主要投资和贸易市场，这将会给日本与东亚国家之间带来更多、更好的贸易和直接投资的合作机遇。

2. 日本加快向海外产业转移，有利于提高东亚地区经济合作的层次

最近一段时期由于美日共同干预外汇市场，导致日元对美元的汇率有所下降，但日元仍然昂贵。日本向海外的投资和产业转移将会持续下去。根据日本的一些研究机构的分析。现在日本的"比较优势"产业已经发生很大变化，虽然电子、汽车等高技术产业在产业比较优势的排列顺序中仍然趋前，但是这些产业在东亚一些国家（地区）内的产业排列中的位置也在大幅度提高，反映出这些高附加价值、高技术工业制成品已经和将要成为这些国家（地区）具有明显比较利益和出口优势的部分。这就为日本在这些国家设立高技术产业的生产基地创造了可能性。另外，作为吸收投资的东亚地区，已经在开放市场，加强基础设施建设，改善投资环境等方面采取了许多积极的措施，为日本的投资提供了良好的经济环境。这将会促进东亚地区经济与日本的贸易、投资合作在更高层次上展开。

3. APEC将为日本与东亚地区经济合作提供更有效的相互协调机制

APEC自1989年11月正式成立以来，经过多次部长级会议和

两次首脑非正式会晤，已经在亚太地区协调相互经济关系方面发挥了一定的作用。特别是在 1994 年的茂物会议上通过了贸易和投资自由化计划（发达国家 2010 年，发展中国家到 2020 年）加快了整个亚太地区的经济区域化过程，无疑也会对促进日本与东亚地区投资与贸易活动的扩大，创造良好的环境和条件。如果今年的大阪会议能够在落实《茂物宣言》方面取得有益的进展，APEC 将会成为加强各方之间的对话，协调双边和多边关系的重要舞台。通过政府间的协调，为在东亚形成更紧密的区域合作提供具体的操作方法和时间进度表，将推动日本与东亚地区的经济合作。

4. 随着东亚地区内几大区域经济圈的形成，日本与东亚地区各国以及东亚地区各国之间的经济合作关系将更多地体现为多边协调的方式

东亚地区与日本之间的经济合作在方式、内容和构成上也会发生较大的变化。一方面，相互之间的依存关系会继续加强，另一方面，随着水平分工的进展，很有可能出现几个小区域比翼齐飞的形态。东亚地区新兴工业体和发展中国家，在继续加强与日本的经济合作的同时，也会加强相互合作和同东亚之外国家的合作，逐渐形成一种多元、多层次和开放型的经济合作体系。日本作为亚洲第一发达国家，在东亚诸国（地区）已经进行了大量投资和贸易，有了一定的基础，积累了经验，东亚地区对日本的资金和技术仍然有旺盛的需求。因此日本具有进一步加强与东亚地区在贸易、投资方面进行更广泛经济合作的条件。关键是日本能否吸取历史教训，对过去的侵略战争予以彻底清算，取得东亚各国人民的信任。同时也取决于日本能否抛弃陈旧观念，面对现实，及时有效地抓住发展与东亚经济合作的机会。

（原载《经济研究》1995 年第 10 期）

东北亚区域经济合作面临的问题及前景

进入20世纪90年代以来,全球经济一体化从两个方面向前推进。一是乌拉圭回合协议的签署和世界贸易组织的建立,使得多边贸易体制得到加强;二是经济的区域化和集团化进程正在加快,欧洲统一大市场和北美自由贸易区已经形成,经过西雅图和茂物两次首脑会议,APEC也制定了贸易和投资自由化的发展计划。我们应当在国际经济环境发生这些重要变化的背景下,来分析东北亚区域经济合作面临的问题和发展前景。

一 东北亚区域经济合作的新进展

(一) 区域内国家之间的双边和多边贸易获得了较快的发展

进入20世纪90年代以来,随着"冷战"时代的结束,东北亚地区国家之间的政治关系得到明显改善。其中一些国家相互建立外交关系,并且开始以谈判的方式解决边界领土争端代替了原来的军事对抗,各个发展中国家正在寻求建立能够适合其经济发展的新型经济体制,发展经济已经成为所有国家的主要着眼点。为了充分利用国际市场和国际分工推进本国经济发展,东北亚地区各国努力发展双边贸易,并且获得了显著的成果。例如,1994年中日贸易额达478.9亿美元,日本已成为中国第一大贸易伙伴,中国成为日本第三大贸易伙伴;1994年中韩贸易额近100亿美元,韩国成为中国的第六大贸易伙伴,中俄、中蒙之间的边境贸易也曾出现了连续几年的繁荣局面。1994年朝鲜、韩国双边贸易额达到2.5亿美元,是 1988 年 103 万美元的 200 倍。

在双边贸易迅速发展的基础上，为了充分发挥各自的比较优势或者为了突破现有的贸易障碍，一些国家正在探索三角贸易等多边贸易形式。例如，中国、朝鲜和韩国之间的三角贸易，使得参与交易各方都获得了利益。

（二）在东北亚地区出现了几个经济合作较为活跃的地区

中国的北京、天津、河北沿海地区、辽东半岛、山东半岛具有较好的工业基础，由于实行沿海开放政策，已成为吸收日本和韩国投资较为集中的地区。日本的北九州、福冈、长崎及韩国的西海岸是两国经济发展相对落后的地区，日韩两国近年来也开始注重发展这些地区的经济。这样，在环渤海、黄海地区正在出现投资、贸易活动频繁，经济日渐活跃，地区之间相互促进的局面。

在联合国开发计划署的积极推动下，以图们江口为中心，包括日本西海岸、俄罗斯远东滨海地区、朝鲜北部在内的经济合作开发一直受到各方的关注，而且已就联合开发图们江地区达成了一致协议。近年来，该地区的基础设施建设、边境贸易和小范围内的经济合作都得到了较快发展。

中俄沿黑龙江和乌苏里江边境地区，在发展边境贸易的基础上，围绕农业、资源开发、加工业等方面的多种形式的经济合作也获得了较快的发展，双方正在探索在满洲里、黑河、绥芬河等地建立边境自由贸易区，巩固已有的合作关系。这些双边和多边经济合作活跃地区的形成将为整个东北亚区域合作的进一步发展奠定基础和积累经验。

（三）东北亚地区开始成为日本、韩国投资和产业转移的重点区域

日本、韩国是东北亚地区中生产、技术和资金实力较强的国家，也是对该地区资金和技术的主要输出国。在前几年的以资源开发和中小企业投资为主的基础上，日韩企业开始投资于包括汽车、电子、化工等资金、技术密集程度较度高的产业。据不完全统计，

20世纪90年代以来，日韩两国对俄罗斯、蒙古、朝鲜和中国累计直接投资达75亿美元，占该地区这一时期资金来源的85%左右。

二 东北亚地区经济合作需要排除的障碍

近年来，东北亚区域经济合作尽管获得了较快的发展，但是与东南亚等地区相比，仍显逊色。众所周知，在东北亚地区，各国之间在资金、技术、自然资源和劳动力等主要生产要素方面存在明显的互补性，使该地区的经济合作有巨大潜力，但是要把这种可能性转变为现实，还需要各方面共同努力，排除发展道路上的障碍。

（一）积极筹措资金，加快基础设施建设

20世纪90年代初期，联合国开发计划署及该地区各方对于东北亚地区经济合作的巨大潜力和良好前景已达成共识，而且也为推进该地区经济合作的发展做出了很大的努力。但要使该地区的经济合作上一个台阶，需要有良好的基础服务设施来支撑。可是，东北亚环日本海沿岸大部分地区以及一些内陆地区交通运输、电讯等基础服务设施都较薄弱。据初步测算，要完全建设好这些基础设施，大约需8000亿美元资金。这就使该地区的大规模的经济合作开发难于启动。解决基础建设资金的问题，需要国际组织和各国政府以及商业界共同努力，通过多种渠道，多种方式积极筹措，在这方面资金实力比较雄厚的国家应该做出更多的贡献。

（二）开拓新兴产业领域

在国际资本市场上，资金总是向着收益率高和风险小的地区和产业移动。自20世纪80年代以来，国际市场上资源性产品的价格降到了20世纪最低点，而电子、信息、医药和汽车等机电、化工产品贸易不断扩大，价格上涨，这些新兴产业已成为国际资本的投资热点。如果在东北亚地区的投资和贸易活动仅仅局限于资源性产品的开发和劳动密集型加工业，就不能适应国际经济技术发展的潮流，就会削弱这一地区在吸引投资和发展贸易方面的竞争力。东北

亚地区各方应在新兴产业方面进行积极合作开发，推动该地区经济的发展。

（三）区域内各国中央政府应更加积极有力地支持

国际经济交流与合作是推进经济快速发展的重要动力，扩大东北亚区域合作无疑将给区域内各国带来实惠。目前各国边境相邻的地区，对于发展区域经济合作十分积极，希望利用自然资源、劳动力、资金和技术的互补性，通过各种途径加强双边或多边合作，但是，目前在双边和多边贸易、投资活动中，企业经常会遇到一些限制生产要素流动的障碍。例如各国对资源出口、技术转让、商品进口、劳动力流动都不同程度地采取了限制措施，而要消除或减少这些阻碍经济合作发展的因素，没有各国中央政府的积极参与是不可能的。

（四）通过积极对话，正确对待历史，缓解矛盾，消除经济合作中的不确定因素

"冷战"时期虽然在全球范围内已经结束，但是，某些地区内的政治军事冲突依然存在。在东北亚地区，"冷战"时期遗留下来的一些国家之间的矛盾依然存在，日本一些政治家不能正确认识和对待侵略战争问题，都是东北亚区域合作发展中的障碍。如果不能通过适当的途径解决这些矛盾，消除不确定因素，必然会增加企业在投资和贸易活动中的风险，阻碍区域经济合作的健康发展。

三 东北亚区域经济合作的前景

（一）乌拉圭回合达成的协议将推动贸易和投资的自由化，促进东北亚地区区域经济合作

世界贸易组织的成立和乌拉圭回合协议的进一步实施，将推动东北亚地区各国降低各自的贸易壁垒，促进商品、资金、技术和劳动力在该地区内的流动，促进区域经济合作的发展。例如，根据乌拉圭回合达成的农产品贸易协定，在未来10年中，各国应逐步降低贸易壁垒和减少对农产品的补贴，如果日本和韩国放开农产品市场，将有利于东北亚地区农产品生产和贸易的发展。中国的黑龙江和吉林两省有丰富的农业资源，有可能向日本和韩国市场供应更多的农产品。同时中国逐步降低进口关税和减少非关税措施，也将为东北亚其他国家提供更为广阔的市场。

（二）APEC 将为东北亚区域合作提供政府间的协调机制

经过多年的发展，APEC 已经成为由亚太地区各方首脑协调相互经济合作关系的机构。《茂物宣言》的发表，有力推动了亚太地区投资与贸易自由化的进程。预计今年 APEC 大阪会议将会对亚太地区贸易与投资自由化提出一些具体的实施措施。东北亚各国有的已是 APEC 成员，有的正在积极申请加入 APEC。这预示着 APEC 不仅在推动东北亚各国的投资和贸易活动方面将起到积极作用，而且有可能成为加强各国之间的对话、协调双边和多边关系的重要场所，为通过政府间的安排，在东北亚形成更加紧密的区域合作创造条件。

（三）日元升值将引起新一轮的产业转移，有可能提高东北亚地区产业合作的层次

近一年来，日元兑美元急剧升值。日元这种急剧升值会造成新一轮日本产业向海外转移，而且有可能包括电子、汽车等技术、资金密集程度较高的产业。作为吸收投资的东北亚国家，已经在开放市场、加强基础设施建设、改善投资环境等方面采取了许多积极的措施。这些国家利用地缘优势有可能成为日本及其他新兴工业经济体投资的对象，这将会促进东北亚地区产业合作向更高层次发展。

（四）东北亚地区政治军事形势的缓和，将进一步改善区域经济合作的环境

虽然东北亚地区还有"冷战"的阴影，但是和平与发展、平等竞争和互利合作已经成为当今世界的主流。东北亚地区的一些矛盾热点在降温，南北朝鲜已经开始接触，美朝关于核问题已经达成了一些框架性协议，相信在未来的年代里，这一地区政治军事对抗

的逐步缓解，将为东北亚地区的经济合作的发展创造良好的气氛。

（五）东北亚地区各国经济结构调整和体制改革有利于加强该地区经济合作

20世纪80年代以来，俄罗斯、中国、朝鲜、蒙古都不同程度地对自己的经济体制进行了改革，其中一个共同的内容是扩大对外经济合作，加强与国际市场联系。就中国而言，近两年来，已经在建立社会主义市场经济体制方面迈出了较大的步伐。经济体制改革的推行将会为中国华北、东北地区的经济发展注入新的活力。

近几年来，日本和韩国在调整产业结构，开放本国市场，增加内部需求等方面也采取了积极的措施。西方国家在经过20世纪90年代初期经济危机之后，经济正出现复苏和增长的势头。可以预见，各国经济结构调整和体制改革将会相互促进，把本地区的经济合作推向新的高潮。

（原载《东北亚论坛》1995年第11期）

市场经济与发展生产力

一 社会主义市场经济理论是邓小平有中国特色社会主义理论的重要组成部分

我国目前正在建立社会主义市场经济体制，社会主义市场经济理论在邓小平有中国特色社会主义理论中占有十分重要的地位。我认为，邓小平的社会主义市场经济理论经历了一个发展、实践积累、逐步形成的过程。中共十一届三中全会提出了改革开放的基本国策，当时，并不十分清楚社会主义市场经济是什么，但有一点非常明确，我们必须改革我国的经济体制，改革的方向是市场取向，适应市场的变化，谋求发展。确立这种思想的背景是因为我们搞了几十年的传统的计划经济，结果是经济发展不快，人民的生活水平不能令人满意。当时以市场为改革方向是正确的，但还不可能具体化。

中国的改革以开放为龙头，因为过去我国除了对苏联东欧有某种意义上的开放外，对西方世界是封闭的。其责任是双方的，当时即使我们想向西方开放，西方也不会对我们开放，因为它们还在对我们进行封锁，在政治上还企图搞垮我们。在这样的国际形势下，谈不上对外开放。

中共十一届三中全会后的开放使我们与国外交流的机会多了。打开国门一看，我们发现中国的经济落后了一大截，使我们大吃一惊。1978年中共十一届三中全会召开前夕，中国第一个经济代表团访问日本,我是成员之一。在东京时,日本人士向我们提出了一个问题,说你们正在召开三中全会,要对外开放了,有没有可能让日本的资本到中国投资?当时请示国内已来不及,代表团便召开了紧急会议进行研究,然后先作为个人意见来答复,中国改革开放后肯定可以让外国资本进入,但在什么条件下进入,进入到什么经济领域,还需要研究。当时是冒着风险大胆提出了这一意见。这表明当时我们已有了开放的思想。

开放使我们看到了外国的情况,一对比,我们发现传统的计划经济弊端很多,需要改善,但没有具体措施。当时邓小平就提出了计划经济要与市场经济相结合,因为市场经济是配置资源的一种有效手段,效率比较高。我们靠计划来配置社会资源,有优越性,它可以在经济水平较低的条件下集中起较大的经济力量。我们就是在人均国民生产总值仅几十美元的基础上搞了原子弹和氢弹。20世纪50年代以后我们搞了许多大的经济建设工程,这是因为在高度集中的计划经济体制下可以集中力量办一些大事情。但就整体上来说,计划经济体制使经济发展不快。后来我们按市场取向进行了各方面的改革。

首先是在农村的改革,到1984年农村顺利地完成了家庭联产承包责任制的普遍推广,8亿人口的农村面貌焕然一新。1984年后,改革开始进入城市,在理论界称为进入经济体制内的改革。这时进一步提出了计划调节与市场调节的问题,但还没有搞清以哪种调节为主。当时还是想以计划调节为主,发挥计划经济的优势,但也需要市场调节,以改革资源配置状况,提高效率。随着城市改革的发展,明确提出了计划调节与市场调节相结合,把它作为改革的基本方针。1989年邓小平接见军以上的干部时指出:我们要实行计划经济与市场调节相结合的方针。后来,根据我国改革经验的积累,参考外国的经验,党的十四大提出了要建立社会主义市场经济体制,中共十四届三中全会又作出了关于建立社会主义市场经济体制若干问题的决定,具体勾画了社会主义市场经济体制的蓝图。

简单的回顾表明，邓小平的思想是从中国的实际出发，借鉴人类文明的优秀成果，不断进行总结和发展，创立了新的社会主义经济理论，其中包括社会主义市场经济理论，这是符合马克思主义的原则的。随着改革的深化，社会主义市场经济理论将更加完善。只要我们坚持一切从实际出发、实事求是的思想路线，我国的改革和社会主义的发展就前途光明，这是毫无疑问的。

二 邓小平关于社会主义本质和根本任务的界定为生产力的发展开辟了更加广阔的道路

《邓小平文选》第三卷不少于十次提到社会主义的根本任务是发展生产力，贫穷不是社会主义，社会主义就是要通过大力发展生产力，在没有两极分化的情况下实现共同富裕，这就是邓小平对社会主义的概括，他把理论的许多条条用人人都明白的语言表述了出来。在党的十三大提出生产力的标准后，邓小平关于生产力的论述有许多重大的发展，特别是关于社会主义根本任务的论述，把发展生产力摆在了一个很高的起点上。

以前，我们认为社会主义是对生产关系的革命，生产关系越公越好，越公对生产力的促进越大。实际上，生产关系公有化的水平超越了生产力的要求，这种生产关系不仅不利于生产力的发展，反而起了阻碍的作用。在我国农业合作化的进程中，初级社搞得比较成功，然而初级社到高级社，由半社会主义变为社会主义，还没等生产力发展起来，又搞人民公社化，搞供给制，这就失去了生产关系变革的物质基础，没有生产力的发展作为基础条件。

外国朋友问什么是社会主义市场经济，科尔说西德是社会市场经济，与社会主义市场经济只有两字之差。我认为，社会主义市场经济就是我们要在社会主义制度下来搞市场经济，市场经济的基本原则、运行方式、资源配置方式与西方的市场经济没有多大差别。这就产生了一个问题，市场经济与社会制度是什么关系？1992 年初邓小平南方谈话中指出,市场经济和计划经济不是社会制度,资本主义也有计划,社会主义也有市场经济,即使在高度集中的计划经济体制下也有市场,消费品也是商品,只不过是资源的配置不是通过市场信号来进行的,而是靠计划统计数字进行的,即资源配置的手段没有市场化。把市场经济与社会制度分开,解放了人们的思想。在西方国家,市场经济也不是一个模式。美国是消费者导向型的市场经济,自由度较大。日本和法国是政府导向型的市场经济,西德是社会市场经济。我们搞社会主义市场经济,有什么不可以! 50 多亿人口的地球,一百多个国家,不可能只有一个模式。

简单概括地说,社会主义市场经济就是既要社会主义制度所有的公平和公正,又要市场配置资源的效率,要把两者结合起来。如何实现社会主义的公平和公正,这是值得我们研究的问题。邓小平根据我国的国情提出了允许一部分人、一部分地区先富起来,不能搞绝对平均和绝对平等,要研究如何逐步实现大家富裕起来的平等,不解决这个问题,社会主义市场经济体制就很难建设好。为了保证社会主义的公正性,社会主义市场经济必须以公有制为主体,只有这样才能保证公正性的实现。西方每一个国家都说要搞公正,实际上难以实现,出现两极分化,因为它以私有制为主体。所以,我们搞社会主义市场经济,不能放弃公有制的主体地位。

我们社会主义的根本任务是发展生产力,现在又有了最有利于生产力发展的体制,即市场经济体制,这样,我国的生产力就必然向前发展。正如邓小平所说的,我们抓住机遇,每隔几年上一个台阶。从现在的发展情况看,到 20 世纪末,我国的生产力发展还要上一个大台阶。

三 发展生产力,必须正确处理好三个关系

改革开放以来,我国的经济以年均 9% 以上的速度增长,这是举世公认的高速度,要保持这个高速度,必须处理好三个关系。

一是改革、发展与稳定的关系。稳定是改革和发展的前提，没有稳定，一切都谈不上。改革是手段，改革的目的是发展。改革本身不是目的，不是为了改而改。正因为旧体制对发展生产力不利，要改革掉旧体制的弊端，这样，生产力才能得到大发展，人民生活才能富裕起来。共产党就是为人民谋利益的。斯大林在理论上千错万错，但有一点不错，即社会主义就是想方设法不断提高人民的物质和文化生活水平。

二是要处理好改革的方法问题。在改革初期，邓小平提出要摸着石头过河，就在当年，我在哈佛大学的一个研讨会上，讲了中国的改革没有现成的道路可走，是摸着石头过河，许多人哄堂大笑，认为事先没有设计好就改开了，不可思议。我说：先生们，中国改革刚开始，中国是个大国，各地的情况差异很大，在这种情况下，我们不摸着石头过河，不知河水深浅，一头扎下去，你们美国人救我们吗？摸着石头过河只是一种比喻而已，中国的改革要采取渐进的稳妥的方式，而不能贸然地搞大跨步的事情，因为不知道前面水深浅。现在我们虽然不用这种形象的说法，但思路还是如此。我们的改革有明确的方向，是为了到河那边，是市场取向，否则就不会下水。

美国哈佛大学教授萨克斯提出社会主义国家进行改革，最好的办法是"休克疗法"，即一步到位，实现私有化，这样改革的成本就比较低，否则，时间拖长了，成本就会高。"休克疗法"在历史上起过作用，有过成功的事例。在第二次世界大战后，西德旧马克贬值很厉害，阿登纳利用一个星期六的晚上，宣布旧马克作废，每个公民发给40马克，银行存款取消，珠宝暂时扣压，大家一夜之间都成为穷光蛋，然后平等竞争。那时德国是被占领的国家，老百姓不敢造反。日本战败后，国内存在着拥有大量土地的地主，与现代化相矛盾。在这种情况下，美国利用占领军的地位，搞土地改革，把大地主的土地一计算就分完了，这也是"休克疗法"。它不像我们搞土改，发动贫下中农组织农会，进行诉苦，唤起觉悟，然后再平分土地。日本这样做，是因为它在占领军的控制下，是战败国。有些改革措施可以实行"休克疗法"。我们是社会主义国家，要保存我们的社会制度。过去有偏差有问题，这不是社会主义制度本身所固有的。社会主义思想早在17世纪就出现，并吸引众多人为它献身，能说它什么道理都没有吗？别的不说，就说保持社会的公平性，就有极大的吸引力。空想社会主义有空想的成分，主要是因为它没有找到实现这个理想社会的道路。马克思看到了无产阶级与资产阶级之间阶级矛盾的尖锐性，主张通过阶级斗争来夺取政权，建立社会主义制度。我们不能放弃这个制度，我们的改革既要坚持社会主义制度，又要搞市场经济，但整体上不能搞"休克疗法"。

在我国17年的改革中，有些改革措施也是一步到位的。我国8亿多农村人口的联产承包责任制就是在两三年时间内搞完的，这在某种意义上说也是一步到位。我们的改革是能快的尽量快，以减少成本。不能快的不能勉强，否则成本将更高，这种成本不仅是经济方面的，还有社会方面的。从某种意义上说，我们不能完全否认"休克疗法"，但从整体上看，我们不能采用它。渐进式也还不能完全概括中国改革的特点，因为中国有一些措施是一步到位的，我们是积极的渐进式，这更符合中国改革采用的方法。

萨克斯不再是俄罗斯和波兰的改革顾问了，他认为叶利钦的改革使人民失去了信心，这对改革是极为不利的。我认为他们把私有化看得太简单了，苏联搞了70多年的公有制，你们想"休克"一下，一夜之间就私有化了，这不可能。实践证明私有化并不比公有化容易，公有化可以利用政权，动用武力，通过没收私有财产来建立起来，私有化不能这样搞。萨克斯给叶利钦开的最后一个药方是企业要私有化，一是把15%的股份免费送给企业职工，85%社会发售；二是把45%的股份低价卖给本企业职工，55%的股份社会发售，由企业职工投票决定选择一个方案。

总之，我们采取的改革方法，适合中国的国情，适合社会主义制度的要求，适合市场经济的发展，实践证明是较好的。当然，有些改革措施误过了时机，但对于这样大的国家来说是难免的，我们的改革是比较成功的。

三是市场与宏观调控的关系。一些人认为，既然是市场经济，资源由市场配置，我们就不应多管事了，任其自由；另一些人认为，搞市场经济，还要用老办法来管理。我认为，宏观调控搞不好，就会使市场经济建立在沙滩上，很不牢固。从1993年下半年开始，我们采取了一些宏观调控措施，对市场经济创建过程中的金融秩序混乱、泡沫经济苗头等问题进行治理。泡沫经济没有实际经济实力的增长，只有一些相关的价格翻番。日本泡沫经济破灭后，现在还不能走出泡沫经济的阴影。我们也要反对泡沫经济，那种找个关系弄块地，一夜之间就成了百万富翁，这是任何经济条件下都不应该有的。我国的市场经济刚开始起步，法律建设滞后，这就会出现各种管制性的经济措施，而管制经济是腐败的根源之一。在法律滞后的情况下，我们要反腐倡廉。

市场的宏观调控一定要搞好。美国是自由度比较大的市场经济，照样有宏观调控，更不用说日、法、德的市场经济。行政管理办法永远会有，如物价管理，我们现在竞争不充分，还没有形成平均利润，谁都可以乱加价，消费者承受不了。批零差价不能太大，商业利润也不能太高。只要各行业的利润大体上差不多了，"看不见的手"就好发挥作用了。中国经济发展的目标是争取低通货膨胀或无通货膨胀，不是搞高通货膨胀的增长。物价上涨管不住，中国怎么深化改革和扩大开放？在物价飞涨的情况下外资还敢来吗？所以，不要认为政府对物价的管理就是不符合市场规律，市场规律不允许商业零售部门有那么高的商业利润，制造业产品随便提价。

总之，要通过宏观调控对市场经济运行方面的状态加以改善，弥补市场的缺陷，这有助于新体制的建立。

四　建立社会主义市场经济体制和发展生产力面临的三个挑战

第一个是观念上的挑战。它分为两类，一类是把市场经济与资本主义挂钩，认为一搞市场经济就带来资本主义；另一类是认为公有制与市场经济不相容，搞市场经济必须私有化。

有人一看到市场经济中的消极现象，就想回到计划经济。

波兰的布鲁斯和美国的萨克斯认为公有制与市场经济不相容，这需要把理论和实践结合起来进行讨论。新加坡是一个二百多万人口的小岛国，国有企业128家，全部盈利。它是通过四个控股公司来管理国有企业的，每年每家国有企业都要上交一份报告，放在一起一大堆，主管国有企业的官员根本不看。他们认为，企业能盈利，那就继续搞；企业面临困难，自己克服；缺钱找银行贷款。管一百多个国有企业并不费事，这一点很值得我们研究，不是国有企业注定就是要效率低，经营不善，吃大锅饭。挪威的7人委员会代表国家来管理国有资产，下面各个企业面向市场，独立经营，自负盈亏。反之，也不是每个私有企业都盈利，美国一年倒闭十几万家企业，新生十几万家企业。国有企业也如此，有好的，也有倒闭的，硬说国有企业与市场经济不相容，这在实践上不能令人信服。

对外开放，好坏东西都进来，出现了消极现象，这就要求我们两手抓。并不是一开放，就注定要变到资本主义。政权在我们手里，可以治理嘛！立法在人民手中，并不是没办法治。头上有疱，治疗就对了，不能把头砍掉，不能因噎废食嘛！

第二个挑战是大中型国有企业问题。我国现有17万家国有企业，其中大中型1.4万家，在税收利润中占47%—48%，是很重要的一块，其中大多数是重要的基础性产业。因此，改革的关键是大中型国有企业。

现在大中型国有企业面临着三大困难。一是离退休人员包袱沉重，有些企业一个在岗人员要养 1—2 人。二是设备陈旧，产品质量不高。进行技术改造，国家又没有足够数量的资金。三是企业办社会。有些企业从幼儿园到小学、职工大学等，还有各种非营利性的机构，这不仅使企业领导人分散了精力，而且把企业办成了社会，企业成了小政府。在这种情况下，大中型国有企业面临十分严峻的问题，其根本出路就是加快改革，建立现代企业制度。

1994 年以来大中型国有企业的改革实际上没有什么大的动作，原因是缺乏大举措的条件。现在要准备好条件，以后要深化大中型国有企业的改革。一个条件是使保障体系社会化，使企业摆脱负担，打破过去的格局。另一个条件是要修订破产法。10 年前通过了一个破产暂行条例，破产了几家企业，遇到的问题真复杂，几年都解决不了。没有破产法不行，什么东西都有生有灭，企业也如此。国有企业不能只增加而永远不倒闭，一些国有企业已资不抵债了。现在 18 个城市正搞破产试点，通过试点取得经验，重新修订破产法。只有具备上述两个条件，国有企业的现代企业制度建设才能真正展开。

要进行企业兼并，通过兼并调整企业结构，才能优化国有资产的存量，兼并是调整不合理的资产存量的一种好方法。不要认为兼并是资本主义的，是大鱼吃小鱼。大鱼就是要吃小鱼，小鱼被吃后变为大鱼的一种健康因素，这不是很好吗？

另外，要把产权关系搞明晰，为大中型国有企业的深化改革准备好条件。大中型国有企业的改革是关键，现在要从各方面做好准备工作，创造好条件。不要为现在没有出台什么大的措施产生误解，现在是为以后做准备。

第三个挑战是通货膨胀。今年计划经济增长率为 8%，但从一季度的情况看，可能要更高一些。物价计划控制在 10% 之内，从现在的情况看，达到零售价格目标的难度也较大。虽然居民的收入有所增加，但如果物价与工资相互攀比上升，就不可收拾，居民收入高于通货膨胀，这是必需的，但不能作为一种政策来搞。我们追求的是低通货膨胀或无通货膨胀的经济增长。

固定资产投资和贷款规模不能再增加了，这些控制不住，就会大量地转化为消费资金，形成比较强的社会需求，需求拉动物价，难以控制住，今年后半年不再出台物价方面的调整措施，不然人们对通货膨胀的预期心理过强，物价想稳也稳不住。中国人的心理承受能力不高，物价不能涨得过高，要为以后的改革打下基础。欧共体的经济增长不过是3.5%，北美地区是3%—4%，东南亚几国较快，是最好的地区，泰国最高，达到8.9%，而我国17年平均9%以上，要自觉地进行控制，不能一直快跑，这对经济长远发展有好处。搞市场经济就有通货膨胀，这种理论要不得。

五　今后经济发展的展望

1992年邓小平南方谈话之后，中国的经济进入了快速增长阶段，前十年也是快速增长。这种快速增长能持续多久？我认为，中国经济进入快速增长阶段后，能保持相当长的时期。但有两个条件。第一个条件是和平安定的环境，第二个条件是基本政策不犯大的错误。只要具备这两个条件，在今后十几年里，中国的经济还将保持8%的增长率。

为何中国经济能持续快速发展？第一，中国有12亿人口的大市场。人民收入水平提高，有支付能力的需求不断扩大。外国人在中国投资，就是看准了中国的市场潜力。1978年，我们在日本丰田汽车公司谈到中国生产该车零件和组装成车的问题，他们认为中国生产不出好质量的汽车，这样做对于丰田汽车的名誉不利，要求我们买他们的成品车。我们和德国大众汽车合作起来了，跟菲亚特公司也建立了合作关系。现在，丰田汽车公司诚心诚意地来了，但晚了一步。中国拥有巨大的市场，这是支撑中国经济快速增长的第一个条件。第二，中国人的储蓄多。现在，全国存款数量达到3万亿元，外汇储蓄600亿美元，这真是一个巨大的数字。当年苏联对中国无私的伟大的援助也只不过是 3 亿美元，当然当时的钱较值钱。这么多存款就为投资创造了条件。现在我国的投资率是 30%左右，这么高的投资率在其他国家难以做到，只是在日本和韩国经济高速增长时期出现过。第三，教育比较好。中国人聪明，懂经营会管理，各种人才比较多，这也是支撑中国经济快速增长的一个原因。第四，乡镇企业、私有企业和三资企业非常活跃。这些企业是在市场经济中诞生的，能较好地适应市场的变化。近年来，国有企业在经营机制等方面变化也很大，经济实力不断增强，这也为我国经济快速发展创造了条件。第五，扩大开放，利用外资增加。外商在中国的投资是促使中国经济快速增长的一个重要因素。1992 年外商直接投资就达 116 亿美元，1993 年达 260 亿美元，1994、1995年又有较大幅度的增加。我国正在重返关贸总协定，关贸总协定有一条原则是国民待遇，即不管是哪国商人，与本国国民一样，这样，外商担心中国的优惠政策将取消。但中国及时宣布了，虽然我们要重返关贸总协定，但已给予外资的优惠条件不变。预计今后的情况还会向好的方面发展。总之，展望中国今后经济发展状况，我们充满信心。

(原载《经济研究》1996 年第 3 期)

发展观的演进与经济社会的协调发展

一　经济与社会协调发展的提出是发展观不断完善的结果

编者按：

国务院发展研究中心主任，著名经济学家，《管理世界》杂志总顾问孙尚清同志，因工作过度劳累突发疾病，经紧急抢救无效，于1996年4月29日在北京逝世，终年65岁。

《管理世界》杂志曾得到孙尚清同志的热情关怀和大力支持，作为《管理世界》杂志总顾问，孙尚清同志生前对杂志的办刊宗旨和编辑方针给予了具体指导，并亲自为杂志撰写了大量文章。《管理世界》杂志从创办到发展壮大，凝聚着孙尚清同志的大量心血。

孙尚清同志的逝世，是我国经济科学和政策咨询研究领域的一大损失。在此我们发表孙尚清同志的遗作《发展观的演进与经济社会的协调发展》，以表达我们对孙尚清同志的深切悼念。

追求美好的生活是全人类的共同愿望，而这一愿望应如何去实现，则成为人类求索不已的一个永恒课题——关于发展战略的研究。尤其是第二次世界大战之后，这方面的研究在现实需求的推动下成果丰富，人类的发展观在短短半个世纪内取得了长足的进步。

以1951年联合国发表的"欠发达国家经济开发方略"为代表，20世纪50年代的关于发展问题的研究和论述，主要集中于探讨欠发达国家之所以欠发达的原因以及摆脱欠发达的途径。这方面研究的大量涌现使经济学形成了一个新的学科——发展经济学。这一时期的主要发展政策目标定位于提高人均收入水平，占主流的政策手段则是在贸易保护体制前提下，以政府主导的资本形成来推动进口替代工业化的实现。

20世纪60年代的发展经济学在发展政策的目标定位上没有大的变化，但在以下两个方面有所进展。一方面，针对50年代以来各国的经济发展政策中存在着片面强调工业化和单纯重视物质投入、忽视生产率的提高和农业发展的倾向，提出了必须重视教育、重视人力资本和农业现代化的观点。另一方面，指出过去发展中国家所采取的内向型进口替代工业化战略的缺陷在于放弃了享受国际贸易中的比较利益的机会，同时也失去了通过贸易获取经济发展所必要的投资资金的机会。这一理论认为正确的发展战略应该是发展外向型经济，同时提出在国际经济秩序中应该对发展中国家的工业品出口予以保护。在这一理论的影响下，东亚和东南亚的一些国家和地区从60年代后期开始由进口替代工业化战略转向了出口导向工业化战略。

进入20世纪70年代以来，在对既往的发展战略进行反思的基础上，发展观向着被称为"发展目标的社会化"的方向迈出了重要的一步。在50—60年代，发展几乎只不过是经济增长的同义语，追求国民生产总值和人均国民收入的迅速增长是发展政策的首要的甚至是唯一的目标。但是，众多国家的实践表明，贫困、失业、城乡差别、收入分配不公等许多严峻的社会问题并不能随着经济的增长而自动得到解决，有些情况下甚至还会恶化。因此，发展的目标应该定位于消除和缓解贫困、失业、不平等、文盲、营养不良等问题，如果发展不能使最贫困阶层得到利益就意味着发展的失败。这种观点逐渐占据了主导地位，70年代后期支配了发达国家的发展援助政策的"基本需求战略"便是它在政策实践中的反映。"基本需求战略"致力于优先满足社会和人民的基本需求，注重解决贫困阶层的最低收入和就业以及其他一些有关人民基本生活需要的社会福利事业，并强调要给予人民以更多地参与社会活动的机会。

"可持续发展"概念的提倡和普及是80年代后期以来发展观的最重要的进步。这一提法虽然在1972年的世界环境大会上就已出现，但它真正成为国际社会的共识，则是在1987年世界环境与发展委员会在题为"我们的共同未来"的报告中对其作出了定义和阐发之后。"可持续发展"被定义为"既满足当代人需要，又不对后代人满足其需要的能力构成危害的发展"，为了实现可持续发展，人类必须致力于：（1）消除贫困和适度经济增长；（2）控制人口和开发人力资源；（3）合理开发和利用自然资源，尽量延长资源的可供给年限，不断开辟新的能源和其他资源；（4）保护环境和维护生态平衡；（5）满足就业和生活的基本需求，建立公平的分配原则；（6）推动技术进步和对于危险的有效控制。从以上表述中可以看出，可持续发展战略体现了人口、资源、环境、经济、社会必须协调发展的思想，是人类对于人与自然的关系以及自身社会经济行为的认识的飞跃。近几年来，可持续发展战略已经成为许多世界最高级会议和全球大会的中心议题。1992年联合国里约热内卢环境与发展大会通过了《里约环境与发展宣言》和作为具体行动计划的《21世纪议程》。1995年哥本哈根社会发展世界最高级会议的宣言也再次强调，要通过保证各代人的平等和对环境综合、持久的利用，努力实现对当代和未来各代人类的责任，并要求把人置于发展的中心地位。

纵观半个世纪以来发展观的变迁，可以看出，随着科学的进步、生产力水平的提高及其带来的各种问题的不断累积，人类对于人与自然的关系和自身社会经济行为的认识水平也提高了。当生产力水平比较低下、大面积的绝对贫困呈现在人们面前时，人们自然地首先把经济增长作为解决问题的出路。当人们发现片面追求经济增长并不能带来社会问题的自动解决，相反还会引发或使社会问题恶化时，人们开始思考经济发展与社会发展的相互关系，于是，"基本需求战略"便应运而生。在随着世界经济和人口的急剧增长，生产力水平的迅速提高，资源的消费与废弃物的排放超出地球的再生能力和自我净化能力的征兆日益明显的情况下，人们才开始认真地把经济、社会、人口、资源、环境当作是一个复合的大系统来看待，认识到只有系统的各个组成部分相互协调发展才不至于使发展的道路越来越狭窄。这样，可持续发展的思想才成了国际社会的共识。经济与社会的协调发展则是可持续发展战略的一个极其重要的组成部分。

二 中国的协调发展问题只能在不断发展的过程中积极加以解决

回过头来看一下中华人民共和国成立将近半个世纪以来的经济、社会发展历程和现状，我们可以发现，中国在发展上面临着的问题既与世界其他国家有共性，又有一些特殊性。造成这些特殊性的原因非常复杂，有历史上某些政策的失误、有旧有体制因素、有体制转型时期的因素、有人口和国土特点等。

政策失误的最典型的例子是过去人口政策失误带来的后果。1973年开始实施计划生育政策前的20年间，除了1959—1961年间由于天灾的影响人口增长率下降以外，我国年平均人口自然增长率都在千分之二十以上，使得我国人口在从1949年到1987年的38年之中翻了一番。人口的急剧增加使经济增长的相当一部分成果被抵消，也加大了对资源和环境的负荷。

旧体制因素的突出例子之一是城乡二元结构。在旧体制下，我国实行城乡分割的收入分配及社会、就业制度，工农业产品价格的剪刀差较大，城乡居民收入差距过大，城乡经济发展脱节。城乡居民之间在社会福利、择业、文化教育以及医疗卫生等多方面都存在着机会不均等问题，严重地阻碍了城乡之间的经济和社会的协调发展。

社会发展滞后于经济发展，是体制转型时期的特有因素造成的现象之一。

这里可以举出两个方面的原因：一方面，对传统的由国家全面包揽的社会政策体系和社会管理体制开始进行改革，在某些层面上已经解体，但取而代之的新体制未能及时建立健全。另一方面，市场经济从无到有迅速发展，使人们的价值观也随之发生变化。在这一过程之中，约束逐利行为的道德观念和法律体系未能及时树立起来，在一定程度上导致了社会道德水准下降、金钱拜物教抬头、经济富足而文化贫困、腐败和社会秩序混乱等现象。

巨大的人口、众多的民族和广大的地域也给我国的协调发展问题带来了它的特殊性。各个地区之间地理自然条件千差万别，社会经济发展水平上存在着巨大的差异。沿海一些发达地区的人均收入已经接近中等发达国家的水平，但同时以西部地区为主还有6500万人口生活在贫困线以下。许多少数民族具有其特有的传统习俗、宗教信仰和民族文化。因此，不同地区、不同民族在社会经济发展上有着不同的需求，要求我们在制定政策时必须充分考虑这种发展水平和需求的多样性。

虽然中国在发展上面临着许多困难和问题，但中国政府已经把经济和社会的协调发展、把可持续发展作为基本国策，已经和正在继续做出不懈的努力。我国从第六个五年计划开始，计划的名称由过去的"国民经济计划"改为"国民经济和社会发展计划"，反映了我国政府对计划经济时期单纯追求经济增长率、忽视社会发展倾向的否定和对经济发展与社会发展相互关系的认识的深化。1994年3月，中国在世界上率先推出了国家级的21世纪议程——《中国21世纪议程》，对为实现可持续发展这一全人类共同事业所应尽的义务作出了庄严的承诺。中国政府还把它作为制定国民经济和社会发展中长期计划的指导性文件。在"九五"计划和2010年远景目标中，《中国21世纪议程》及其优先项目计划作为重要的目标和内容得到了具体的体现。

应该指出，中国作为一个发展中的大国，要实现经济和社会的协调发展和可持续发展的目标任重而道远。按照联合国开发计划署公布的《1995年人类发展报告》中对各国人文发展指数（1992年数值）的测算，中国在世界174个国家和地区中排在第111位。中国的较低的经济发展水平、以煤炭为主的能源结构、资源分布的严重不均衡性、绝对数量很大的贫困人口等因素都加大了我们保护资源和生态环境、实现可持续发展的难度。贫困人口在基本的生存条件都得不到保障时，是不可能顾及自身能力的发展等更高层次的需求和自己的活动对生态环境可能造成的影响的。对于一个国家和区域来说，只有在经济持续稳定发展的基础上才可能为社会发展和环境保护提供必要的资金条件。这样讲，绝不是忽视社会发展和生态环境保护的重要性，相反正是从实现经济和社会的协调发展和可持续发展目标的迫切需要来论述经济发展的必要性的。中国今后15年要逐步实现经济增长方式的转换，这本身就包含着追求在经济发展过程中提高资源的利用效率、减少生态环境负荷的含义。我国政府正在大力提倡在建设物质文明的同时狠抓精神文明的建设，反映了对经济和社会协调发展的高度重视。今后5年内，还要把社会主义市场经济体制基本建立起来，体制转型的不利影响将大大减弱。我们在进一步推进经济体制改革的同时，还将积极推进城乡管理体制的改革、社会保障制度的改革、劳动就业及组织人事制度的改革等一系列社会改革，为经济和社会的协调发展创造良好的体制基础。

我们正面临着发展进程中的众多问题。但是我们确信——发展中的问题只有通过发展才能解决，也一定能够通过发展得到解决。

（原载《管理世界》1996年第3期）

编选者手记

孙尚清先生是我国著名经济学家。本文集所选论文为他20世纪80年代以来的代表作。按照不同的领域分为四部分：经济结构和产业结构、市场经济与企业管理、经济与社会协调发展、旅游经济学。并按照文献的重要程度进行了排序。

1. 经济结构和产业结构

孙尚清先生是我国产业结构研究领域的开创者和奠基人。20世纪70年代末期，由于"文化大革命"及其随后两年的"洋跃进"，使国民经济的重大比例关系处于严重的不协调状态，1979年我国决定对国民经济进行调整，需要翔实的资料和理论准备。按照党中央和国务院的部署，马洪和孙尚清组织600多名理论和实际工作者，分别到十几个省市，对经济结构问题进行了比较系统、深入的调查研究，历时10个月，取得了大量的一手资料，出版了《中国经济结构问题研究》（上、下册）、《论经济结构对策》等重要研究成果。

他们的研究认为，我国当时的经济结构问题是部分重工业部门过分突出，农业、轻工业、能源工业、交通运输业、商业服务业相对落后，地区搞自给自足的经济体系，部门、企业又搞大而全、小而全的生产系统，这种经济结构，导致比例失调、构造松散、机制失灵、效率低下、浪费严重等缺陷。针对以上问题，马洪、孙尚清等提出了经济结构调整的政策建议：全面发展农业、加快发展轻工业、调整重工业结构、促进建筑业发展、适当降低积累率、调整外贸结构、做好经济区划、优先发展运输业、改革经济管理体制。

在上述研究的基础上，1991年，在《产业结构：80年代的问题和90年代的调整》一文中，孙尚清对中国的结构问题做了进一步深入考察。他认为，20世纪80年代中国的产业结构发生了积极变化，比如，供给和需求结构之间的偏差缩小、农村非农产业迅速发展等，但仍存在很多问题，比如，农业生产徘徊、加工工业与基础工业之间发展不均衡、地区产业趋同等。他提出，90年代应深化改革，建立健全新的结构调整机制。包括深化价格改革、推动国有体制内部资产存量调整和劳动就业体制改革、制定科学的产业政策，加强中央的调控能力等。

孙尚清先生和马洪先生共同开创了中国经济结构理论研究领域，提出了经济结构的基本研究内容和主要比例关系、检验经济结构合理与否的客观标准、实现经济发展战略目标的经济结构对策体系等，这些研究对我国经济结构理论研究具有开创性和奠基性意义，而且由于其鲜明的理论联系实际的风格对后来的研究产生了深远的影响。他的研究，不仅奠定了经济结构理论体系，而且对中国经济结构调整发挥了重要的决策参考作用。

2. 市场经济与企业管理

在企业管理和市场经济的讨论中，他曾是探索先驱之一。在《社会主义经济的计划性与市场性相结合的几个问题》一文中，他论证了竞争在社会主义经济存在的必要性，因为社会主义经济中存在商品生产和商品交换，竞争可以淘汰长期安于现状和不求上进的落后企业，因此也是加强和改进计划经济的一个重要机制。抓好科学管理是企业改革的永恒主题。1982年出版的论文集《经济与管理》中，孙尚清先生对宏观经济管和微观企业管理做了全面探讨。在宏观经济管理方面，他认为，计划性与市场性相结合是总结我国30年经济建设经验后，对社会主义经济本性的认识。无论是强调计划否定市场，还是强调市场否定计划，都是不符合社会主义公有制的本质的。

在产业结构研究的基础上，孙尚清进而关注中国的区域不平等。他在《关于建设长江经济带的若干构思》一文中提出，长江流域一直是中国经济、政治、文化的中心。长江流域上、中、下游都已有相当实力和工业基础，应分工协作，各自发挥优势，优势互补，通过传统产业的技术改造和高新技术产业的加速发展，促使产业结构优化和升级。

3. 经济与社会协调发展

在中国的经济增长发展应该走协调发展道路的问题上，他曾率先提出自己的观点：经济与社会共同协调发展是可持续发展的应有之义。在面临大面积的绝对贫困时，经济增长是解决问题的出路；在生产力水平提高伴随着恶化的环境和社会问题时，应把经济、环境、人口和社会问题纳入复合系统考虑。或者说，努力实现增长方式的转变。在《论中国人口、资源、环境与经济的协调发展》一文中，他详细讨论了如何促进人口、资源、环境与经济社会持续增长并提出了具体的措施，如大力提高教育水平、建立非传统的现代化模式等。

4. 旅游经济学

在旅游经济学方面，孙尚清较早提出了中国应大力发展旅游业的观点（《旅游业在中国社会经济发展中的作用和地位》是他研究成果的体现，载《财贸经济》1991年第3期）。他认为，旅游业的发展不仅可以优化产业结构，还可以提供大量的就业机会，对中国经济发展有巨大的推动作用，应该大力发展旅游业。

总而言之，孙尚清先生是中国改革开放的重要理论推动者和建设者之一，是中国特色社会主义政治经济学体系的重要奠基人之一。

王利娜
2018 年 10 月

《经济所人文库》第一辑总目(40种)

(按作者出生年月排序)

《陶孟和集》	《戴园晨集》
《陈翰笙集》	《董辅礽集》
《巫宝三集》	《吴敬琏集》
《许涤新集》	《孙尚清集》
《梁方仲集》	《黄范章集》
《骆耕漠集》	《乌家培集》
《孙冶方集》	《经君健集》
《严中平集》	《于祖尧集》
《李文治集》	《陈廷煊集》
《狄超白集》	《赵人伟集》
《杨坚白集》	《张卓元集》
《朱绍文集》	《桂世镛集》
《顾 准集》	《冒天启集》
《吴承明集》	《董志凯集》
《汪敬虞集》	《刘树成集》
《聂宝璋集》	《吴太昌集》
《刘国光集》	《朱 玲集》
《宓汝成集》	《樊 纲集》
《项启源集》	《裴长洪集》
《何建章集》	《高培勇集》